Philippe Garner

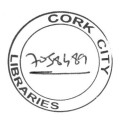

EILEEN GRAY

DESIGN AND ARCHITECTURE

1878–1976

TASCHEN

HONG KONG KÖLN LONDON LOS ANGELES MADRID PARIS TOKYO

SCHMUTZTITEL:
»Le Destin«, Lackwandschirm (Detail), 1914
Lackarbeit, ausgeführt von Eileen Gray, signiert
und datiert: »Eileen Gray 1914«.
H. 119 cm, B. 216 cm.
Privatbesitz. Ursprünglich erworben von
Jacques Doucet.

FRONTISPIZ:
Eileen Gray, fotografiert von Berenice Abbott,
Paris, 1926.

FLY TITLE:
»Le Destin«, Lacquer screen (detail), 1914
Lacquered wood, executed by Eileen Gray,
signed und dated by her »Eileen Gray 1914«.
H. 119 cm, W. 216 cm.
Private collection. Originally acquired by Jacques Doucet.

FRONTISPIECE:
Eileen Gray, photographed by Berenice Abbott,
Paris, 1926.

PAGE DE GARDE:
« Le Destin », Paravent en laque (détail), 1914
Bois laqué, exécuté par Eileen Gray,
signé et daté avec la mention « Eileen Gray 1914 ».
H. 119 cm, L. 216 cm.
Collection particulière.
Acquis par Jacques Doucet.

FRONTISPICE:
Eileen Gray, photographiée par Berenice Abbott,
Paris, 1926.

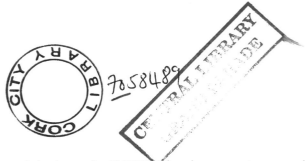
To stay informed about upcoming TASCHEN titles, please request our magazine
at www.taschen.com/magazine or write to TASCHEN, Hohenzollernring 53,
D-50672 Cologne, Germany, contact@taschen.com, Fax: +49-221-254919.
We will be happy to send you a free copy of our magazine which is filled with
information about all of our books.

© 2006 TASCHEN GmbH
Hohenzollernring 53, D-50672 Köln
www.taschen.com

Original edition: © 1993 Benedikt Taschen Verlag GmbH
Text: Philippe Garner, London
Design: Peter Feierabend, Berlin
German translation: Uta Goridis, Berlin
French translation: Thérèse Chatelain-Südkamp, Cologne

Printed in Germany
ISBN 978–3–8228–4417–5

INHALT

CONTENTS

SOMMAIRE

Eileen Grays »Transat«-Stuhl (Abb. S. 101) ist eine schlanke Konstruktion aus geraden, meist vertikal und horizontal angeordneten, rechteckigen Holzteilen, durch Metallstäbe und -gelenke miteinander verbunden, mit verstellbarer, gepolsterter Kopfstütze und entsprechend gepolstertem Sitz, der wie bei einem Liegestuhl in einem Rahmen hängt; die elegante Kurve, die er beschreibt, kontrastiert mit der strengen Geometrie des Gestells. Er heißt »Transat«, da er – ein witziges stilistisches Zitat – offensichtlich auf jene ursprünglich für die Decks der Ozeandampfer entworfenen Liegestühle anspielt. Er wird durch zehn Schrauben mit gewölbten Köpfen zusammengehalten und läßt sich mühelos auseinandernehmen, ein ingeniöser Vorläufer der in den sechziger Jahren so beliebten »zerlegbaren« Möbel aus verschiedenen Bauelementen. Seine strikte Geometrie verweist zugleich auf Gerrit Rietvelds Experimente, da bei diesem Stuhl die neokonstruktivistischen Prinzipien der De-Stijl-Gruppe auf einen Möbelentwurf übertragen wurden. Grays Verdienst ist es jedoch, die rigorosen, wenig einladenden Formen des Holländers vermieden zu haben.

Von dem »Transat«-Stuhl gibt es mehrere Versionen (Abb. S. 102/03); sie reichen von einfachen, funktionalen Holzgestellen und Stoffbezügen bis zu spiegelglatten Lackrahmen und Lederpolstern. Der »Transat« konnte sich wie ein Chamäleon seiner Umgebung anpassen, schlicht und zweckmäßig oder auch raffiniert und exklusiv sein. Der Stuhl markiert einen wichtigen Punkt in Grays Karriere; er vereinigt in sich verschiedene, widersprüchlich erscheinende Ansätze, von Grays anfänglicher Vorliebe für kostbare Materialien bis zu ihrem späteren nüchternen Funktionalismus.

Der in den zwanziger Jahren konzipierte »Transat«-Stuhl besitzt die ganze Originalität und Phantasie, die man mit Eileen Grays Namen verbindet, und in seiner lackierten Version läßt er auch die Faszination erkennen, die die handwerkliche Perfektion dieser äußerst anspruchsvollen Kunst auf sie ausübte. Mit dem »Sirène«-Stuhl (Abb. S. 97) oder dem »Serpent«-Sessel (Abb. S. 71) hat der »Transat« jedoch we-

Eileen Gray's »Transat« (ill. p. 101) armchair is a slender-limbed construction of straight, mostly vertical and horizontal, square-section wood members held together by metal rods and joints; it has a padded swivel head-rest and similarly upholstered seat, slung deckchair style, its sweeping curve providing a counterpoint to the rigorous geometry of the frame. The »Transat« was so christened for its evident visual reference as a witty stylisation of the folding chairs first devised for the decks of ocean liners. It is held together by ten domed nuts and is very easily dismantled, an ingenious precursor of the principle of »knock-down«, construct-it-yourself modular unit furniture design which enjoyed popularity in the sixties. Its emphatic grid construction, meanwhile, tacitly acknowledges the experiments of Gerrit Rietveld in translating the graphic principles of the De Stijl group's Neo-Plastic Constructivism into furniture designs, though to Gray's credit her chair avoids the Dutchman's tendency towards an uninviting rigidity of form.

The »Transat« was made in various finishes (ill. pp. 102/03), ranging from a utilitarian bare wood and fabric to a sleek black-lacquered wood and leather. Chameleon-like, it could adapt itself to a range of contexts, from one of unadorned practicality to one of self-conscious luxury and sophistication. This chair thus stands at a crucial fulcrum in Gray's career and resumes the several seemingly contradictory strands of her work, from her early involvement with fine finish to her later stripped-down functionalism.

»Transat«-Stuhl und »E-1027«-Tisch.
»Transat« chair and »E-1027« table.
Fauteuil «Transat» et table «E-1027».

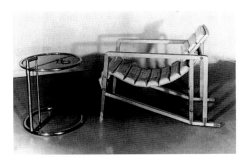

Le fauteuil «Transat» (repr. p. 101) d'Eileen Gray est une construction élancée, composée d'éléments en bois, carrés et rectilignes, dont la plupart sont horizontaux et verticaux. Ils sont reliés les uns aux autres par des tiges et des joints métalliques. Le fauteuil possède un appuie-tête pivotant et rembourré. Le siège, rembourré aussi, présente une suspension dans le style des chaises de paquebots; sa courbe allongée offre un contrepoint à la géométrie rigoureuse du cadre. Le «Transat» a été ainsi baptisé pour sa référence visuelle: il s'agit d'une stylisation originale des chaises pliantes inventées en premier lieu pour les ponts des transatlantiques. Maintenu par dix écrous arrondis et facilement démontable, il est le précurseur ingénieux du principe du «knock-down», un type de meubles à modules à associer soi-même qui jouissait d'une grande popularité dans les années soixante. Par ailleurs, sa structure géométrique reconnaît tacitement les expériences de Gerrit Rietveld qui appliquait dans le design des meubles les principes graphiques du constructivisme néo-plastique du groupe De Stijl. Eileen Gray a cependant le mérite d'avoir réalisé une chaise qui se soustrait à la tendance du Hollandais, à savoir une rigidité de formes peu attirante.

Du modèle utilitaire en tissu et en bois naturel au modèle en cuir et en bois, laqué noir, les exemplaires du «Transat» sont variés (repr. p. 102/103). Tel un caméléon, il pouvait s'adapter à différents contextes: contexte fonctionnel et sans ornement ou de luxe conscient et de sophistication. Ce fauteuil se situe ainsi à un point crucial de la carrière d'Eileen Gray et résume les directions diverses, en apparence contradictoires, de son travail. Se préoccupant dans ses débuts de la finesse de l'exécution, elle parvint plus tard à un fonctionnalisme dépouillé.

Conçu au milieu des années vingt, le «Transat» témoigne de toute l'originalité et de l'invention que l'on associe à Eileen Gray, et il révèle, dans ses versions en bois laqué, la fascination qu'elle éprouva très tôt pour la belle exécution artisanale dans cette matière si exigeante. Toutefois, le fauteuil est du point de vue conceptuel

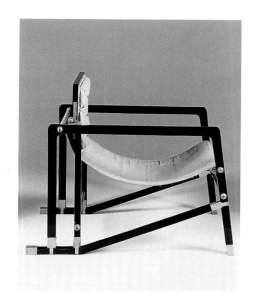

»Transat«-Stuhl, um 1925–30.

»Transat« chair, circa 1925–30.

Fauteuil «Transat», vers 1925–30.

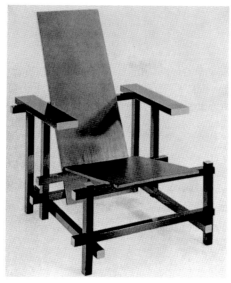

»Rot-Blau«-Stuhl, entworfen von Gerrit Rietveld, 1918

»Red-Blue« chair designed by Gerrit Rietveld in 1918.

Chaise «Rouge-bleue» réalisée par Gerrit Rietveld en 1918.

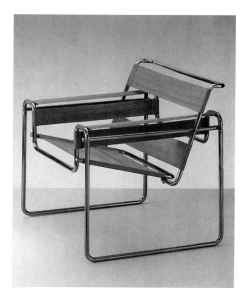

»Wassily«-Stuhl, entworfen von Marcel Breuer, 1925

»Wassily« chair designed by Marcel Breuer in 1925.

Fauteuil «Wassily» par Marcel Breuer en 1925.

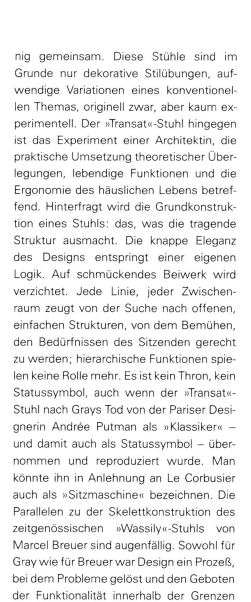

nig gemeinsam. Diese Stühle sind im Grunde nur dekorative Stilübungen, aufwendige Variationen eines konventionellen Themas, originell zwar, aber kaum experimentell. Der »Transat«-Stuhl hingegen ist das Experiment einer Architektin, die praktische Umsetzung theoretischer Überlegungen, lebendige Funktionen und die Ergonomie des häuslichen Lebens betreffend. Hinterfragt wird die Grundkonstruktion eines Stuhls: das, was die tragende Struktur ausmacht. Die knappe Eleganz des Designs entspringt einer eigenen Logik. Auf schmückendes Beiwerk wird verzichtet. Jede Linie, jeder Zwischenraum zeugt von der Suche nach offenen, einfachen Strukturen, von dem Bemühen, den Bedürfnissen des Sitzenden gerecht zu werden; hierarchische Funktionen spielen keine Rolle mehr. Es ist kein Thron, kein Statussymbol, auch wenn der »Transat«-Stuhl nach Grays Tod von der Pariser Designerin Andrée Putman als »Klassiker« – und damit auch als Statussymbol – übernommen und reproduziert wurde. Man könnte ihn in Anlehnung an Le Corbusier auch als »Sitzmaschine« bezeichnen. Die Parallelen zu der Skelettkonstruktion des zeitgenössischen »Wassily«-Stuhls von Marcel Breuer sind augenfällig. Sowohl für Gray wie für Breuer war Design ein Prozeß, bei dem Probleme gelöst und den Geboten der Funktionalität innerhalb der Grenzen

Conceived in the mid-twenties, the »Transat« has all the originality and invention that have come to be associated with Eileen Gray and, in its lacquered versions, it betrays her early fascination with fine handcrafted finish in this most demanding of media. But the chair is far advanced conceptually from, say, her lacquered »Sirène« (ill. p. 97) armchair or her scrolling »Serpent« (ill. p. 71) chair. Those were exercises in decoration, sumptuous variations on a conventional theme, original but hardly experimental. The »Transat« by contrast reveals itself as an architect's experiment, furniture design as a practical extension of the architect's analysis of living functions and the ergonomics of domestic life. It throws into question the very basis of construction of a chair, reassesses the fundamentals of this load-bearing structure. The spare elegance of the design is the product of its inherent logic. It has no decoration. Every line, every void implies a search for an open, reduced structure, a preoccupation with satisfying the needs of the sitter, without the complications of serving a hierarchical function. This is not a throne, a symbol of status, though the »Transat« has been reproduced since Gray's death by Paris decorator Andrée Putman as a design »classic« and, by implication, a status symbol. It is, rather, to paraphrase Le Corbusier, a machine for sitting

bien en avance sur, disons, son fauteuil en bois laqué «Sirène» (repr. p. 97) ou sur son fauteuil-«Serpent» (repr. p. 71) avec ses entrelacs. Ces derniers étaient des exercices dans le domaine ornemental, de sompteuses variations sur un thème conventionnel, originaux certes, mais à peine expérimentaux. A l'opposé, le «Transat» se révèle comme l'expérimentation d'un architecte; la conception de meubles comme extension pratique de l'analyse effectuée par l'architecte sur les fonctions de la vie et sur l'ergonomie domestique. Il remet en question les bases de la construction d'une chaise, réaffirme les principes de sa fonction. Sa sobre élégance résulte de sa logique inhérente. Il ne possède aucun ornement. Chaque ligne, chaque interstice suppose la recherche d'une structure ouverte, simplifiée, la préoccupation de répondre aux exigences de l'homme assis, sans que les complications de servir une fonction hiérarchique n'entrent en jeu. Le «Transat» n'est ni trône ni symbole de prestige, bien que depuis la mort de Gray, la décoratrice parisienne Andrée Putman l'ait reproduit en design «classique», ce qui sous-entend un certain prestige. Il serait plutôt, pour paraphraser Le Corbusier, «une machine à s'asseoir». Il présente des parallèles avec l'ossature de la chaise «Wassily» du contemporain Marcel Breuer. Pour Gray comme

der damaligen Technologie Folge geleistet werden mußte.

Die Karriere Eileen Grays, einer ruhigen, aber um so entschlosseneren Einzelgängerin, die Cliquen, Schulen und Trends mied, aber genau registrierte, was um sie herum vorging, spiegelt trotz allem die Ästhetik, die Debatten und die Widersprüchlichkeiten des Designs in der ersten Dekade des 20. Jahrhunderts wider. Gray begann als Lackkünstlerin und entwarf Möbelstücke und Einrichtungsgegenstände für eine kleine, notwendigerweise reiche Klientel. Sie entwickelte sich von der Designerin zur Architektin. Gebaut hat sie jedoch nur wenig; im Grunde war sie selbst ihre beste Kundin. Ihre von eigensinniger Individualität geprägte Hinterlassenschaft an Einrichtungsgegenständen und Bauten ist zwar nicht groß, läßt jedoch bei der Erkundung und Entwicklung von neuen Formen und Ideen ein Kunstverständnis und eine Sensibilität erkennen, die nicht nur dem Geist, sondern auch der Technologie ihrer Zeit entsprachen.

in. It has parallels with the skeletal basics of Marcel Breuer's contemporary »Wassily« chair. For Gray as for Breuer, design became a problem-solving process, the resolution of the dictates of function within the limits of available technology.

Working for the most part outside the mainstream, a quiet but determined loner, avoiding cliques, schools and movements, though far from unaware of what was happening around her, Eileen Gray's career nonetheless reflects many of the trends, the debates and dilemmas of design in the first decades of the twentieth century. Gray first worked in lacquer, creating furniture and objects for a small and necessarily wealthy clientele. She evolved from interior decoration to architecture. She built very little, indeed was her own best client. Her legacy of furniture, furnishings and buildings is small. It is to her credit, however, that even this limited body of work, imbued as it is with the stubborn individuality of her efforts, is more than adequate evidence of her flair and sensitivity in devising and exploring forms and ideas appropriate to both the spirit and the technologies of her era.

pour Breuer, le design était devenu un moyen de résoudre les problèmes, une résolution aux impératifs de la fonction dans les limites de la technique disponible.

Travaillant la plupart du temps en dehors du courant principal, femme solitaire et discrète mais décidée, évitant les cliques, les écoles et les mouvements tout en étant consciente de ce qui se faisait autour d'elle, Eileen Gray a eu une carrière qui reflète un certain nombre de tendances, débats et dilemmes du design, apparus dans les premières décennies du XXe siècle. Gray a tout d'abord travaillé dans la création de meubles et d'objets en laque pour une petite clientèle aisée. Elle passa ensuite de la décoration intérieure à l'architecture. Elle construisit très peu et fut en fait son meilleur client. Son patrimoine en meubles, décorations intérieures et bâtiments est mince. Il faut cependant porter à son actif que même cette œuvre restreinte, empreinte comme elle est de l'individualisme tenace de ses efforts, révèle de façon éclatante son talent et sa sensibilité, lorsqu'il s'agissait d'inventer et de découvrir des formes et des idées convenant à la fois à l'esprit et aux techniques de son époque.

VON IRLAND NACH PARIS

FROM IRELAND TO PARIS

D'IRLANDE À PARIS

Eileen Gray wurde am 9. August 1878 in der irischen Grafschaft Wexford auf dem Familiensitz Brownswood bei Enniscorthy geboren. Ihre Eltern waren schottisch-irischer Abstammung. Von den drei Mädchen und zwei Jungen war Eileen das jüngste Kind. Die Familie lebte abwechselnd in Irland und in ihrem Londoner Stadthaus in South Kensington. Ihr Vater, James Maclaren Gray, war Hobbymaler, der zu Studienzwecken häufig den Kontinent bereiste, v. a. nach Italien und in die Schweiz. Als junges Mädchen durfte Eileen ihren Vater ab und an begleiten; vielleicht haben diese Reisen ihre künstlerischen Neigungen und ihre Begeisterung für den Kontinent geweckt, die sie später veranlaßte, sich in Frankreich niederzulassen. Der erste Schritt auf dem Weg zu einer unabhängigen Künstlerexistenz war die Einschreibung an der Slade School in London, an der sie vor und auch noch während ihrer Über-

Eileen Gray was born in Ireland, in the family home, Brownswood, near Enniscorthy, County Wexford, on August 9th, 1878. Her parents were of Scottish-Irish origin. Eileen was the youngest of five children, with two brothers and two sisters. The family divided its time between Ireland and their London home in South Kensington. Her father, James Maclaren Gray, was an amateur artist who frequently sojourned in Europe on painting trips, notably in Switzerland and Italy. The young Eileen would occasionally accompany her father on his travels, sharing experiences which perhaps stimulated her own artistic propensities and instilled in her a fondness for the Continent which encouraged her eventual move to France. Her first step towards an independent way of life and a creative career was her enrolment at the Slade School in London, where she attended classes over a period of years before and

Eileen Gray est née le 9 août 1878 en Irlande, dans le domaine familial de Brownswood, près de Enniscorthy, dans le comté de Wexford. Ses parents étaient d'origines écossaises et irlandaises; le nom de famille Gray provenait du titre de baronesse Gray que sa mère avait hérité en 1893 de son grand-père. Eileen était la benjamine et avait deux frères et deux sœurs. La famille partageait son temps entre l'Irlande et la demeure londonienne à South Kensington. Son père, James Maclaren Gray, était artiste amateur qui venait fréquemment en Europe pour y peindre, en particulier en Suisse et en Italie. A l'occasion, la jeune Eileen accompagnait son père dans ses voyages, partageant des expériences qui peut-être stimulèrent ses propres penchants artistiques et lui inspirèrent un amour pour le continent — amour qui encouragea son installation définitive en France. Son inscription à la Slade School de

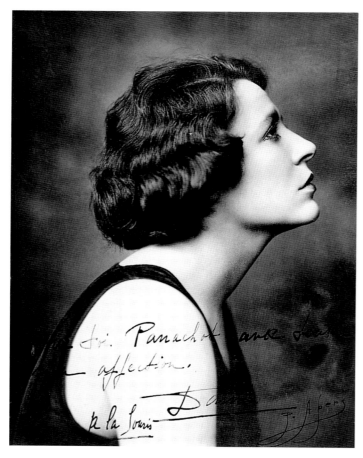

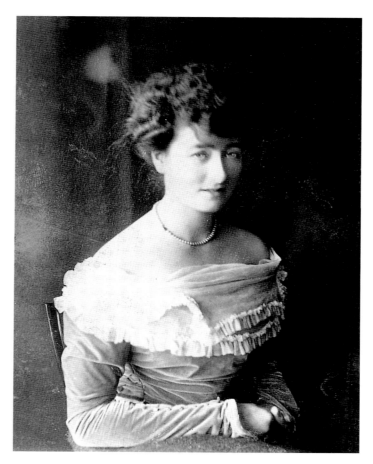

Porträt von Damia, einer guten Kundin und engen Freundin, mit Widmung für Gray.

Portrait of Damia, close friend and client. The photograph bears a dedication to Gray.

Portrait de Damia, amie intime et cliente. La photographie est dédicacée à Gray.

Eileen Gray als junge Frau, aufgenommen während einer ihrer ersten Reisen nach Paris.

Eileen Gray as a young woman, photographed on an early visit to Paris.

Eileen Gray jeune fille, photographiée lors d'un de ses premiers voyages à Paris.

siedlung nach Paris Kunstunterricht nahm. In Paris ergänzte sie ihre formale Ausbildung in Zeichenklassen an der Ecole Colarossi und der Académie Julian. Ihre erste Reise nach Paris hatte sie 1900 zusammen mit ihrer Mutter unternommen, um die Weltausstellung zu besuchen. Die Stadt faszinierte sie, und nachdem ihr Vater noch im selben Jahr gestorben war, beschloß sie sich dort niederzulassen. Um 1902 war Paris bereits eine feste Ausgangsbasis für sie; eine Zeitlang pendelte sie noch zwischen London, Irland und Paris, bis sie 1907 in der Rue Bonaparte Nr. 21 eine Wohnung bezog, die sie bis zu ihrem Tod beibehielt.

Eileen Gray ließ sich zu einer Zeit großen Wandels in den Künsten in Paris nieder. Die Wahl, die sie traf, die Richtung, die sie einschlug, müssen im Kontext der herrschenden Strömungen gesehen werden, aus denen sich Art deco und Kubismus entwickelten.

during the period of her settling in Paris. There she extended her formal art training through classes at the Ecole Colarossi and the Académie Julian.

She had first visited Paris in 1900 with her mother, taking in the Exposition Universelle. She was enamoured with the city and, after her father's death in that year, planned to settle there. By 1902, she had made Paris her base and, after a period of dividing her time between her London and Irish homes and Paris, moved in 1907 into the first floor apartment at 21 Rue Bonaparte which was to be her principal home until her death in 1976.

Eileen Gray settled in Paris at a time of great upheaval in the world of arts. The choices which she made and the directions which she followed in her career need to be understood in the broader context of the flux of ideas and ambitions which embraced the birth of Cubism and the genesis of Art Deco.

Londres, qu'elle fréquenta avant et pendant la période de son installation à Paris, représenta son premier pas vers une vie indépendante et une carrière créative. A Paris, les classes de l'Ecole Colarossi et de l'Académie Julian lui permirent d'approfondir son instruction artistique formelle.

A l'occasion de l'Exposition Universelle, elle visita Paris pour la première fois en 1900 avec sa mère. Tombée amoureuse de cette ville, elle décida, après le décès de son père, de s'y installer. Après une période d'allées et venues entre Londres, l'Irlande et Paris, elle emménagea en 1907 dans un appartement situé au 21 rue Bonaparte et qui resta sa résidence principale jusqu'à sa mort en 1976.

Eileen Gray s'installa à Paris à une époque où les arts connaissaient des changements importants. Sa carrière doit être compris dans le contexte des idées qui entourèrent la naissance du cubisme et du style Art déco.

Trotz ihres zurückhaltenden Naturells freundete sich Eileen Gray rasch mit der Pariser Bohème und deren exzentrischen Charakteren an. Es war ein Milieu, in dem sich ihr unkonventioneller Geist frei entfalten konnte. Jene Bekanntschaften und Freundschaften hat Peter Adam in seiner kürzlich erschienenen Biographie ausführlich beschrieben. Seiner Darstellung zufolge bewegte sie sich in einem lockeren Kreis aufgeschlossener, unabhängiger Frauen, die sich als Designerinnen, Innenarchitektinnen und Künstlerinnen zu profilieren suchten. Gray war zusammen mit zwei Kommilitoninnen von der Slade School, Jessie Gavin und Kathleen Bruce, nach Paris gezogen; später machte sie dann mit der Amerikanerin Evelyn Wyld eine Teppichwerkstatt auf. Auch mit der Künstlerin Romaine Brooks, stadtbekannt durch ihre Liaison mit Natalie Barney, war sie befreundet. In den zwanziger Jahren liierte sich Gray mit der Chansonsängerin Damia, die mehrere ihrer Lackarbeiten erwarb, u. a. auch den »Sirène«-Stuhl (Abb. S. 97). Auf den Photos, die Bérénice Abbot Mitte der zwanziger Jahre von ihr aufgenommen hat, trägt Eileen Gray einen einfachen Rock, eine dunkle Jacke und den damals modernen Bubikopf, der für Unabhängigkeit und Emanzipation stand, Ideen, die sowohl in ihrem Leben wie auch in ihrem Werk zum Ausdruck kommen. Allein durch ihr Tun war Gray, der demonstratives Auftreten verhaßt war, zu einer Vorkämpferin der Frauenbewegung geworden, als diese noch keine große Gefolgschaft hatte. Sie strebte eine Karriere als Künstlerin an, als andere noch über das Frauenwahlrecht diskutierten.

Despite a shyness which was to mark her personality throughout her life, Eileen Gray found congenial the bohemia of the Paris art world and its many marginal characters. This was a milieu in which her complicated, unconventional character would be at home. The friendships and relationships which she enjoyed in Paris in these years have been well chronicled by Peter Adam in his recent biography of the artist. She found herself in a loose-knit circle of independent-spirited women with ambitions in the fields of design and decoration and the arts. She had moved to Paris with two Slade colleagues, Jessie Gavin and Kathleen Bruce; she was to collaborate closely with the American Evelyn Wyld in the production of carpets; she enjoyed the company of the artist Romaine Brooks, who achieved notoriety for the openness of her liaison with Natalie Barney. In the twenties Gray was drawn into a close relationship with the singer Damia, who became a client for lacquer furniture, acquiring several pieces including the »Sirène« armchair (ill. p. 97). A series of portraits of Gray from the mid-twenties by photographer Berenice Abbott show her in a simple shirt and dark tailored jacket, her hair cut in the short, boyish style then in vogue and in keeping with a spirit of independence and emancipation which she expressed through her lifestyle and her work. By her determined actions rather than by any verbal propaganda – such assertive public gestures being alien to her nature – Gray played a part in the processes of women's liberation long before the movement acquired its full identity and momentum. She staked her right to a career whilst others were first questioning women's right to vote.

En dépit d'une timidité qui devait caractériser sa personnalité tout au long de sa vie, Eileen Gray appréciait le milieu artistique parisien ainsi que ses personnages marginaux. D'un caractère complexe et non conventionnel, elle se sentait à l'aise dans ce milieu. Les amitiés et relations qu'elle noua à Paris ces années-là ont été parfaitement bien rapportées par Peter Adam dans sa biographie de l'artiste. Contentons-nous de dire qu'elle se trouvait dans un cercle de femmes indépendantes et pleines de verve ayant des ambitions dans le domaine du design et de la décoration ainsi que celui des beaux-arts. Elle était venue à Paris avec deux camarades d'école de la Slade School; elle devait collaborer avec l'Américaine Evelyn Wyld pour leur production de tapis; elle aimait la compagnie de l'artiste Romaine Brooks qui se fit remarquer par sa liaison ouverte avec Natalie Barney. Dans les années vingt, Gray eut des relations intimes avec la chanteuse Damia qui devint une cliente pour son mobilier en laque, faisant l'acquisition de plusieurs meubles dont le fauteuil «Sirène» (repr. p. 97). Une série de portraits de Gray, réalisés dans le milieu des années vingt par la photographe Berenice Abbott, nous la présente vêtue d'un simple chemisier et d'une veste tailleur sombre, les cheveux coupés court, un style à la garçonne alors en vogue et conforme à l'esprit d'indépendance et à l'émancipation dont elle fit preuve. C'est par ses actions résolues bien plus que par une propagande verbale – de tels gestes publics étaient contraires à sa nature – que Eileen Gray contribua au processus de libération des femmes, bien avant que le mouvement ait acquis son identité et pris de l'élan. Elle fit valoir son droit à une carrière pendant que d'autres se demandaient pour la première fois si les femmes avaient droit de vote.

EINE UNABHÄNGIGE KÜNSTLERKARRIERE

AN INDEPENDENT CAREER

UNE CARRIÈRE INDÉPENDANTE

Obwohl ihr das Vermögen der Familie eine gewisse Sicherheit bot, brauchte Eileen Gray doch sehr viel Mut, um in einem fremden Land in der von Männern beherrschten Bastion des Designs Karriere zu machen. Ihr Entschluß, es mit der anspruchsvollen Lackkunst zu versuchen, basiert auf Eigeninitiative und einem glücklichen Zufall. In

Although family funds provided a safety net and a measure of security, Eileen Gray showed considerable courage in devising a career for herself in a foreign country in the hitherto male-dominated bastion of design. Her choice of the exacting craft of lacquer had been the result of an initial curiosity and a serendipitous encounter. In

Bien que le soutien financier de la famille constituât un filet de sécurité, Gray fit néanmoins preuve d'un immense courage en se créant une carrière à l'étranger, dans le bastion du design dominé jusqu'ici par les hommes. Son choix du travail minutieux de la laque fut le résultat d'une curiosité initiale et d'une rencontre aussi heu-

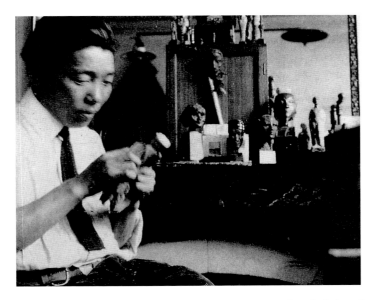
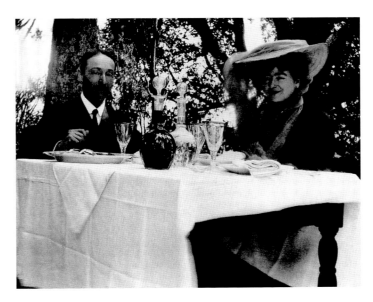

Sougawara, fotografiert von Eileen Gray in seinem Atelier, Rue Guénégaud.
Sougawara, photographed in the Rue Guénégaud atelier by Eileen Gray.
Sougawara, photographié par Eileen Gray dans l'atelier de la rue Guénégaud.

Eileen Gray mit Henry Savage Landor in Italien.
Eileen Gray with Henry Savage Landor in Italy.
Eileen Gray avec Henry Savage Landore en Italie.

einem 1972 verfaßten Brief an den Autor erklärt sie: »Es war purer Zufall: Soweit ich mich erinnere, entdeckte ich 1907 in der Slade School den Hinweis, daß im Atelier Charles in der Dean Street Lackwandschirme und andere Lackgegenstände repariert würden. Ich erinnerte mich noch genau an die alten Lackwandschirme – sie hatten mich schon immer fasziniert. Charles war sehr nett und sagte, ich könnte bei ihnen aushelfen, was ich auch tat. Sie benutzten vorwiegend farbige, europäische Lacke, um Schirme zu reparieren, aber auch echten Lack aus China. Den nahm ich dann mit nach Paris, um dort damit zu arbeiten.« Ihr Mentor in Paris war der Exiljapaner Sougawara. »Ich war glücklich«, schrieb sie, »als Sougawara, der sich mit ein paar Freunden die Wohnung teilte, bei mir auftauchte. Wir beschlossen, eine Werkstatt einzurichten.«

Um 1900 wurden Möbel nicht mehr lakkiert; die Lackkunst wurde nur noch von wenigen Restauratoren ausgeübt. In Frankreich waren organische Jugendstilformen modern. Aber der Jugendstil hielt sich nicht lange, und die angewandten Künste hatten eine Zeitlang kein richtiges Konzept. Um so beeindruckter waren die Franzosen von dem durchgängigen Stil, den die im Salon d'Automne von 1910 ausgestellten Arbeiten der Münchner Designer aufwiesen. Frankreich konnte dieser Synthese, die die Wiener Werkstätten oder der Deutsche Werkbund erreicht hatten, nichts entgegensetzen.

a letter to the author in 1972 she explained: »It was just chance, I think in 1907, that working at the Slade I saw a notice that in Charles' workshop in Dean Street they repaired screens & things in lacquer. I remembered old lacquer screens, & had been fascinated by that matière. Charles was very nice & said I might come and work there which I did. They used mostly coloured European varnishes to repair the old screens but also real lacquer from China, which I took to Paris meaning to work there.« Her other tutor was the expatriate Japanese artisan Sougawara. »I was very glad«, she wrote, »when Sougawara who was lodging with some friends came to see me & we decided to start a workshop.«

Around 1900 lacquer was not used in contemporary furniture; it was a craft kept alive for restoration work as practised by Mr. Charles for the Dean Street. In France the fashion was for the organic forms of Art Nouveau. But these were soon outmoded and French applied arts entered a brief period of uncertainty. The French were to be shamed by the sense of unity evident in the work of the Munich decorators presented at the Salon d'Automne of 1910. There was nothing in France to rival the synthesis achieved by the artists of the Wiener Werkstätte or the modern spirit of the Deutscher Werkbund.

The Société des Artistes Décorateurs had been founded in 1907 with the expressed intentions of promoting French applied

reuse qu'inattendue. Elle l'évoqua dans une lettre à l'auteur en 1972: «Nous étions, je crois, en 1907. Je travaillais à la Slade et vis un jour une affiche annonçant que l'on réparait des paravents et des objets en laque à l'atelier Charles dans la Dean Street. Je me souvins alors de ces anciens paravents en laque et combien cette matière m'avait fascinée. Charles fut très aimable et me dit que je pouvais venir travailler chez lui. Pour réparer ces anciens paravents, ils utilisaient surtout du vernis européen de couleur, mais aussi de la véritable laque de Chine, que j'emporta à Paris ayant l'intention d'y travailler.» Son autre maître fut un artisan expatrié, le Japonais Sougawara. «Je fus très heureuse», écrivit-elle «lorsque Sougawara, en pension chez des amis, vint me voir et que nous décidâmes d'établir un atelier.»

Aux alentours de 1900, le métier de la laque n'était pas employé pour les meubles, mais subsistait par des travaux de restauration. En France, la mode était aux formes organiques de l'Art nouveau. Ce style devint vite démodé et les arts appliqués français connurent une période d'incertitude. Les Français ressentirent une certaine humiliation face au sens d'unité qui ressortait du travail des décorateurs munichois, présenté au Salon d'Automne de 1910. Rien en France pouvait rivaliser avec la synthèse obtenue par les artistes de la Wiener Werkstätte ou par l'esprit moderne du Deutscher Werkbund.

Créée en 1907, la Société des Artistes Dé-

Die Société des Artistes Décorateurs wurde 1907 mit dem Ziel der Förderung der angewandten Künste gegründet. Seit 1907 organisierte diese Vereinigung jährliche Ausstellungen, die richtungsweisend für neue Trends im Bereich der dekorativen Kunst oder des Kunsthandwerks wurden.

In dem von der Art nouveau hinterlassenen Vakuum bemühten sich die Designer um einen Stil, der die glanzvolle französische Tradition widerspiegelte, so wurde z. B. das 18. und frühe 19. Jahrhundert wiederbelebt. Das Ergebnis war ein gefälliges, aber im wesentlichen historisierendes Potpourri der unterschiedlichsten Motive – stilisierte, florale Ornamentik, Blumenbuketts und Girlanden bildeten das Art-deco-Repertoire. Die 1925 organisierte Exposition Internationale des Arts Décoratifs et Industriels Modernes war zugleich Höhepunkt und Abgesang dieses Trends. Zelebriert wurde die großbürgerliche Vorliebe für konventionelle Motive und Qualitätsarbeit und für die Traditionen der königlichen Ebénisterie (Kunsttischlerei). Während die Deutschen Design auf eine praktische, zeitgemäße und demokratische Art angingen, setzten sich die Franzosen nur widerwillig mit der Frage industrieller Produktion für größere Märkte auseinander; vielmehr versteckten sie sich hinter den immer kunstvolleren und gleichzeitig auch immer langweiligeren Holzarbeiten eines altmodischen Eklektizismus. Vor diesem Hintergrund perfektionierte Gray ihre Kunst; sie brannte darauf, ihr Talent zu erproben, hatte aber keine Sympathie für diesen nach rückwärts gewandten Trend des gefälligen Stils.

Lack, dieser Werkstoff, der sie so faszinierte, ist ein Harz, das aus der Rinde ostasiatischer Bäume gewonnen wird. Nach Filterung erhält man eine zähe, durchsichtige Flüssigkeit, die langsam trocknet und eine harte, undurchlässige Oberfläche bildet: Entsprechend poliert erstrahlt sie in einem tiefen, prachtvollen Glanz. Gray trug sie auf Holz auf, füllte dessen feine Risse in der Maserung auf, schliff es ab, überzog es mit einer Schicht dünner Seide und trug einen Leimanstrich aus Reisgummi auf. Bei dem anschließenden Lackiervorgang mußten bis zu zwanzig oder noch mehr Schichten aufgetragen werden, um das gewünschte Resultat zu erzielen. Jede Schicht mußte mehrere Tage lang in einer

arts. From 1907 the society initiated annual exhibitions which became the prime showcase for new work.

In the vacuum left by the demise of Art Nouveau, the momentum of the Artistes Décorateurs was towards the development of a style echoing the best of French traditions. There was a revival of eighteenth and early nineteenth-century styles. The result, a gracious but essentially historicist potpourri of motifs – formalised swags, bouquets, garlands, and neo-classical references – created the repertoire of Art Deco. The 1925 Exposition Internationale des Arts Décoratifs et Industriels Modernes was to be at once the high point and the swansong of this mode. It was a reaffirmation of the grand bourgeois preference for conventionalist references and high-quality finish. Where the Germans were suggesting a practical, non-historicist, more democratic approach to design, the French seemed reluctant to acknowledge that twentieth-century design needed to confront questions of industrial production rather than to hide behind the sumptuous veneers of outdated élitism. This was the backdrop against which Gray refined her skills, keen to explore her precious craft but feeling no kinship with Art Deco designers and, indeed, quite opposed in spirit to the decorative work of the majority of her contemporaries, with their retrospective tendencies.

Lacquer, the medium which so intrigued her, is a resin drawn from varieties of tree peculiar to the Far East. In its natural state, once filtered of impurities, it is a dense translucent liquid which hardens slowly to form a hard, impermeable surface which can be buffed to a deeply lustrous finish. Gray applied it to a wood base. The wood had to be smoothed, the grain filled, then concealed with a layer of fine silk pasted with rice gum, before the long process of building up the twenty or so coats of lacquer needed to achieve the desired result. Each layer had to be left to dry in a damp room over several days, then pumiced smooth before the next application. Colour would be introduced in the last layers. For the most part Gray worked towards a smooth plain surface within the limited palette which the medium allowed, notably black and variations on orange-red and browns. Her virtuosity is evidenced in the large areas of undecorated lacquer, fault-

corateurs voulait promouvoir les arts appliqués français. Dès 1907, elle organisa des expositions annuelles qui devinrent le lieu de présentation principal des innovations dans les arts décoratifs et appliqués.

Dans le vide laissé par la disparition de l'Art nouveau, l'élan des Artistes Décorateurs se dirigea vers le développement d'un style qui se faisait l'écho des meilleures traditions françaises. On assista à la renaissance des styles du XVIIIe siècle et du début du XIXe. Le résultat, un mélange hétéroclite de motifs essentiellement historicistes – drapés stylisés, bouquets, guirlandes, et références néo-classiques – créa le répertoire de l'Art déco. L'Exposition internationale des Arts décoratifs et industriels modernes de 1925 fut à la fois l'apogée et le chant du cygne de cette mode. C'était une réaffirmation de la préférence de la grande bourgeoisie pour les références conventionnelles et les réalisations de qualité supérieure, pour toutes les traditions de l'ébénisterie de la cour royale. Là où les Allemands proposaient une approche pratique, non-historiciste et plus démocratique, les Français paraissaient peu disposés à reconnaître que le design du XXe siècle devait affronter les questions de production industrielle plutôt que de se cacher derrière l'apparence somptueuse d'un élitisme démodé. C'est sur cette toile de fond que Gray affina son art, désireuse de découvrir ses précieuses capacités, mais ne ressentant aucune affinité avec les artistes de l'Art déco, et en fait totalement opposée par l'esprit au travail décoratif à tendances rétrospectives de la majorité de ses contemporains.

La laque, qui l'intriguait tant, est une résine qui exsude d'une variété d'arbres d'Extrême-Orient. A son état naturel, une fois qu'elle a été filtrée de ses impuretés, elle apparaît comme un liquide épais et translucide qui se solidifie lentement et forme une surface dure et imperméable que l'on peut alors polir pour obtenir un profond brillant. Gray l'appliquait sur une base en bois. Ce bois devait être poli, la veinure comblée, puis recouvert d'une soie fine collée à la gomme de riz, avant que puisse commencer le long processus de formation de la vingtaine de couches de laque, nécessaires pour obtenir le résultat désiré. Chaque couche devait sécher dans une pièce humide pendant plusieurs jours, puis être poncée avant la prochaine application. Les

feuchten Umgebung trocknen und dann mit einem Bimsstein abgerieben werden. Erst den letzten Schichten wurde die Farbe beigemischt. Gewöhnlich wollte Gray nur eine einfache, glatte Oberfläche erzielen und beschränkte sich auf die wenigen Farben, die das Medium erlaubte, vor allem auf Schwarz, Orangerot und Brauntöne. Ihre Virtuosität beweisen die großen Flächen ohne jeden Dekor, die sie so lange bearbeitete, bis sie einen perfekten, tiefen Glanz erhielten. Ähnlich erfolgreich waren ihre Experimente mit Oberflächenstrukturen; sie verwendete Metallplättchen, Perlmutteinlagen, schnitt Reliefs heraus oder ritzte Zeichnungen ein. Eileen Gray erweiterte die Palette der erhältlichen Farben und entwickelte ein tiefes Blau und leuchtende Grüntöne.

All das hinderte sie nicht, ihre ganz persönliche Bildersprache zu entwickeln. Sie umfaßte enigmatische, figurative Allegorien, abstrakt wirkende symbolische Motive und gänzlich abstrakte graphische Formen. Der Übergang von der Amateurin zur Expertin war 1913 so weit gediehen, daß sie ihre Stücke auch ausstellen wollte. Der Salon des Artistes Décorateurs zeigte in diesem Jahr mehrere Arbeiten Grays, darunter eine Lackpaneele mit drei antiken Figuren (Abb. S. 39); eine hält eine Lotusblüte aus Perlmutt in der Hand. Sie wurde auch in dem Märzheft der Zeitschrift *Art et Décoration* abgebildet.

Ihre Exponate im Salon, von 1913 erregten die Aufmerksamkeit der einflußreichen Herzogin von Clermont-Tonnerre, in deren Salon Frauen wie Gertrude Stein und Natalie Barney verkehrten. Sie konnte Gray nützliche gesellschaftliche Kontakte vermitteln. 1922 veröffentlichte die Herzogin nach der langen Unterbrechung durch den Ersten Weltkrieg den ersten in Französisch verfaßten Artikel über Eileen Gray in Lucien Vogels *Les Feuillets* d'Art. Wichtiger war jedoch, daß die Exponate auch den Modepapst und Kunstsammler Jacques Doucet, Grays ersten bedeutenden Mäzen, auf sie aufmerksam gemacht hatten.

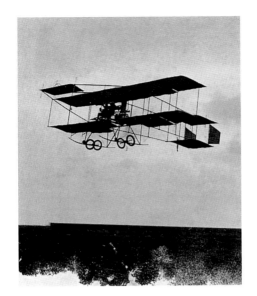

Eileen Gray mit Chéron in einem frühen Doppeldecker in der Nähe von Marseille, 1913.
Eileen Gray flying an early bi-plane near Marseilles with Chéron, 1913.
Eileen Gray avec Chéron, dans l'un des premiers biplans près de Marseille, 1913.

less surfaces of deep, impenetrable lustre. It is equally evident in her experimentation with surface textures, effects achieved with metallic leaf, inlays of mother-of-pearl, and incised or sculpted low relief decoration. Gray also endeavoured to extend the small range of colours, achieving such alternatives as a deep blue and greens.

All this she achieved whilst devising a highly personal vernacular of motifs and themes. Her subject matter comprised enigmatic figurative allegories, near-abstract symbolist imagery and purely abstract graphic forms. By 1913 she had acquired sufficient mastery to feel ready to exhibit. She did so in the Salon des Artistes Décorateurs that year. Her work included a decorative panel of figures (ill. p. 39), one holding a lotus flower inlaid in mother-of-pearl.

Her participation in the 1913 Salon attracted the attention of society hostess the Duchess of Clermont-Tonnerre, whose circle included Gertrude Stein and Natalie Barney and who was able to make useful introductions. The duchess was eventually to publish, in 1922, the first French-language article on Gray's work in Lucien Vogel's *Les Feuillets d'Art*. The Salon exhibit also caught the attention of couturier and art collector Jacques Doucet, who was to become Gray's first important patron.

couleurs étaient introduites avec les dernières couches. La plupart du temps, Gray obtenait une surface lisse et unie, réalisée dans la palette de couleurs limitée qu'offre la laque, c'est-à-dire le noir et les tons rouge-orange et marron. Sa virtuosité se manifeste dans les grandes surfaces de laque non décorées, des surfaces sans défaut d'un brillant profond et impénétrable. Gray fit preuve d'une virtuosité tout aussi grande lorsqu'elle expérimenta les surfaces à relief, la décoration à la feuille métallique, les incrustations de nacre ou en sculptant des décorations en bas-relief. Gray s'efforçait d'agrandir le petit nombre de couleurs disponibles par des alternatives comme le bleu foncé et les tons de vert.

Parallèlement, elle inventa un langage très personnel de motifs et de thèmes visuels: allégories figuratives énigmatiques, motifs symbolistes presque abstraites et formes graphiques purement abstraits. Le passage de la condition d'amateur à celle d'artiste professionnel se fit progressivement, mais elle avait assurément acquis avant 1913 assez de maîtrise pour se sentir prête à exposer ses ouvrages. Et c'est ce qu'elle fit cette année-là au Salon des Artistes Décorateurs. Parmi ses objets exposés figurait un panneau décoratif (repr. p. 39) qui fut reproduit dans le numéro de mars de la revue *Art et Décoration*. Il représentait des personnages dont l'un tenait une fleur de lotus incrustée en nacre.

Sa participation au Salon de 1913 attira l'attention de la duchesse de Clermont-Tonnerre, une femme de la haute société, dont le cercle d'habitués comprenait Gertrude Stein et Nathalie Barney. La duchesse devait publier en 1922, dans *Les Feuillets d'Art* de Lucien Vogel, le premier article en langue française consacré au travail de Gray. D'une plus grande portée immédiate toutefois, l'exposition du Salon permit d'attirer l'attention du couturier et collectionneur d'objets d'art Jacques Doucet, qui devait devenir son premier mécène important.

Jacques Doucet war einer der berühmtesten Couturiers seiner Zeit. Eine Generation vor ihm hatte Charles Frederick Worth das Prestige des Modeschöpfers bereits so weit aufgewertet, daß er allgemein als Künstler galt. Doucet profitierte von diesem neuen Image, das Worth für seinen Berufsstand geschaffen hatte. Trotzdem gab es auch für Doucet unausgesprochene Barrieren, die ihm schmerzlich bewußt waren, Barrieren, die verhinderten, daß der Mann, der die Damen der Gesellschaft einkleidete, von der adligen Gesellschaft voll und ganz akzeptiert wurde.

Doucets Kunstbegeisterung ließ ihn eine andere gesellschaftliche Rolle kreieren: Er wurde zum Paradebeispiel eines kunstinteressierten Unternehmers. Als Mäzen und Kunstliebhaber in großem Maßstab, als Schirmherr und geradezu als Katalysator befand er sich immer dort, wo neue Ideen entwickelt und ausgetauscht wurden. Nachdem er jahrelang französische Möbel und Gemälde des 18. Jahrhunderts gesammelt hatte, erschien ihm sein Haus in der Rue Spontini plötzlich wie ein Museum, ein Mausoleum vergangener Epochen. 1912 versteigerte M. Lair Dubreuil in einer in die Kunstgeschichte eingegangenen Auktion Doucets Sammlung. Doucet hatte beschlossen, stattdessen Avantgarde-Kunst zu sammeln oder auch direkt in Auftrag zu geben. Sammeln sollte nicht mehr museal, sondern eine kreative, abenteuerliche Tätigkeit sein. Er äußerte sogar die Überzeugung, daß nicht er, sondern vielmehr sein Vater seine Impressionisten hätte kaufen sollen, und das vor fünfzig Jahren. 1921 beauftragte er Louis Aragon und André Breton, eine Kunst und Literatur umfassende Bibliothek aufzubauen und eine Sammlung zeitgenössischer Kunst anzulegen. Seiner Unterstützung soll es auch zu verdanken sein, daß die surrealistische Bewegung sich formieren konnte.

1913 beauftragte er den Designer Paul Iribe mit der Gestaltung seines neuen Appartements in der Avenue du Bois Nr. 49. Iribe hatte viel zur Entwicklung des Art-deco-Stils beigetragen. Charakteristisch für seine Arbeiten waren die historischen Bezüge. Dieser Stil stellte eine Übergangsphase in Doucets Geschmack dar. Als er

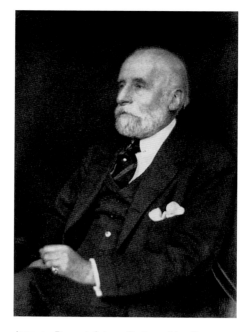

Jacques Doucet, fotografiert von Man Ray, um 1925.
Jacques Doucet, photographed by Man Ray, circa 1925.
Jacques Doucet, photographié par Man Ray, vers 1925.

Doucet was one of the foremost couturiers of his era. Charles Frederick Worth, a generation earlier, had upgraded the image of the couturier, determined that they should be perceived as creative professionals. Doucet was able to benefit from the credentials which Worth had prescribed for his profession. There remained, nonetheless, unspoken barriers of which Doucet was painfully aware and which precluded the full acceptance in aristocratic circles of the men who dressed the salon hostesses. Doucet's passion for art served to structure an alternative social constellation. He became the role model for the aesthete entrepreneur; as patron and catalyst, he positioned himself at the hub of creative activity and the exchange of ideas. After many years collecting eighteenth-century French furniture and pictures and Impressionist pictures, he felt his Rue Spontini home had become too much a museum, a mausoleum of past epochs. In 1912 the Paris auctioneer M. Lair Dubreuil organised a historic dispersal of Doucet's eighteenth-century collections. He made a commitment to collect and, indeed, to commission

Doucet était l'un des tout premiers couturiers de son époque. Une génération plus tôt, Charles Frederick Worth avait rehaussé l'image du couturier en affirmant que celui-ci devait être considéré comme créateur. Doucet était capable de tirer partie de l'image indiquée par Worth pour sa profession. Néanmoins, des barrières subsistaient encore, ce dont Doucet était douloureusement conscient: les milieux aristocratiques se refusaient à ouvrir grandes leurs portes à ces hommes qui habillaient les dames du monde.

La passion de Doucet pour l'art servit à structurer une constellation sociale d'un nouveau genre. Il devint l'exemple de l'entrepreneur esthète; en tant que mécène, amateur d'art de haut niveau, client et catalyseur, il s'était placé lui-même au centre de l'activité créatrice et des échanges d'idées. Après avoir collectionné des meubles et des tableaux français du XVIIIe siècle ainsi que les toiles des impressionnistes, il eut le sentiment que sa maison de la rue Spontini prenait l'aspect d'un musée, d'un mausolée des époques passées. En 1912, le commissaire-priseur parisien, M. Lair Dubreuil, organisa une vente historique des collections du XVIIIe siècle de Doucet. Ce dernier avait pris l'engagement de collectionner et même de passer directement commande à la fine fleur de l'avant-garde. Collectionner ne devait plus être une branche de l'archéologie, mais une aventure créative. Il sentait même que ses impressionnistes auraient dû être achetés cinquante ans plus tôt par son père plutôt que par lui. En 1921, il demanda à Louis Aragon et à André Breton de le conseiller et de l'aider à constituer une bibliothèque ainsi qu'une collection d'objets d'art. Par cette action, il passe pour avoir financé la naissance du mouvement surréaliste.

En 1913, il s'était assuré le concours de Paul Iribe pour l'ameublement de son nouvel appartement de l'avenue du Bois. Iribe jouait un rôle important dans l'évolution du style Art déco et son travail se caractérisait par ses références aux sources historiques. Sa participation aux travaux de l'avenue du Bois indique une phase transitoire dans les goûts de Doucet. Lorsqu'en 1924, Doucet décida de demander à Pierre Le-

1924 den Architekten Paul Ruaud und den Designer Pierre Legrain mit dem Bau und der Einrichtung eines Studios in Neuilly beauftragte, hatte er bereits eine sehr viel individuellere Ästhetik entwickelt, die absolut modern und nur noch von der Avantgarde, der primitiven oder der alten orientalischen Kunst beeinflußt war.

Im Salon des Artistes Décorateurs von 1913 hatte er Eileen Grays Paneele »Om Mani Padme Hum« und die Paneele in tiefblauem Lack mit allegorischen Figuren und einer Perlmutt-Lotusblume (Abb. S. 39) entdeckt. Das buddhistische Mantra und das Symbol der Lotusblume beeindruckten den Sammler alter chinesischer Kunst sehr. In dem Vorraum seines Studios in Neuilly sollte eine Buddhafigur einen wichtigen Platz einnehmen – wie auch das Motiv der Lotusblüte in seiner Beziehung zu Gray eine bedeutsame Rolle spielen sollte. Neugierig geworden durch die Exponate, hatte er sich unverzüglich in die rue Bonaparte begeben, um Gray aufzusuchen. Sie zeigte ihm einen vierteiligen Wandschirm mit dem Titel »Le Destin« (das Schicksal) (Abb. S. 42), den sie gerade fertigstellte. Auf dessen Vorderseite steht vor einem dunkelorangeroten Hintergrund ein nackter Jüngling, der beobachtet, wie ein anderer eine verhüllte Gestalt fortträgt. Auf der Rückseite bilden schwungvolle Linien ein abstraktes Muster. Doucet kaufte den Wandschirm, den Gray für ihn mit »Gray 1914« signierte und datierte. Weitere Aufträge und wichtige Bekanntschaften sollten folgen.

Für Doucet entwarf Gray auch den »Lotus«-Tisch (Abb. S. 61), den kleineren »Bilboquet«-Tisch (Abb. S. 57) und einen kleinen roten Lacktisch (Abb. S. 62). Der »Lotus«-Tisch – eine geglückte Synthese aus Form und Ornamentik – nimmt das Motiv der Paneele aus dem Jahr 1913 wieder auf und gestaltet die vier Beine als die Stengel einer Lotuspflanze, deren Blüten eine viereckige Platte tragen. Das Weiß der Blüten bildet einen Kontrast zu dem tiefgrünen Lack. Durch an den Kanten angebrachte Schlaufen lassen sich grüne Seidenkordeln ziehen, an deren Ende eine von einer Bernsteinkugel beschwerte Quaste hängt.

Die beiden runden Platten des niedrigen »Bilboquet«-Tischs werden von vier Beinen getragen, die sich aus kleinen, klinkerähnlichen Blöcken zusammensetzen. Kriti-

directly the very best of avant-garde modern art. Collecting was to be no longer a branch of archaeology but a creative adventure. He even felt that his Impressionists were something his father should have been buying some fifty years earlier, rather than he. In 1921, he employed Louis Aragon and André Breton to advise in the building of his library and his art collection. He is credited, in the process, with funding the birth of the Surrealist movement.

In 1913 he had enlisted the help of Paul Iribe to plan the furnishings of his new Avenue du Bois apartments. Iribe played a key role in the evolution of Art Deco and his work was characterised by references to historical sources. His involvement with the Avenue du Bois marked a transitional phase in Doucet's tastes. By the time he decided in 1924 to ask Pierre Legrain and Paul Ruaud to create a studio to house his new collections, his taste in furniture had defined itself more individualistically. It was a resolutely modern taste whose only cross-references were to strands of avantgarde art and to the tribal art or ancient oriental arts with which Doucet was surrounding himself.

At the 1913 Salon he would have seen Eileen Gray's panel »Om Mani Padme Hum« and the panel in deep blue lacquer with allegorical figures and a mother-ofpearl lotus (ill. p. 39). The Buddhist mantra and the symbol of the lotus would not have been lost on him as a collector of ancient Chinese art. A figure of Buddha was to occupy a prominent place in the vestibule of his Neuilly studio and the lotus motif was to recur in the Gray-Doucet relationship. Doucet lost no time in visiting Gray at her Rue Bonaparte apartment. He was shown the ambitious four-panel screen she was just finishing. Known as »Le Destin« (ill. p. 42) this depicts, against a deep orange-red ground, on one side, a naked youth watching another supporting a cloaked figure. On the reverse is a vigorous swirling linear composition. Doucet bought the screen, which Gray signed and dated »Gray 1914« for him. Commissions and important introductions followed.

Gray created for Doucet the »Lotus« table (ill. p. 61), the smaller »Bilboquet« table (ill. p. 57) and a small red lacquer table (ill. p. 62). The »Lotus« table takes up the motif of her 1913 panel and, in a superb synthesis of form and decoration, uses the lotus

grain et à Paul Ruaud de lui aménager un studio pour abriter ses nouvelles collections, ses goûts en matière de meubles avaient pris un tour plus individualiste. Devenus résolument modernes, leurs seules références ne se faisaient qu'à l'égard des tendances avant-gardistes et de l'art nègre ou bien encore des anciens arts orientaux, dont il aimait à s'entourer.

Au Salon des Artistes Décorateurs de 1913, il avait vu le panneau d'Eileen Gray «Om Mani Padme Hum» ainsi que le panneau laqué bleu foncé avec ses figures allégoriques et sa fleur de lotus (repr. p. 39) en nacre. En tant que collectionneur d'anciens objets d'art chinois, il n'avait pas été sans remarquer le mantra bouddhiste ni l'éloquent symbole du lotus. Un Bouddha devait occuper une place importante dans le vestibule de son studio de Neuilly et le motif du lotus devait revenir dans l'association Gray-Doucet. Doucet rendit visite à Gray dans son appartement de la rue Bonaparte. Elle lui montra l'ambitieux paravent en quatre panneaux qu'elle était en train d'achever. Connu sous le nom de «Le Destin» (repr. p. 42), il représente d'un côté, sur un fond d'un rouge-orange intense, un jeune homme nu observant un autre jeune homme qui porte un personnage enveloppé d'une cape. De l'autre côté apparaît une composition linéaire au tourbillonnement vigoureux. Doucet acheta le paravent que Gray signa et data pour lui, «Gray 1914». Des commandes et des présentations à des personnes importantes devaient suivre.

C'est pour Doucet que Gray créa la table «Lotus» (repr. p. 61), la table plus petite nommée «Bilboquet» (repr. p. 57) et une petite table en laque rouge (repr. p. 62). La table «Lotus» reprend le motif de son panneau de 1913. Dans une magnifique synthèse de forme et de décoration, les tiges du lotus servent de pieds pour s'épanouir en fleurs qui soutiennent le plateau rectangulaire de la table. Le blanc des fleurs fournit un contrepoint au vert foncé de la laque. Des cordons en soie verte passent à travers quatre anneaux et se terminent par des boules d'ambre et des glands.

La table «Bilboquet» est une table basse comprenant deux plateaux circulaires. Ils reposent sur des pieds en forme de petits blocs de briques, que les critiques ont essayé d'interpréter comme étant les manifestations précoces des talents d'archi-

ker neigten häufig dazu, in ihnen einen Hinweis auf Grays späteres Interesse für Architektur zu sehen. Von zwei weiteren Objekten einem kleinen, roten Lacktisch mit zwei Schubladen und einem Schrank für Preziositäten in rotem und blauem Lack, gibt es zwar Unterlagen, aber keine Abbildungen. Der kleine rote Lacktisch, schwarz verziert mit Silhouetten von Wagenlenkern, stand in der Eingangshalle. Außerdem hatte Doucet »verzierte Lackrahmen für seine van Goghs« bei ihr in Auftrag gegeben.

Nach ihrem Stilwandel äußerte sich Gray eher abfällig über Doucet, als könnte sie nun seine Vorliebe für kostbare, luxuriöse, symbolische Arbeiten nicht mehr gutheißen. Die Seidenquasten an dem »Lotus«-Tisch fand sie im nachhinein einfach gräßlich und behauptete, das »Bilboquet«-Motiv, ein Kugelbecher, nach dem der Tisch benannt worden war, stamme nicht von ihr. Man sollte solche Bemerkungen nicht zu ernst nehmen, vor allem nicht in Anbetracht der Richtung, in die sich ihr Werk entwickelte – ihrer endgültigen Absage an jede nicht-funktionale Ästhetik.

Doucet kaufte Grays Arbeiten, weil er ihre Kreativität bewunderte. Die Ähnlichkeit der für Doucet, für andere oder sie selbst bestimmten Arbeiten widerspricht der Behauptung, er habe ihr einen bestimmten Stil aufgezwungen. Ihre Arbeiten hatten einen festen Platz innerhalb der komplexen, überaus kostbaren Arrangements in dem Studio St. James in Neuilly (Abb. S. 58/59). Der Raum bestand aus Eingangshalle, Treppenhaus, Vorhalle, einem langen Studio und abschließend einem orientalischen Kabinett. Es diente als Rahmen für eine Sammlung, die Pablo Picassos »Les Demoiselles d'Avignon«, Henri Rousseaus »Schlangenbeschwörerin« und andere wichtige Werke von Constantin Brancusi, Georges Braque, Giorgio de Chirico, Max Ernst, Henri Matisse, Amadeo Modigliani etc. enthielt. In dem Studio kontrastierten Grays Möbel mit Avantgarde-Werken. Der »Bilboquet«-Tisch mit einer Skulptur von Joseph Czaky stand gleich neben Marcel Coards majestätischem Canapé; der »Lotus«-Tisch und der Wandschirm »Le Destin« spiegelten die Mystik des orientalischen Kabinetts auf ihre Weise wider.

In dem Salon von 1913 hatte neben Gray auch Emile-Jacques Ruhlmann zum erstenmal ausgestellt. Sein Meisterwerk

stems as legs spreading into flowers which support the top. The white of the flowers counterpoints the deep green lacquer. Loops allow the passage of green silk cords terminating in amber balls and tassels.

The »Bilboquet« table is a low design of two circular trays supported on legs built up from small brick-like blocks, which critics have been tempted to interpret as early manifestations of Gray's instincts as an architect. The small red lacquer table, decorated in black with charioteers in silhouette, occupied a position in the entrance hall. There survives evidence, but no visual record, of another piece – a red and blue cabinet to house small precious objects. She was also commissioned by Doucet to make »decorated lacquer frames for his van Goghs«.

Later in her life Gray reflected grudgingly on Doucet, as if in disapproval of his taste for the luxurious, symbolist work on which she eventually turned her back. She remarked with horror on the silk tassels of the lotus table and claimed that the bilboquet motif on the eponymous table was not her work. Such remarks should be treated with caution in view of the developments in her career and her eventual apostasy as an advocate of functionalism.

Doucet wanted Gray's work because he responded to her creativity. The kinship between what she did for Doucet and for herself and others at the time would contradict any suggestion of his imposing a style on her. Her works played a part in the complex installations in the Studio St. James at Neuilly (ill. pp. 58/59). This consisted of an entrance hall, stairwell, lobby and long studio terminating in a »cabinet d'orient«. Designed around a collection which included Pablo Picasso's »Les Demoiselles d'Avignon«, Douanier Henri Rousseau's »The Snake Charmer« and key works by Constantin Brancusi, Georges Braque, Giorgio de Chirico, Max Ernst, Henri Matisse, Amadeo Modigliani and others, the studio set Gray's furniture in a context at the cutting edge of avant-garde experiment. The »Bilboquet« table, supporting a sculpture by Joseph Czaky, was set beside Marcel Coard's majestic canapé; her »Lotus« table and the »Le Destin« screen added their facet of mystical reference in the »cabinet d'orient«.

A fellow first-time exhibitor alongside Gray

tecte chez Gray. La petite table en laque rouge à décor de chars en laque noire se trouvait dans l'entrée. La documentation fait référence à un autre meuble: il s'agit d'une armoire rouge et bleue qui abritait des petits objets précieux. Gray fut également chargée de la réalisation de «cadres décorés à la laque pour ses van Gogh».

Plus tard, c'est de mauvaise grâce qu'elle porta un jugement sur Doucet, comme si elle désapprouvait son goût pour le travail symboliste, de luxe et de raffinement, auquel elle finit par tourner le dos. Elle évoquait avec horreur les glands de soie de la table «Lotus» et affirmait que le motif de bilboquet de la table éponyme n'était pas son œuvre. En considération des développements que sa carrière connut entre la période de mécénat de Doucet et son apostasie finale en tant qu'avocate du fonctionnalisme, il faut considérer ces remarques avec prudence.

C'est parce qu'il était sensible à sa créativité que Doucet voulait acquérir les œuvres de Gray. La parenté de style dans les ouvrages exécutés pour Doucet et dans ceux qu'elle réalisa pour elle-même ou pour d'autres à la même époque contredit les insinuations selon lesquelles il lui aurait imposé un style. Les ouvrages de Gray trouvèrent leur place dans les aménagements coûteux et complexes du studio St. James à Neuilly (repr. p. 58/59). Ce studio se composait d'un hall d'entrée, un escalier, d'un vestibule et d'une longue pièce en enfilade aboutissant au cabinet d'orient. Conçu pour une collection comprenant «Les Demoiselles d'Avignon» de Pablo Picasso, «La Charmeuse de serpents» du douanier Henri Rousseau ainsi que des œuvres de Constantin Brancusi, Georges Braque, Giorgio de Chirico, Max Ernst, Henri Matisse, Amadeo Modigliani et de bien d'autres encore, le studio plaçait les meubles de Gray dans un contexte d'expérimentations avant-gardistes des plus provocantes. La table «Bilboquet», sur laquelle était posée une sculpture de Joseph Czaky, était placée près du canapé majestueux de Marcel Coard; quant à la table «Lotus» et au paravent «Le Destin», ils contribuaient aux références mystiques du cabinet d'orient.

Emile-Jacques Ruhlmann avait présenté lui aussi pour la première fois ses ouvrages au Salon de 1913. Son chef-d'œuvre, devenu maintenant célèbre, était le «cabinet

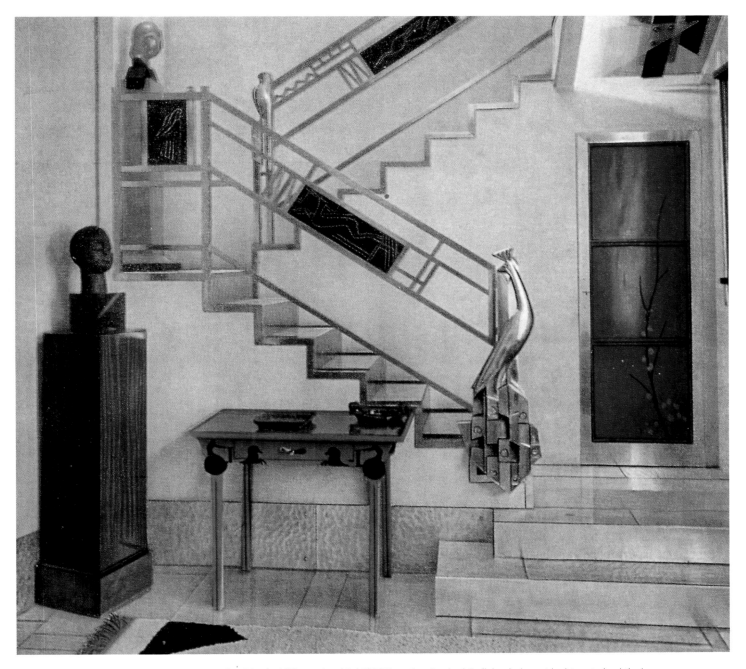

Jacques Doucets Eingangshalle, Ende 1920. Erschien in *L'Illustration*, Mai 1930 Zu sehen ist der kürzlich wiederentdeckte rote Lacktisch.

Jacques Doucet's entrance lobby, late 1920s. Published in *L'Illustration*, May 1930. Showing the recently rediscovered red lacquer table.

Vestibule de Jacques Doucet, fin des années vingt. Publié dans *L'Illustration*, mai 1930. Montre la table en laque rouge, redécouverte récemment.

war der berühmte »Cabinet d'en-coignure«, ein Eckschrank mit stilisierten Blumenbuketts als Elfenbeineinlagen. Der Triumph Ruhlmanns 1925 auf der Pariser Ausstellung als »ébeniste décorateur« und die Erfolge Grays als Protegé Doucets lassen sich kaum vergleichen. Ruhlmann wurde als Schöpfer eines Stils in der großen französischen Tradition gefeiert, während Grays Werk sehr viel hermetischer und unzugänglicher war, ein Werk, in dem Symbole und Metaphern das Design bestimmten und Inhalt, Form und Oberfläche eine große Bedeutung hatten.

at the 1913 salon had been Emile-Jacques Ruhlmann. His masterwork was the »Cabinet d'encoignure« with its ivory-inlaid bouquet of formalised flowers. The contrast between Ruhlmann's 1925 Paris Exposition triumph as an »ébeniste décorateur« (decorator-cabinetmaker) and Gray's endorsement by Doucet is significant. Ruhlmann had succeeded in defining a style in the grand French tradition of the decorative arts; Gray's more esoteric achievement marked the importance in design of symbol and metaphor, of content as well as form and surface.

d'encoignure» avec son bouquet de fleurs stylisées, incrusté d'ivoire. Le contraste que l'on constate entre le triomphe que Ruhlmann connut à l'Exposition de Paris de 1925 en tant qu'ébéniste décorateur et l'approbation que Gray rencontra chez Doucet, est significatif. Ruhlmann avait réussi à définir un style dans la grande tradition française des arts décoratifs; avec son œuvre plus ésotérique, Gray avait indiqué dans le domaine du design l'importance du symbole et de la métaphore, du contenu, autant que de la forme et de la surface.

17

»EINE MEISTERIN DER LACKKUNST«

Der Erste Weltkrieg bewirkte, daß die Aufträge Doucets und anderer Kunden immer spärlicher wurden. Nachdem sie eine Zeitlang unter der Aufsicht der Herzogin von Clermont-Tonnerre zusammen mit Evelyn Wyld verwundete Soldaten transportiert hatte, verschloß Gray 1915 die Türen ihrer Wohnung und ihres Ateliers und fuhr mit Sougawara nach London zurück. Dort versuchte sie, ihre Arbeit wiederaufzunehmen, hatte aber wenig Erfolg, obwohl im August 1917 in der britischen *Vogue* ein sehr positiver Artikel über sie erschienen war, in dem sie als eine »Meisterin der Lackkunst« bezeichnet wurde. Der mit »A. S.« signierte Artikel bewies sehr viel intuitives Verständnis für die Feinheiten und Eigenarten ihres Werkes:
»Miss Grays Kunst, so wird behauptet, sei vom Modernismus beeinflußt«, schrieb der namentlich nicht bekannte Kritiker. »Aber ist sie nicht einzigartig, unvergleichlich, eine Meisterin des freien Ausdrucks? ... Miss Grays Kunst geht über das Übliche hinaus, die Knappheit ihres Ausdrucks könnte man beinahe schon japanisch nennen ... Sie regt die Phantasie an.«
»Was ist ihr Geheimnis? Welche Sehnsüchte bewegen diese seltsamen Figuren?« fragt A. S. in einer Bildlegende, die auf mehrere der abgebildeten Werke zuträfe, auf eine Türpaneele, ihren ersten, noch vor 1913 entstandenen Wandschirm, auf dem sich dunkelblaue Berge gegen das hellere Blau des von einer Sternenstraße überzogenen Himmels abheben, und auch auf »Le Destin«, diesen Wandschirm, der »von keinem Geringeren als Doucet erworben wurde«, so der Autor.

»AN ARTIST IN LACQUER«

The First World War had disrupted Gray's work for Doucet and for other clients. After a period working as an ambulance driver with Evelyn Wyld under the supervision of the Duchess of Clermont-Tonnerre, she closed her apartment and atelier in 1915 and left for London with Sougawara. She endeavoured to practise her craft in London, but with no commercial success. She did enjoy the succès d'estime of a flattering article in British *Vogue* in August 1917, »An Artist in Lacquer«. The piece, signed »A. S.«, shows an intuitive appreciation of the subtleties and individuality of her work. »Influenced by the modernists is Miss Gray's art, so they say«, wrote the unidentified critic. »But is it not rather that she stands alone, unique, the champion of a singularly free method of expression ... Miss Gray is an artist of rather an extraordinary sort, expressing herself with a terseness which is almost Japanese ... She stirs the imagination.«
»What is the mystery which impels? What desire sways these strange figures?« asks A. S. in a caption which would be appropriate to several of the pieces illustrated, including a door panel, a screen – her first, dating from before 1913, on which »dark blue mountains rear themselves against a paler blue heaven across which streams a milky way of silver stars«, and »Le Destin«, identified as acquired by »no less a person of taste than Doucet«.

«UN ARTISTE DU LAQUE»

Pendant la Première Guerre mondiale, Gray interrompit ses travaux pour Doucet et ses autres clients. Avec Evelyn Wyld, elle travailla comme ambulancière sous la surveillance de la duchesse de Clermont-Tonnerre, puis elle ferma son atelier en 1915 et se rendit à Londres en compagnie de Sougawara. Elle essaya de pratiquer sa profession dans cette ville, mais n'eut guère de succès commercial. Elle jouit par contre du succès d'estime d'un article élogieux, paru en août 1917 dans le *Vogue* britannique et intitulé «Un artiste du laque». Cet article témoignait d'une appréciation intuitive de la distinction subtile et de l'individualité de son œuvre. «L'art de Miss Gray est influencé par les modernes, c'est ce qu'on affirme», écrivait ce critique non identifié. «Mais n'est-elle pas plutôt seule, unique, le champion d'une manière singulièrement libre de s'exprimer ...
Miss Gray est un artiste d'un genre plutôt extraordinaire, s'exprimant avec une concision presque japonaise ... Elle excite l'imagniation.» «Quelle est la force mystérieuse qui les anime? De quel désir sont agitées ces étranges figures?» demande A. S. dans une légende qui pouvait convenir.à plusieurs objets parmi ceux qui étaient illustrés. On pouvait voir entre autres un panneau de porte, un paravent, son tout premier datant d'avant 1913, sur lequel «des montagnes bleu foncé s'élançaient dans un ciel bleu pâle traversé par une voie lactée d'étoiles argentées», ainsi que «Le Destin» à propos duquel on précisait qu'il n'avait été acheté par personne d'autre que Doucet lui-même, dont on connaissait le bon goût.

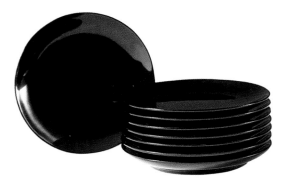

1 Lackteller, um 1920
1 Lacquer plates, circa 1920
1 Plats en laque, vers 1920

2 Lackschachtel mit Deckel, um 1920
2 Lacquer box and cover, circa 1920
2 Boîte et couvercle en laque, vers 1920

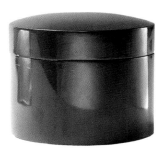

EINE WOHNUNG FÜR MADAME MATHIEU LÉVY

1917 kehrte Gray nach Paris zurück und nahm die Fäden ihrer Karriere wieder auf. Nach dem Krieg, im Jahr 1919, nahm sie ein größeres Projekt in Angriff, die Gestaltung einer Wohnung für Mme Jeanne Mathieu Lévy (Abb. S. 64/65), Besitzerin des berühmten Modesalons Suzanne Talbot. Sie hatte ihren Salon de modiste 1917 von Mme Tachard, einer engen Freundin Doucets und Pierre Legrains, erworben. Über Doucet war Gray auch in diesen anspruchsvollen Kreis gekommen. Mme Tachard kaufte zwar mehrere Teppiche, aber die eigentliche Herausforderung war für Gray das Projekt, mit dem Mme Mathieu Lévy sie beauftragt hatte. Zum erstenmal in ihrem Leben bot sich ihr die Gelegenheit, ein ganzes Environment zu gestalten, einschließlich der Wandtäfelungen, Dekorationen, Lampen und Möbel. Was dabei herauskam, war auf atemberaubende Weise innovativ. Grays Plan lag die Idee zugrunde, die Wände mit Lackpaneelen zu verkleiden, um den Stuck zu kaschieren und eine dunkle, intime und exotische Umgebung für die Mischung aus Lackmöbeln, afrikanischer und alter Kunst zu schaffen, mit der die Wohnung ausgestattet werden sollte.

Im Salon verwendete sie über dem Lambris und dem Fries Paneele mit einem kurvigen Design, das an die Rückseite ihres Wandschirms »Le Destin« erinnerte. Das Paneelen-Muster wird von freistehenden Wandschirmen aufgenommen: Ein kleinerer übernimmt es auf eine weichere, schwungvollere Weise, ein anderer wiederholt direkt das dynamische, geometrische Muster der Wandpaneele. Grays in-

AN APARTMENT FOR MADAME MATHIEU LÉVY

In 1917 Gray returned to Paris and picked up the threads of her career. After the war, in 1919, she started work on a major project, decorating an apartment for a Mme Mathieu Lévy (ill. p. 64/65). Owner of a celebrated salon de modiste, Suzanne Talbot, Mme Lévy had acquired the business from a Mme Jeanne Tachard in 1917. Tachard was a good friend of Doucet and a client of Pierre Legrain. Through Doucet, Gray was admitted to this discerning circle. Tachard was to become a client for carpets, but it was Mme Lévy who gave Gray her most ambitious project so far. The refurbishment of her Rue de Lota apartment offered Gray her first opportunity to create a complete environment, planning wall panelling, decors and lighting, as well as furniture. The results were inventive and quite breath-taking. The key to Gray's scheme was her idea of covering the walls with lacquered panels to conceal the original mouldings and to create a dark, intimate and exotic setting for the mix of lacquered furniture and tribal and ancient art with which the apartment was to be filled. The salon used panels decorated with linear sweeps similar to those on the reverse of »Le Destin« above a skirting and frieze of dark-stained limed oak. Freestanding screens took up the linear themes of the panels, one low screen in a softer curvilinear vein, another a direct echo of the dynamic graphics of the wall panels. Gray's cleverest innovation lay in her solution for the long hall (ill. p. 64). Here she used hundreds of small rectangular veined and textured lacquered panels, set like bricks against the walls. Halfway along the

UN APPARTEMENT POUR MADAME MATHIEU LÉVY

En 1917, Gray retourna à Paris et reprit les rênes de sa carrière. Après la guerre, en 1919, elle s'attaqua à un projet de grande envergure: la décoration et l'ameublement d'un appartement pour Madame Mathieu Lévy (repr. p. 64/65). Propriétaire du célèbre salon de modiste Suzanne Talbot, Mme Lévy l'avait acheté en 1917 à Mme Jeanne Tachard. Celle-ci était une amie de Doucet et une cliente de Pierre Legrain. Par l'entremise de Doucet, Gray fut admise dans ce millieu raffiné. Mme Tachard devait faire l'acquisition de ses tapis, mais ce fut Mme Mathieu Lévy qui lui procura son projet le plus ambitieux jusqu'ici. Avec la remise à neuf de cet appartement de la rue de Lota, Gray eut pour la première fois l'occasion de créer un environnement complet; elle se chargea en effet des lambris, de la décoration, des éclairages ainsi que du mobilier. Ses réalisations sont pleines d'imagination, d'innovation et vous coupent le souffle. Gray eut l'idée de recouvrir les murs de panneaux en laque qui devaient cacher les moulures d'origine et créer un cadre intime et exotique pour ce mobilier en laque et les œuvres d'art nègre et d'art ancien, dont l'appartement foisonnait.

Au-dessus d'un socle de lambris et d'une frise de chêne cérusé de teint sombre, les panneaux du salon sont décorés de courbes linéaires semblables à celles qui ornaient le dos du paravent «Le Destin». Les thèmes linéaires des panneaux sont repris par un petit paravent aux lignes douces et par un autre qui est l'écho direct des formes dynamiques des lambris. La solution que Gray trouva pour le hall tout en

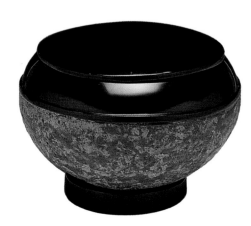

3 **Lackgefäß mit Deckel auf Ständer, um 1920**

3 **Lacquer jar and cover on stand, circa 1920**

3 **Pot et couvercle sur socle, vers 1920**

4 **Lackschale, um 1920**

4 **Lacquer bowl, circa 1920**

4 **Coupe en laque, vers 1920**

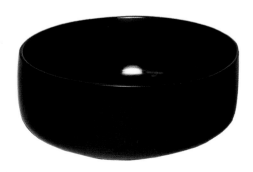

teressanteste Neuerung war die Gestaltung der großen Eingangshalle (Abb. S. 64). Sie befestigte Hunderte von schmalen, marmorierten und strukturierten Lacktafeln wie Backsteinquader an den Wänden. Ungefähr in der Mitte der Halle sind sie herausgeklappt worden und bilden senkrecht zur Wand Schirme, die den extrem langen Raum unterteilen.

Damit waren die »Block«-Wandschirme (Abb. S. 48) aus der Taufe gehoben – freistehende Raumelemente, die zu ihren augenfälligsten Erfindungen zählen und die Unterschiede zwischen Mobiliar, Architektur und Skulptur verwischen. Da sie nicht fest integriert waren, konnten sie als verstellbare, bewegliche Wände verwendet werden, die eine Untergliederung des Raums ermöglichten, gleichzeitig aber durch die geschickte Verteilung von Dichte und Leere, Masse und Transparenz den Eindruck von optischer und skulpturaler Leichtigkeit erweckten.

In der Rue de Lota fanden viele von Grays Teppichen Verwendung. Ihr abstraktes Muster setzte sich in den effektvoll gestalteten und ganz neue geometrische Formen bildenden Beleuchtungskörpern aus Lack, Straußeneiern und Pergament fort. Zu den Möbelstücken gehörten ein nüchterner Schreibtisch in schwarzem Lack mit nach außen geschwungenen Beinen und geschnitzten Elfenbeingriffen an den Schubladen, die kubistischen Skulpturen glichen; ein niedriges, langgestrecktes, an den Enden sich verjüngendes Bücherregal in dunkelbraunem Lack (Abb. S. 65), ein Sessel (Abb. S. 71), dessen Design die schwungvollen Bewegungen zweier sich aufbäumender Schlangen wiedergibt. Ein absolutes Novum, das Gray für Mme Lévy entworfen hatte, war das »Pirogue«-Sofa (Abb. S. 66/67), eine Liege in der Form eines Kanus auf zwölf Kufen in braunem Lack mit strukturierter Oberfläche und silbernen Einlagen – eine Form, die es in der Geschichte des Möbeldesigns noch nie gegeben hatte, sozusagen das Nonplusultra an Extravaganz. Die Wohnung machte von sich reden. Baron de Meyer

hall these opened out, perpendicular to the wall, into screens which broke up the otherwise over-long space.

Thus was born the idea of the »block« screens (ill. p. 48) which she developed as freestanding designs and which rank amongst her most striking inventions, bridging the gaps between furniture, architecture and sculpture. Free standing pieces, they serve as articulated moveable walls, able to suggest spatial demarcations whilst preserving a visual and sculptural lightness through their clever play of solid and void, mass and light.

The Rue de Lota used many of Gray's rugs, their abstract geometric motifs echoed in the various light fittings which exploited lacquer, ostrich eggs and parchment in novel geometric forms. The furnishings included a sober black lacquer desk, raised on arched legs and with carved ivory drawer handles like ziggurat cubistic sculptures; a sleek, long, low bookcase, tapered towards the ends, in dark brown lacquer (ill. p. 65), and a tub chair (ill. p. 71) modelled as the sweeping lines of two serpents. Gray's supreme invention for Mme Lévy, however, was the »Pirogue« (ill. pp. 66/ 67), a canoe-shaped daybed in contrasting textured brown lacquer and silver leaf, raised on twelve arches, a form without precedent in the history of furniture design, the essence of extravagant elegance. The apartment attracted considerable attention. Baron de Meyer photographed Mme Lévy in the sofa as a promotional image. *Harper's Bazar* published a feature on the scheme – »Lacquer walls and furniture displace old Gods in Paris and London« – in September 1920, this well before work was completed, since finishing touches were still being put to the hall in 1924. In 1922 the Duchess of Clermont-Tonnerre published her article on Gray's work, »The lacquer work of Miss Eileen Gray« in *Les Feuillets d'Art*. Although she does not identify the apartment in her text, she illustrates it and her effusive critique discusses the very specific achievements in this interior.

longueur (repr. p. 64) est une innovation des plus géniales. Elle employa ici des centaines de petits rectangles en laque veinés, qui étaient posés contre les murs comme des briques. A mi-chemin du hall, ils s'ouvraient perpendiculairement au mur en parois. Celles-ci apportaient une coupure dans cette pièce qui aurait été sinon démesurément longue.

C'est ainsi que naquit l'idée des paravents en «blocs» (repr. p. 48) qu'elle développa en constructions isolées et qui font partie de ses inventions les plus saisissantes, établissant un pont entre le meuble, l'architecture et la sculpture. Ces éléments isolés tenaient lieu de murs articulés mobiles qui suggéraient des démarcations spatiales tout en présentant une légèreté visuelle et plastique grâce au jeu subtil des vides et des pleins, de la lumière et de la masse solide.

L'appartement de la rue de Lota contenait un grand nombre de tapis exécutés par Gray. Leurs motifs géométriques abstraits se retrouvaient dans les divers appareils d'éclairage en laque, en œufs d'autruche et en parchemin, offrant ainsi des formes originales.

Le mobilier comprenait entre autres: un bureau laqué noir, dressé sur des pieds en arc et orné de tiroirs dont les poignées en ivoire sculpté évoquaient des sculptures cubistes une bibliothèque basse et allongée, effilée aux extrémités, en laque marron foncé (repr. p. 65) et un fauteuil représentant les lignes élancées de deux serpents (repr. p. 71). La suprême invention fut toutefois la «Pirogue» (repr. p. 66/67), un lit de repos en forme de canoë, où la laque marron texturée contrastait avec des feuilles d'argent. Les douze arcs qui le soutenaient constituaient une forme sans précédent dans l'histoire du meuble, l'essence d'une élégance extravagante.

L'appartement devint l'objet d'une attention considérable. Le baron de Meyer photographia Mme Lévy sur son sofa pour une affiche publicitaire. La revue *Harper's Bazar* publia en septembre 1920 un article, «Les anciens dieux de Paris et de Londres

Mme Mathieu Lévy in ihrer Wohnung in der Rue de Lota, fotografiert von Baron de Meyer. Sie liegt auf dem »Pirogue«-Sofa, das Eileen Gray für ihre Wohnung entworfen hatte. Um 1922.

Mme Mathieu Lévy, photographed by Baron de Meyer in her Rue de Lota apartment, circa 1922. She is shown lying in the »Pirogue« daybed which Gray conceived for this interior.

Mme Mathieu Lévy, photographiée par le baron de Meyer dans son appartement de la rue de Lota, vers 1922. Elle est allongée sur le divan «Pirogue» conçu par Gray pour cet intérieur.

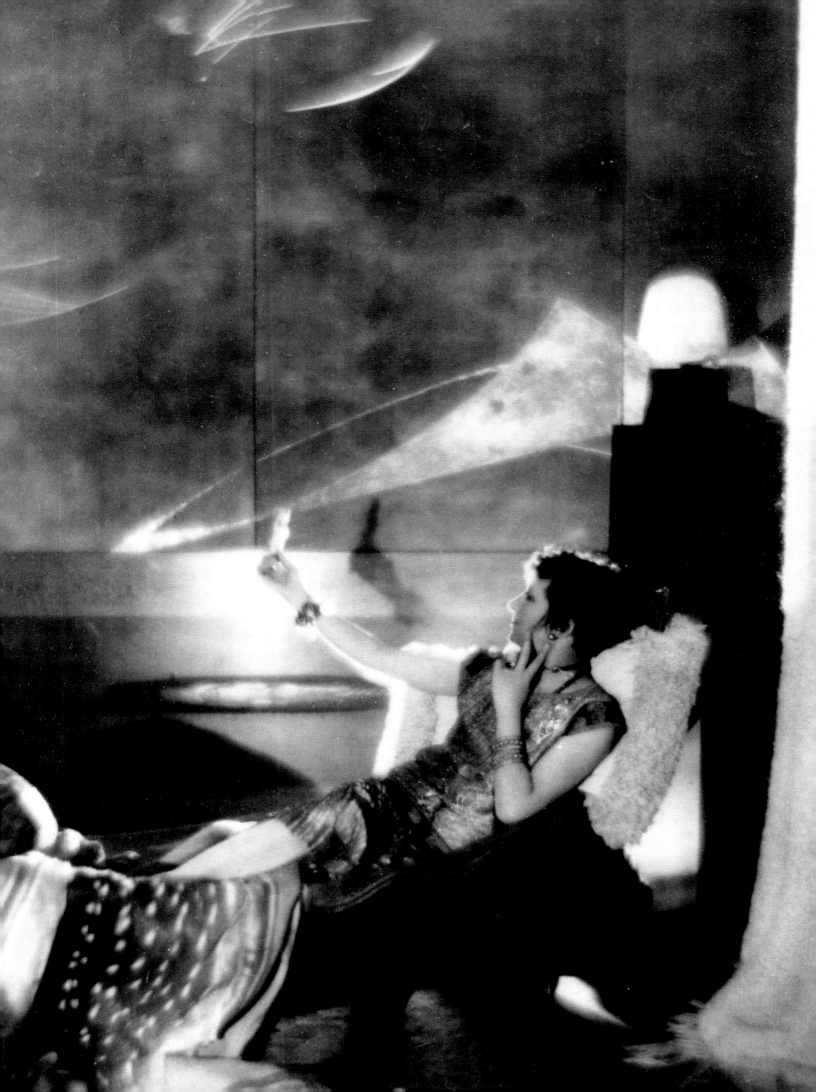

lichtete für ein Werbefoto Mme Lévy auf ihrem Sofa ab, und *Harper's Bazar* veröffentlichte im September 1920 einen Bericht: »Lackvertäfelungen und Lackmöbel verdrängen in Paris und London die alten Götter.« Die Arbeiten waren zu diesem Zeitpunkt noch lange nicht abgeschlossen – die große Eingangshalle wurde erst 1924 fertiggestellt.

1922 hatte die Herzogin von Clermont-Tonnerre in *Les Feuillets d'Art* einen Artikel mit dem Titel »Les laques d'Eileen Gray« veröffentlicht. Die Wohnung wurde zwar nicht namentlich erwähnt, aber ihre enthusiastische Kritik geht auf all die glücklichen Lösungen dieser Inneneinrichtung ein:

»...Sie hat sich an ein äußerst schwieriges Unternehmen gewagt«, schrieb von Clermont-Tonnerre, »an die Realisierung eines harmonischen Ganzen, in dem sich eine völlig neuartige Linienführung mit einer Farbskala aus goldbraunen oder nachtdunklen Tönen verbinden soll. Ihr Ziel ist es, Interieurs zu schaffen, die unserem Lebensstil, den Maßen der Räume und unserer Sensibilität Rechnung tragen... Mit bewundernswerter Ausdauer und großem Arbeitsaufwand hat Eileen Gray Träume in Räume übersetzt... Miss Grays Ehrgeiz ist es, den gesamten Raum zu gestalten, von den Vorhängen, den Wandbehängen, den Teppichen und den Stoffen bis zu den Beleuchtungskörpern, um so ein Ganzes zu schaffen, das die Schönheit eines Gedichts besitzt... (Sie) weiß, daß Möbel durch symbolische Gegenstände geometrisch ergänzt werden müssen... In manchen Räumen sind große Flächen mit einem neuartigen Material bedeckt, das eine Verbindung aus Schiefer und Lack zu sein scheint; schwarze und weiße Streifen erinnern an Planetenbahnen und die Flügel eines Flugzeugs, mit dem sie durch geometrische Linien verbunden sind.«

Der durchschlagende Erfolg dieser Räume und die Beachtung, die ihre Arbeiten in der Presse – in Zeitungen wie *The Times* und *Daily Mail* in England, in *The New York Herald* und *The Chicago Tribune* in Amerika – fanden, müssen Gray in ihrem Entschluß bestärkt haben, selbst ein Geschäft zu eröffnen, ein Gedanke, den sie 1921 zum erstenmal erwog und 1922 dann in die Tat umsetzte.

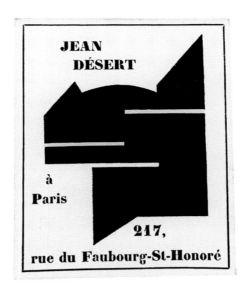

Einladung der Galerie Jean Désert.
Invitation to Jean Désert.
Invitation pour Jean Désert.

»...She conceives a difficult project«, wrote de Clermont-Tonnerre, »that of creating a perfectly cohesive ensemble in which a novel combination of lines should blend with a colour scale alive with tawny or nocturnal tonalities. She aims to create interiors adapted to our lives, to the proportions of our rooms, and the aspirations of our sensibility... with rare perseverance and no little labour, Eileen Gray has sought to rediscover in space the proportions that exist in her imagination... It is Miss Gray's aim to design an entire room, from the curtains, the hangings, carpets and stuffs to the illumination of it, so as to create an ensemble which shall have the beauty of a poem... [She] has understood that furniture must be decorated with symbols, geometrically... Certain rooms that she has decorated are done in large fields of a new material, in which slate seems to have been blended with lacquer, and where black and white stripes recall at once the stellar orb and the wings to an aeroplane linked by geometrical lines.«

The success of these rooms and further press attention around this time, in *The Times* and *The Daily Mail* in England and *The New York Herald* and *The Chicago Tribune* in America, must have strengthened Gray's resolve in the decision – first contemplated in 1921 and put into effect in 1922 – to open a retail gallery for her work.

supplantés par des murs et des meubles en laque», bien avant que les travaux fussent achevés. Ce n'est qu'en 1924 que les touches finales furent apportées au hall d'entrée.

Dans l'intervalle, et plus exactement en 1922, la duchesse de Clermont-Tonnerre avait écrit un article sur le travail de Gray dans *Les Feuillets d'Art*, «Les laques d'Eileen Gray». Bien qu'elle ne nomme pas l'appartement, elle le reproduit et se répand en éloges sur les particularités de cet intérieur.

«...Elle conçoit le projet difficile», écrivait la duchesse, «de créer un ensemble parfaitement harmonieux qui allie une nouvelle combinaison de lignes à une gradation chromatique fourmillant de tonalités fauves et nocturnes. Elle veut créer des intérieurs qui correspondent à nos styles de vie, aux proportions de nos pièces ainsi qu'à nos désirs et notre sensibilité... avec une persévérance hors du commun et sans ménager ses efforts, Eileen Gray a cherché à retrouver dans l'espace les proportions qui existaient dans son imagination... Son objectif est d'aménager complètement une pièce, les rideaux, les tentures, les tapis, les étoffes et tous les éclairages afin de créer un ensemble qui ait la beauté d'un poème... (Elle) a bien compris que le mobilier devait être décoré avec des symboles, d'une manière géométrique... Un nouveau matériau, qui semblait être un mélange d'ardoise et de laque, fut largement utilisé dans certaines pièces. Les bandes noires et blanches évoquant une orbite stellaire et les ailes d'un aéroplane étaient reliées par des lignes géométriques.»

Le succès de ces pièces et l'intérêt manifesté à cette époque par les journaux – le *Times* et le *Daily Mail* en Angleterre, le *New York Herald* et le *Chicago Tribune* – ont certainement renforcé sa décision d'ouvrir une galerie qui proposerait ses ouvrages à la vente. Envisagé pour la première fois en 1921, ce projet fut concrétisé en 1922.

Die Galerie Jean Désert wurde im Mai 1922 eröffnet. Eine Einladungskarte kündigte die in der Rue du Faubourg Saint Honoré Nr. 215, stattfindende Werkstatteröffnung an, bei der es Lackparavents, Möbel, Wandbehänge, Lampen, Sofas, Spiegel und Teppiche zu besichtigen gab, und offerierte die Gestaltung und Einrichtung von Wohnungen. »Ein Besuch bei Jean Désert«, versprach sie, »ist ein Abenteuer, eine Begegnung mit dem Nie-Gesehenen und Nie-Gehörten.« Es folgte ein Zitat aus der *New York Times*: »Eileen Grays Entwürfe gehorchen weder den Regeln, die von den Künstlern der klassischen Epochen aufgestellt wurden, noch versuchen sie, durch die Vereinnahmung von primitiver Kunst sensationell zu erscheinen.« Für ihre neueröffnete Galerie entwarf Gray eine einfache, aber um so eindrucksvollere

The Galerie Jean Désert was opened in mid-May 1922. A printed card invited inspection at 217 Rue du Faubourg Saint Honoré of lacquer screens and furniture, hangings, lamps, sofas, mirrors and carpets, and advertised the decoration and installation of apartments. »A visit to Jean Désert«, suggested the card, »is an adventure: an experience with the unheard-of, a sojourn into the never-before-seen.« Quoting from *The New York Times*, it continued: »Eileen Gray's designs neither adhere to the rules established by the creators of classic periods nor attempt to achieve sensational novelty by invitation of the primitive.« For her new gallery, Gray designed a simple but striking façade. Beneath elaborate sculptured baroque stonework on the first floor, she drew a very simple grid incorporating large areas

C'est à la mi-mai que la galerie Jean Désert ouvrit ses portes. Une carte d'annonce vous invitait à passer au 217, rue du Faubourg Saint Honoré où étaient exposés des paravents et des meubles en laque, des tentures, des lampes, des divans, des miroirs et des tapis. Cette carte annonçait également que l'on se chargeait de la décoration et de l'installation d'appartements. «Une visite à Jean Désert est une aventure, une expérience sans précédent, une excursion dans le domaine du jamais-vu». Tiré du *New York Times*, le texte se poursuivait en ces termes: «Les réalisations d'Eileen Gray ne suivent pas les règles établies par les fondateurs des périodes classiques, pas plus qu'elles n'essaient d'être des innovations sensationnelles en faisant appel au primitif.» La façade conçue par Gray pour sa nouvelle galerie était à la fois

Fassade der Galerie Jean Désert in der Rue du Faubourg Saint Honoré.

The façade of Jean Désert, 217 Rue du Faubourg Saint Honoré.

La façade de Jean Désert, 217 rue du Faubourg Saint Honoré.

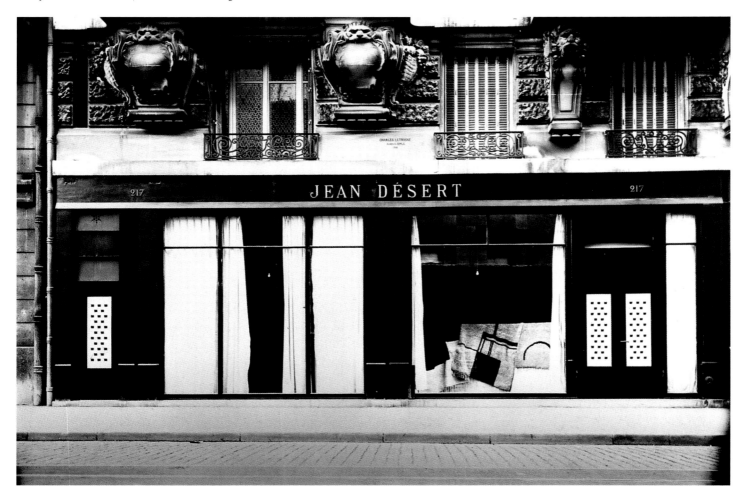

Fassade. Unterhalb des barocken Mauerwerks auf der Höhe des ersten Stocks unterteilte sie die Fläche in einfache Rechtecke, in die die Fenster und Türen mit ihren schwarzweiß lackierten Lackpaneelen, die die strenge Geometrie der Fassade betonten, miteinbezogen wurden.

Die Galerie erfreute sich höchstens eines Achtungserfolgs. Die raffinierten, zeitaufwendigen und entsprechend kostspieligen Lackmöbel ließen sich selten verkaufen, obwohl unter Grays Kunden auch einige Prominenz vertreten war. Erhalten gebliebene Unterlagen bestätigen Käufe von Pierre Meyer, der auch ein Kunde von Pierre Legrain war, der Comtesse de Béhague, des Barons de Gunzburg, der Gräfin von Oxford, des Vicomte de Noailles, der sich einen Toilettentisch zulegte, Mme Tachards, Mme Elsa Schiaparellis, die eine Kommode, einen Sessel, einen Spiegelrahmen und einen schwarzen Teppich orderte, sowie von Damia, Grays Vertrauter. Die Produktion und der Verkauf von abstrakten, modernistischen Wandbehängen und Teppichen erwies sich als einträglicher. Während die Möbel und die Lackarbeiten in den Ateliers der Rue Guénégaud Nr. 11, unweit von Grays Wohnung, und auch in der Wohnung selbst hergestellt wurden, hatte sie für die Teppichproduktion eine Werkstatt in der Rue Visconti eingerichtet, die sie um 1910 für diesen Zweck erworben hatte. Gray mangelte es nicht an Ideen für Teppichentwürfe, die dann unter der Leitung von Evelyn Wyld gewoben wurden.

Grays Teppichentwürfe waren höchst individuelle, abstrakte künstlerische Versuche, subtile Spiele mit Linien und Flächen, die die zwar vielfältigen Einflüssen unterwerfen, jedoch nicht klassifizierbar sind. Es gibt Formen, die an die Motive primitiver Kunst anklingen, sich überlagernde Rechtecke, offensichtlich dem Kubismus entlehnt, und eine flache, geometrische, für die holländische De-Stijl-Gruppe typische Linienführung. Die Namen ihrer Teppiche spielen entweder auf mythologische Themen an, wie »Héliogabale«, »Ulysse«, »Pénélope«, oder sie sind nach bestimmten Orten benannt, wie »Roquebrune«, »Castellar« und »St. Tropez«, wo sich ihre Häuser befanden. Manchmal mußten auch Gefühle oder Sportarten herhalten: »Fidèle« und »Tennis«. Einer zumindest – der Teppich »Wendingen« – erinnert an die

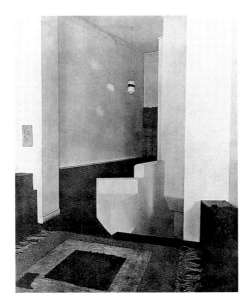

Raum der Galerie Jean Désert mit der Treppe zum Untergeschoß.
Interior view of Jean Désert showing the stairs to the basement.
Vue intérieure de Jean Désert montrant les escaliers menant au sous-sol.

of window and doors, with chequered panels re-emphasising the strict geometry of the elevation.

The gallery enjoyed at best only a qualified success. Sales of the more elaborate, labour-intensive and therefore costly lacquer furniture were very few, though Gray was able to attract a number of illustrious clients. Surviving records confirm purchases by Pierre Meyer, also a client of Pierre Legrain; the Countess de Béhague; Baron de Gunzburg; the Countess of Oxford; the Viscount de Noailles, who purchased a coiffeuse; Mme Tachard; Mme Elsa Schiaparelli, who bought a commode, an armchair, a mirror frame and a black carpet, and Gray's close friend Damia. The most commercially successful area of activity was the production and sale of abstract Modernist rugs and carpets. Whilst work on the furniture and lacquer was carried out in ateliers at 11 Rue Guénégaud, near Gray's apartment, and indeed in the apartment itself, carpet production was based in a separate flat in the Rue Visconti, which Gray had taken around 1910 for this purpose. Gray was prolific in her creation of designs, which were made up by a small team of weavers working under the direction of Evelyn Wyld.

Gray's carpet designs were highly individualistic abstract essays, subtle plays of

simple et impressionnante. L'ouvrage de maçonnerie du premier étage, sculpté avec art dans le style baroque, surplombait un alignement très simple de fenêtres et de portes, dont les panneaux à carreaux rehaussaient la géométrie sévère de la façade.

La galerie ne connut qu'un succès modeste. Ses meubles en laque les plus travaillés, ceux qui avaient exigé un très long travail et qui, par conséquent, étaient les plus coûteux, se vendaient peu. Et ce, malgré la clientèle illustre qu'elle était capable d'attirer. Sur les registres qui ont été conservés figurent les noms suivants: Pierre Meyer, également un client de Pierre Legrain, la comtesse de Béhague, le baron de Gunzburg, la comtesse d'Oxford, le vicomte de Noailles qui acheta une coiffeuse, Mme Tachard, Mme Elsa Schiaparelli qui fit l'acquisition d'une commode, d'un fauteuil, d'un cadre de miroir et d'un tapis noir, ainsi que l'amie intime de Gray, la chanteuse Damia. Le domaine d'activité qui obtint le plus de succès commercial fut la production et la vente des tapis modernistes à motif abstrait. Tandis que la réalisation des meubles et des laques s'effectuait dans les ateliers situés au 11, rue Guénégaud, à proximité de l'appartement de Gray, et à vrai dire dans son appartement lui-même, la production des tapis se déroulait dans un appartement de la rue Visconti, choisi à cet effet par Gray aux alentours de 1910. Gray réalisait une profusion de dessins qui étaient exécutés par une petite équipe de tisseuses, sous la direction d'Evelyn Wyld.

Ses dessins de tapis étaient des compositions abstraites très individualistes, des jeux subtils de lignes et de motifs qui échappent à une catégorisation aisée, mais révèlent néanmoins toute une série d'influences. Ces formes suggèrent les motifs de l'art tribal, les rectangles superposés du cubisme, et surtout le langage géométrique du groupe hollandais De Stijl. Gray donna à ses tapis des noms aux évocations mythologiques, comme «Héliogabale», «Ulysse», «Pénélope»; certaines de ses créations portaient le nom des villes du Midi où étaient situées ses maisons: «Roquebrune», «Castellar», «St.-Tropez»; d'autres étaient nommées d'après un sentiment ou un sport, comme «Fidèle» et «Tennis», et une au moins en signe de reconnaissance: il s'agit du petit tapis

holländische Zeitschrift, die ihrem Werk eine Sondernummer gewidmet hatte.

Im Jahre 1927 trennte sich Evelyn Wyld von Gray, um mit der Amerikanerin Eyre de Lanux zusammenzuarbeiten. Sie behielt die Werkstatt in der Rue Visconti und fertigte ihre eigenen Entwürfe an. Gray brachte die Hälfte der Webstühle in das Kellergeschoß der Galerie Jean Désert und setzte dort die Produktion von Teppichen fort. Jean Désert war Grays Versuch, ihre frühe Leidenschaft für das Geheimnis und die künstlerischen Möglichkeiten der Lackmöbel und des luxuriösen Dekors, den sie verlangten, geschäftlich zu nutzen. Erhalten gebliebene Inventarlisten lassen erahnen, welche Eindrücke ein Besuch in der Galerie Jean Désert vermittelte. Aufgeführt sind viele exotisch gestaltete Liegen, wie z. B. das »Lit bateau«, zahlreiche Sofas, die zweifellos sehr üppig gepolstert waren, vergleichbar mit dem in ihrer eigenen Wohnung (Abb. S. 98), und Überwürfe aus Tierfellen. Die Liste erwähnt Zebra- und Leopardenfelle, aber auch Felle von Ziegen und Schafen. Die Wirkung beruhte auf dem subtilen Kontrast zwischen den haptischen, sinnlich gestalteten Oberflächen und der strengen Linienführung sowie dem sparsamen Dekor.

lines and blocks which evade easy categorisation, yet which make allusion to a range of influences. There are forms which suggest the motifs of certain tribal art, the overlaid rectangles of Cubism and above all the flat geometric vernacular of the Dutch De Stijl group. Gray gave her carpets names which imply mythological associations, such as »Héliogabale«, »Ulysse«, »Pénélope«; certain designs were named after places, including her houses in the South of France: »Roquebrune«, »Castellar«, »St. Tropez«; others after sentiments or sports, such as »Fidèle«, and »Tennis«; and at least one – the rug »Wendingen« – in gratitude, after a Dutch journal which devoted an issue to her work.

In 1927 Evelyn Wyld left Gray to enter into a partnership with the American Eyre de Lanux. She kept the Rue Visconti workshop and started to design as well as manufacture. Gray moved half of the looms to the basement of Jean Désert and continued production there. Jean Désert was Gray's endeavour to make a business of her early passion for the mysteries and artistic potential of lacquer furniture and the luxurious mode of décor which it demanded. Surviving stock lists give a hint of the visual impact of a visit to the gallery. There are many daybeds of exotic form such as the »Lit-bateau«, many sofas, doubtless deep-cushioned, like the one in her own apartment (ill. p. 98), and draped in wild animal skins. The list identifies zebra and leopard skins, as well as goat and sheepskins. The effect must have been one of fine-tuned contrast, the sensual, tactile surfaces tempered by a certain austerity of line and decoration.

«Wendingen», portant le nom du journal hollandais qui avait publié un article sur son travail.

En 1927, Wyld quitta Gray pour collaborer avec l'Américaine Eyre de Lanux. Elle garda l'atelier de la rue Visconti et se lança dans le dessin et la fabrication des tapis. Gray transporta la moitié des métiers à tisser dans les sous-sols de Jean Désert et poursuivit là sa production. Avec Jean Désert, Gray avait essayé de transformer en affaire commerciale son ancienne passion pour les mystères et le potentiel artistique des meubles en laque ainsi que pour les décorations luxueuses qu'ils exigeaient. A la lecture des inventaires encore existants, on imagine l'impression qu'une visite de la galerie pouvait laisser: plusieurs lits de repos de formes exotiques comme le «lit-bateau», de nombreux sofas, sans aucun doute aussi bien garnis de coussins que celui qu'elle avait dans son appartement (repr. p. 98), et drapés de peaux d'animaux sauvages. Les inventaires font mention de peaux de zèbres et de léopards ainsi que de peaux de chèvres et de moutons. Tout ceci devait donner l'effet d'un contraste harmonieux, d'une sensualité tactile modérée par une certaine austérité dans les lignes et dans la décoration.

EIN SCHLAFZIMMER-BOUDOIR FÜR MONTE CARLO

A BEDROOM-BOUDOIR FOR MONTE-CARLO

UNE «CHAMBRE-BOUDOIR» POUR MONTE-CARLO

Hier spiegelt sich die von Gray speziell für Mme Mathieu Lévy geschaffene Atmosphäre wider. Es war ein bestimmter Stil, den sie mit großem Geschick bei den Plänen für den 1923 stattfindenden Salon des Artistes Décorateurs weiterentwickelte. Nach einem Intervall von zehn Jahren – 1913 hatte sie zum erstenmal daran teilgenommen – plante sie eine ehrgeizige Installation mit dem Titel »Schlafzimmer-Boudoir für Monte Carlo« (Abb. S. 46/47).

This was the mood which Gray had captured so well for Mme Mathieu Lévy. It was a look which Gray resumed with great flair in the scheme which she conceived for the 1923 Salon des Artistes Décorateurs. After an interval of ten years since her first participation she planned an ambitious project which she called a »bedroom-boudoir for Monte Carlo« (ill. pp. 46/47). The title makes reference to Gray's increasing interest in the use of domestic space and ways

Toute cette atmosphère, qu'elle avait si bien créée dans l'appartement de Mme Lévy, fut condensée avec beaucoup de talent dans le projet réalisé pour le Salon des Artistes Décorateurs de 1923. Dix années s'étant écoulées depuis sa première participation, elle avait prévu cette fois-ci une installation ambitieuse qu'elle nomma «chambre-boudoir pour Monte-Carlo» (repr. p. 46/47). Ce titre témoigne de son intérêt croissant envers l'utilisation des

Der Titel verrät bereits Grays wachsendes Interesse für die Gestaltung des häuslichen Raums und das Konzept eines Mehrzweckraums; außerdem erinnert er an ihre Vorliebe für mediterranes Licht. Grays Projekt war schlicht und gleichzeitig luxuriös. Die Wirkung der hellen, nackten Wände und der dunklen Bodenteppiche wurde durch große, abstrakte Lackpaneele und einen abstrakt gemusterten, kleinen, dunklen Läufer gemildert. Vor der vertäfelten Wand stand auf kannelierten weißen Stuckfüßen eine Liege in dunklem Lack, die übersät war mit Kissen und Fellen. Sie war flankiert von zwei weißen »Block«-Wandschirmen, die Gray in der Rue de Lota entwickelt hatte. Rechts davon standen ein schwarz lackierter Schreibtisch und eine futuristische, braun und ocker lackierte und bemalte Stehlampe mit einem Pergamentschirm und einem Holzfuß, dessen Form an eine Rakete erinnert. Die Tür in einer Nische zur Linken und die Deckenleuchten entwickelten ähnliche geometrische Formen und Motive.

Der Raum stimmte kaum mit dem allgemeinen Tenor des französischen Designs überein, der von der vorherrschenden Artdeco-Ästhetik mit all ihren retrograden Tendenzen geprägt war. Grays Gestaltung wurde von der französischen Presse ins Lächerliche gezogen; ein Kritiker bezeichnete sie sogar als die Tochter Caligaris, mit all ihrem Grauen. Aber zumindest eine Stimme zollte dem Schlafzimmer-Boudoir Anerkennung: Der holländische Architekt Jacobus J. P. Oud schrieb Gray 1924 eine Postkarte mit folgendem Text: »Ich entdecke in einer holländischen Zeitschrift die Abbildung eines Raums, den Sie entworfen haben. Ich bin außerordentlich an Ihren Arbeiten interessiert und würde gerne mehr davon sehen.« Ouds Anerkennung bestärkte Gray in ihren neuentwickelten Ansichten. Mitte der zwanziger Jahre gab es für sie keinen Zweifel mehr daran, daß ihre künstlerische Laufbahn nur auf dem Gebiet der Architektur vorangetrieben werden konnte. Sie hatte ihre Leidenschaft für Lack und luxuriöse Dekoration ausgelebt; auch ihre Begeisterung für Jean Désert ließ allmählich nach. 1930 gab sie den Laden auf.

of devising integral multi-function living areas, as well as providing a reminder of her love of Mediterranean light. Gray's design was at once luxurious and stark. Plain pale walls and dark carpeting were relieved by large abstract lacquered panels and a dark geometric-motif rug. In front of the panels was a dark-lacquered daybed, raised on white fluted architectural block feet and extravagantly littered with cushions and fur. Flanking the daybed were two white »block« screens, an idea developed from the Rue de Lota hall. To the right was a black-lacquered desk and brown and ochre-lacquered wood and painted vellum lamp of futuristic design, its base with fins like a rocket. A door in a recess to the left and ceiling light fittings developed geometric forms and motifs.

The room was quite out of key with the prevailing tenor of French decorative artists, who for the most part aligned themselves with the dominant Art Deco style with all its retrograde tendencies. Gray's scheme was derided by the French press, one critic going so far as to describe it as fitting for the daughter of Dr Caligari, in all its horrors. However, the bedroom-boudoir did attract favourable attention from at least one source, the Dutch architect Jacobus J. P. Oud, who sent a postcard to Gray in 1924 on which he wrote: »In a Dutch review I saw a reproduction of a room in Monte Carlo you designed. I am highly interested in it and should like to see any more of your works.« Oud's was an important stimulus in Gray's development in a new direction. By the mid-twenties she was acutely aware that if her creative career was to develop, it would be in the field of architecture. She had taken her passion for lacquer and luxurious decoration to its limits. Her commitment to Jean Désert waned and in 1930 she closed the gallery.

pièces d'une maison et leur aménagement en surfaces polyvalentes d'un seul tenant. Il rappelle également son amour pour la clarté méditerranéenne. Le projet de Gray alliait le luxe à l'austérité. Les murs clairs et la moquette sombre étaient agrémentés de grands panneaux en laque de composition abstraite et de petits tapis aux motifs géométriques. Devant les panneaux se trouvait un lit de repos laqué noir, qui était supporté par des blocs blancs garnis de cannelures et recouvert d'une multitude de coussins et de fourrures. Deux paravents blancs présentant cette forme en «blocs» qu'elle avait imaginée pour la rue de Lota encadraient le lit de repos. Sur la droite apparaissaient un bureau en laque noire ainsi qu'un lampadaire de forme futuriste. Réalisé en bois laqué de couleur ocre et marron et en vélin peint, son pied était orné d'ailerons qui lui donnaient l'aspect d'une fusée. La porte située en renfoncement sur la gauche et les éclairages du plafond présentaient des formes et des motifs géométriques.

Cette pièce ne comportait aucune référence aux critères sémantiques en vigueur chez les artistes-décorateurs français qui, pour la plupart, se conformaient au style dominant de l'Art déco avec toutes ses tendances rétrogrades. Les journaux français tournèrent en dérision le travail de Gray. Un critique devait même affirmer que cette pièce convenait, dans toute son horreur, à la fille du Dr Caligari. Toutefois, la chambre à coucher-boudoir attira l'attention d'au moins une personne: il s'agissait de l'architecte Jacobus J. P. Oud qui envoya à Gray en 1924 une carte postale ainsi rédigée: «J'ai vu une reproduction de votre chambre de Monte Carlo dans une revue hollandaise. J'ai été très intéressé et aimerais voir d'autres travaux que vous avez effectués.» Cette carte stimula son désir de s'engager dans une nouvelle direction. Avant le milieu des années vingt, elle savait déjà que le développement de sa carrière créative se ferait dans le domaine de l'architecture. Elle avait atteint les limites de sa passion pour la laque et la décoration de luxe. Son intérêt pour Jean Désert déclina et elle ferma la galerie en 1930.

Grays Ideenaustausch mit der holländischen Avantgarde half ihr, Prioritäten zu setzen, und verlieh ihr den Mut, ihrem Instinkt zu folgen und neue Wege einzuschlagen. Ihre ersten Kontakte gehen auf das Jahr 1922 zurück, als sie in Amsterdam an einer Ausstellung von alten und neuen französischen Designern teilnahm. Ihre Arbeit erregte das Interesse Jan Wils', der mit ihr einen Briefwechsel begann und sie um Erlaubnis bat, ihre Exponate anders zu plazieren, da sie seiner Meinung nach nicht richtig zur Geltung kamen, eine Erlaubnis, die sie ihm gerne erteilte. Wils war ein Mitglied der De-Stijl-Gruppe, und als Hommage an die Ideale dieser Gruppe hatte Gray einen bemerkenswerten Tisch entworfen. Dieser Tisch (Abb. S. 79) war zweifarbig – elfenbeinweiß und schwarz – und aus asymmetrisch verteilten vertikalen und horizontalen Flächen von unterschiedlicher Größe zusammengesetzt. Hervorspringende Platten evozieren die freitragenden Terrassen ihrer späteren Bauten. Das Objekt ist zwar nicht groß, steckt aber voller Versprechungen, denn die Konstruktion aus den diversen Holzplanken enthält bereits viele Prinzipien, die Gray als Architektin erforschen sollte. Der Tisch ist offensichtlich von der rigorosen Geometrie der De-Stijl-Gruppe beeinflußt und erinnert an die Möbel Gerrit Rietvelds, dessen »Rot-Blau«-Stuhl 1918 durch das subtile Zusammenspiel einfachster geometrischer Strukturelemente eine vergleichbare architektonische und skulpturale Wirkung erreicht hatte. Wie bei dem um dieselbe Zeit konzipierten »Block«-Wandschirm war der Effekt größer, als die Summe der Teile versprach. Gray besaß die intuitive Fähigkeit, einem ganz geradlinig und praktisch erscheinenden Entwurf eine zusätzliche, nicht greifbare Dimension zu verleihen.

Obwohl ihr »Raum für Monte Carlo« in Frankreich wenig Anklang gefunden hatte, nahm Gray noch im selben Jahr an dem Salon d'Automne teil. Sie stellte einen ihrer schwarzen »Block«-Wandschirme aus und ließ sich von den Ideen ihrer Kollegen Le Corbusier und Robert Mallet-Stevens in ihrer neuen Ästhetik bestärken. Diese vermittelten ihr wie die Holländer die Überzeugung, daß nach dem Glaubenskanon

Gray's exchange of ideas with the Dutch avant-garde helped redefine her priorities, giving her the courage to follow her instincts in new directions. Her first contacts came in 1922 with her participation in an exhibition in Amsterdam of work by French designers past and present. Her work attracted the attention of Jan Wils, who entered into correspondence with her, asking permission, which she granted him, to re-install her exhibit, which he felt had not been done justice. Wils was a member of the De Stijl group, and it was in homage to the ideals of this group that Gray designed a remarkable table at this time (ill. p. 79). The table, two-tone, part ebonized, part painted white, is an asymmetrical construction of vertical and horizontal planes. Projecting panels suggest cantilevered terraces. Modest in scale, this piece is full of promise, for in its structure of wood planks are many of the principles which Gray was destined to explore as an architect. The table owes much to the rigorous geometry of the De Stijl group, and shows affinities with the furniture of Gerrit Rietveld, whose »Red-blue chair« had achieved a comparable architectural quality and a sculptural sophistication through the subtle interplay of simple geometric elements. As with Gray's »block« screen of around the same date, the effect was greater than might have been expected from the sum of the parts. She had an intuitive ability to add an intangible extra dimension to an overtly straightforward design.

Despite the poor reception given in France to her room for Monte Carlo, Gray participated in the Salon d'Automne later the same year. She exhibited one of her black »block« screens and found encouragement in the ideas of fellow exhibitors Le Corbusier and Robert Mallet-Stevens, developing an awareness of the role of architecture as the basis of all the applied arts within the tenets of the emerging Modern Movement. Gray's correspondence with Wils was soon followed by further exchanges. In July 1923, the Dutch journal *Bouwkundig Weekblad* published an article on her work by van Ravesteyn, another Dutch designer sensing a kindred spirit on the basis of her Salon des Artistes

Les idées échangées avec les artistes d'avant-garde hollandais l'aidèrent à redéfinir ses priorités et lui donnèrent le courage de suivre ses inspirations dans de nouvelles directions. Elle noua des premiers contacts avec ces artistes en 1922 à Amsterdam, lorsqu'elle prit part à la rétrospective consacrée aux ouvrages de décorateurs français. Son travail attira l'attention de Jan Wils. Celui-ci lui demanda dans une lettre la permission – qu'elle accorda – de modifier la présentation de ses objets qui selon lui étaient mal mis en valeur. Wils appartenait au groupe De Stijl et c'est en hommage aux idéaux de ce groupe que Gray construisit à cette époque une table tout à fait remarquable. La table (repr. p. 79) est bicolore, une partie en noir, l'autre peinte en blanc. C'est une construction asymétrique de planches horizontales et verticales de diverses largeurs. Les parties saillantes préfigurent les terrasses en porte-à-faux qu'elle construisit plus tard. Ce petit ouvrage est néanmoins prometteur. On retrouve dans cette construction de planches de nombreux principes qu'elle devait approfondir en tant qu'architecte. La table est fortement influencée par la géométrie rigoureuse du groupe De Stijl et présente des points communs avec les meubles de Gerrit Rietveld. Le fauteuil «Rouge-bleu» de celui-ci, datant de 1918, manifestait une qualité architectonique et une recherche plastique comparables grâce à l'interaction des éléments géométriques les plus simples. Tout comme pour le paravent en «blocs» de Gray de la même époque, on ne s'attendait pas à ce qu'un tel assemblage produise autant d'effet. C'est avec beaucoup d'intuition que Gray savait ajouter une dimension intangible à une construction manifestement rectiligne et pratique.

Malgré le peu d'enthousiasme que sa chambre pour Monte-Carlo avait soulevé en France, Gray voulut participer au Salon d'Automne de la même année. Elle y présenta l'un de ses paravents en «blocs» noirs et trouva une stimulation pour son propre travail dans les idées de Le Corbusier et de Robert Mallet-Stevens qui exposaient également au Salon. C'est grâce à eux et aux Hollandais qu'elle fut de plus en

der aufkommenden modernistischen Bewegung die Architektur als Basis aller angewandten Künste angesehen werden müsse. Grays Briefwechsel mit Wils zog weitere Kontakte nach sich. Im Juli 1923 veröffentlichte die holländische Zeitschrift *Bouwkundig Weekblad* einen Artikel über ihr Werk, dessen Verfasser, der holländische Designer van Ravesteyn, aufgrund ihrer Exponate im Salon des Artistes Décorateurs eine geistige Verwandtschaft zu ihr spürte. Im selben Jahr organisierte eine Gruppe holländischer Architekten eine Ausstellung in Paris, an der van Doesburg, van Eesteren, Oud, Rietveld und Wils teilnahmen. Gray besuchte sie und war beeindruckt von van Doesburgs Programm »Hin zur Plastischen Architektur«.

Die Würdigung ihres Werks in einer im Juni 1924 erschienenen Sondernummer des Fachblattes *Wendingen* markierte den Höhepunkt dieser Annäherung an die Holländer. Die Artikel stammten von Wils und Jean Badovici, einem in Paris lebenden rumänischen Architekturkritiker. Gray hatte Badovici schon einige Jahre zuvor kennengelernt; eine Freundschaft entwickelte sich jedoch erst zu diesem Zeitpunkt. Sie unternahmen verschiedene Reisen, auf denen sie die Bauten berühmter modernistischer Architekten wie Rietveld, Bruno Taut und Mies van der Rohe studierten. In seinem *Wendingen*-Artikel schrieb Badovici: »Eileen Gray steht im Brennpunkt der Moderne... Sie weiß, daß unsere Zeit mit ihren neuen Lebensgewohnheiten auch ein neues Lebensgefühl mit sich bringt. Der ungeheure Einfluß der Technik mußte unsere Sensibilität verändern. Ihr ganzes Werk spiegelt die lyrische Kraft, die Begeisterung, die starken Emotionen dieser neuen Gesellschaft und der Menschen, die sie heranbildet... Und diese systematische Einheitlichkeit verleiht ihren Entwürfen eine einzigartige architektonische Bedeutung. Möbel, Wandteppiche, die allgemeine Atmosphäre, sie scheinen Bestandteile der Seele ihrer Bewohner. Die äußere Form ist im Gleichklang mit dem inneren Rhythmus.«

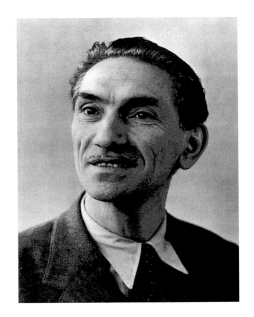

Jean Badovici

Décorateurs exhibit. Later in 1923 a group of Dutch architects staged an exhibition in Paris. Van Doesburg, van Eesteren, Oud, Rietveld and Wils participated. Gray was particularly impressed by van Doesburg's »Towards a Plastic Architecture«.

The consummation of Gray's exchanges with the Dutch was the publication in June 1924 of an issue of the contemporary periodical *Wendingen* devoted to her work. The authors were Wils and the Paris-based Romanian architectural critic, Jean Badovici. Gray had known Badovici for several years, though it would appear that they developed a much closer rapport around this date. They travelled together studying the buildings of various prominent Modern Movement architects including Rietveld, Bruno Taut and Mies van der Rohe. Badovici wrote: »Eileen Gray occupies the centre of the modern movement... She knows that our time, with its new possibilities of living, necessitates new ways of feeling. The formidable influence of technology has transformed our sensibilities. All her work reflects a lyrical force, an enthusiasm, and the strength of feeling of this new civilization and spirit... The beauty of her work... is derived from an original and lyrical élan which gives her objects their profound unity... This systematic unity... gives all her designs a unique, architectonic significance. Furniture, wall hangings, the general mood seem to be like the components of a soul, the soul of its inhabitant, whose outside form corresponds to its inner rhythm.«

plus consciente du rôle primordial que l'architecture – en tant que base de tous les arts appliqués – jouait dans les doctrines du mouvement moderne naissant. La correspondance entre Gray et Wils fut suivi d'autres échanges. En juillet 1923, la revue hollandaise *Bouwkundig Weekblad* publia un article du designer van Ravesteyn qui, ayant vu ses ouvrages du Salon des Artistes Décorateurs, affirmait avoir trouvé une âme sœur. Plus tard la même année, un groupe d'architectes hollandais organisa une exposition à Paris, à laquelle participèrent van Doesburg, van Eesteren, Oud, Rietveld et Wils. Gray visita cette exposition et fut particulièrement impressionnée par le programme de van Doesburg, «Vers une architecture plastique».

Les relations de Gray avec les Hollandais atteignirent leur point culminant lorsque la revue périodique d'art contemporain et de design *Wendingen* consacra l'édition de juin 1924 à son œuvre. Les textes étaient de Wils et de Jean Badovici, le critique d'architecture roumain qui s'était établi à Paris. Gray connaissait Badovici depuis plusieurs années, mais ce n'est qu'aux alentours de cette date qu'ils semblent avoir éprouvé une véritable sympathie l'un pour l'autre. Ils allèrent ensemble étudier les constructions des grands architectes du mouvement moderne, y compris celles de Rietveld, Bruno Taut et Mies van der Rohe. Dans son texte, Badovici écrivait: «L'art d'Eileen Gray se situe au cœur du mouvement moderne... Elle a compris que notre temps apportait, avec de nouvelles formes de vie, la nécessité de nouvelles façons de sentir; que la formidable importance de la mécanique ne pouvait pas ne pas transformer la sensibilité humaine. Et toute son œuvre tend à traduire l'élan lyrique, l'enthousiasme, la puissance de la nouvelle civilisation et des âmes qu'elle forge peu à peu... La beauté de son œuvre... provient d'un élan lyrique d'origine qui donne à ses objets une unité profonde... Cette unité systématique vers laquelle convergent toutes les lignes et à laquelle tendent toutes les valeurs donne aux créations d'Eileen Gray une signification architectonique unique. Les meubles, les tentures, l'atmosphère générale apparaissent comme les composantes d'une âme, celle de l'habitant et les formes extérieures correspondent à son propre rythme intérieur.»

Badovici veranlaßte Gray, ihre Idee umzusetzen, ein Haus zu entwerfen und auszugestalten – ein Haus, das richtungsweisend sein sollte für ihre persönliche Auseinandersetzung mit dem vorwärtsstrebenden Geist der Moderne. Badovici fungierte als Mitarbeiter und investierte sein technisches Können in das Projekt, das sie von 1924 bis 1929 beanspruchte: das Haus »E-1027« in Roquebrune bei Monte Carlo (Abb. S. 141).

Das Terrain, das Gray sich als Bauplatz ausgesucht hatte, war eine Herausforderung – steil, felsig, hochgelegen, aber mit einem schönen Blick aufs Mittelmeer. Ihr Entwurf nutzte diese Lage optimal. Das Erdgeschoß war L-förmig, der längere Teil blickte aufs Meer und beherbergte das große Schlafzimmer mit einer privaten, nach Osten weisenden Terrasse und einem großen, vielseitig nutzbaren Wohnraum mit einem Raum für Gäste, der sich nach Westen hin anschloß. Eine Wendeltreppe führte zu einem Schlafzimmer für Gäste. Ein flaches Dach, hervorspringende Terrassen und lange Geländer betonten die elegante horizontale Linienführung. Der Eindruck war der eines Ozeandampfers mit Aufbauten und Deckpromenade, der auf seinen Piloti-Stützen wie in einem Trockendeck lag. Das Gefühl von Weite und Helligkeit wurde durch die großen, vom Boden bis zur Decke reichenden Fenster der dem Meer zugewandten Fassade verstärkt – Fenster, die sich wie die Ziehharmonikafalten eines Lackwandschirms auf Schienen zusammenschieben ließen. Bei den anderen Fenstern ließ sich der Einfall des Lichts durch verstellbare, vertikale Jalousien regulieren. Das 1926 begonnene Projekt geht auf eine Idee aus dem Jahr 1924 zurück. 1929 wurde das Haus dann fertiggestellt und in einer Sondernummer der von Badovici herausgegebenen Zeitschrift *L'Architecture Vivante* als »E-1027 – Haus am Meer« vorgestellt.

Das Haus war nicht groß, aber Gray gestaltete die Räume so, daß sie hell, geräumig und optimistisch-modern erschienen. Ihr erfinderischer Geist erschloß sich eine neue Quelle der Inspiration, als sie die Möblierung und Inneneinrichtung plante. Sie

It was Badovici who gave Gray the final impetus to put her ideas into effect, to plan, refine, build and equip a house which would be a pioneering statement, an intensely personal experiment in the forward-looking spirit of the Modern Movement. Badovici acted as collaborator, bringing his technical knowledge to the project which was to preoccupy them from 1924 to 1929, the house »E-1027« at Roquebrune, near Monte Carlo (ill. p. 141).

The site chosen by Gray was a challenging one, a steep rocky perch, difficult of access but with a fine view over the Mediterranean. Her design took maximum advantage of this location. The principal floor was L-shaped, with the longer part facing the sea and incorporating the main bedroom, with its own terrace, to the east, and a long versatile living area with guest area beyond to the west. A spiral stairway led down to a guest bedroom. A flat roof, projecting terraces and parapets emphasised a sleek horizontal linearity. The impression was of the superstructure and promenade decks of an ocean liner, dry-docked, as it were, on supporting rectangular-section columns. The sense of free-flowing space and light was enhanced by vast floor-to-ceiling windows on the seaward façade which could be folded back on tracks, rather like the concertina folds of a lacquer screen. Elsewhere, adjustable vertical louvres allowed the control of light. Construction commenced in 1926 from ideas first considered in 1924. »E-1027« was finished in 1929 and was celebrated in a special issue, entitled »E-1027 Maison en Bord de Mer«, of *L'Architecture Vivante*, the periodical of which Badovici was editor.

The house was not large, but Gray sculpted the volumes to create a sense of space, light, and optimistic modernity. Her inventive mind tapped a rich new vein as she planned the furnishing and fitting of the interiors. She showed a meticulous concern for detail, but what fascinated her now was not the fine finish of lacquer, nor the evocation of symbolist reference in rich decor; she was engrossed instead in her equally fine-tuned concern for the processes of living. She analysed the functions of the body and the mind – sitting,

C'est Badovici qui donna à Gray l'impulsion finale afin qu'elle mette ses idées en pratique, trace les plans, construise et équipe cette maison qui devait se révéler un travail de pionnier, une expérience tout à fait personnelle dans l'esprit progressiste du mouvement moderne. Badovici fut son collaborateur et apporta ses connaissances techniques à ce projet qui devait les absorber de 1924 à 1929: la maison «E-1027» à Roquebrune, près de Monte-Carlo (repr. p. 141).

L'emplacement choisi par Gray était un vrai défi. En pente raide, rocailleux, difficile d'accès, il offrait toutefois une vue magnifique sur la Méditerranée. Gray sut tirer le maximum de cet emplacement. Le premier étage avait la forme d'un «L»: la partie la plus longue faisait face à la mer et comprenait la chambre à coucher principale orientée à l'est et possédant sa propre terrasse, une grande salle polyvalente et enfin un coin pour les invités, orienté à l'ouest. Un escalier en spirale descendait à la chambre d'amis. Le toit plat, les terrasses en porte-à-faux et les parapets accentuaient la linéarité horizontale de la maison. L'ensemble évoquait la superstructure et les ponts de promenade d'un transatlantique, lequel paraissait mis en cale sèche avec ses colonnes rectangulaires le soutenant. La sensation de fluidité d'espace et de lumière était encore accrue par les grandes baies vitrées de la façade donnant sur la mer. Partant du sol pour se prolonger jusqu'au plafond, ces fenêtres coulissantes pouvaient se replier et rappelaient ainsi les formes en accordéon d'un paravent en laque. Ailleurs, des persiennes verticales et articulées permettaient de régler le passage de la lumière. La construction de la maison commença en 1926 et tenait compte des premiers concepts de 1924. Son achèvement en 1929 fut célébré dans un numéro spécial, intitulé «E-1027 – maison en bord de mer», de la revue *L'Architecture Vivante*, dont Badovici était l'éditeur.

La maison n'était pas grande, mais le jeu des volumes créait une sensation d'espace, de luminosité et de modernité optimiste. Pour l'esprit inventif de Gray, l'ameublement et la décoration des pièces

29

war zwar immer noch detailbesessen, aber ihr Interesse galt nicht mehr den makellosen Lackarbeiten und auch nicht mehr der symbolischen Referenz in einem üppigen Dekor, sondern dem lebenden Organismus. Sie analysierte die Funktionen des Körpers und des Geistes – Sitzen, Entspannen, Lesen, Essen, Kommunizieren, Körperpflege, Ankleiden, Schlafen – und fand neue Lösungen für Möbel und Zubehör, die Masse, Flexibilität, Funktionalität, Zweckmäßigkeit – all das, was man später als »benutzerfreundlich« bezeichnete – einbezogen.

Gray entwarf für »E-1027« mehrere Möbelstücke aus Stahlrohr, das 1925 von Marcel Breuer zum erstenmal für die Möbelproduktion verwandt worden war und als das fortschrittlichste Material auf dem Markt galt. Sie benutzte es für die Gestelle von Sesseln und Tischen, u. a. für eine ausgeklügelte Serie von Tischen, die sich wie eine Posaune ausziehen und auch in der Höhe verstellen ließen. Einer hatte eine mit einem Scharnier versehene hochklappbare und auf das Doppelte ihrer Größe ausziehbare Platte (Abb. S. 83), ein anderer eine mit Kork belegte Fläche, die ideal für einen Eßtisch war, da sie das Klappern von Geschirr und Silber dämpfte (Abb. S. 86). Wenn eine größere Gruppe an dem kleinen Tisch speisen wollte, ließ sich am Ende des Tischs eine mit Kork bedeckte Platte herausziehen, und an dem hervorstehenden Chromgestell ließ sich eine Lampe festklemmen. Der einfallsreichste und später auch ihr berühmtester Tisch wurde nach dem Haus benannt: Konzipiert wurde der »E-1027« (Abb. S. 85) als Beistelltisch mit einem Fuß, der unter das Bett paßte, und einer Platte, die sich wie ein Tablett über das Bett schieben ließ. Die runde, in der Höhe verstellbare Tischplatte wurde von einem vertikalen Chromgestell gestützt, das als Griff und Gleitrohr diente. Zeitgenössische Reproduktionen des »E-1027« sind um einiges schwerer als die Originale, die sehr leicht, standfest und einfach zu transportieren waren. Der eingebaute Griff tauchte auch bei einem einfachen, aber sehr praktischen Tisch mit einem runden Fuß und einer gleich großen, runden Platte auf, dessen diagonal verlaufende Metallrohre durch eine Querstange verbunden waren, die gleichzeitig als Griff diente (Abb. S. 84).

Grays Stahlrohrsessel unterschieden sich

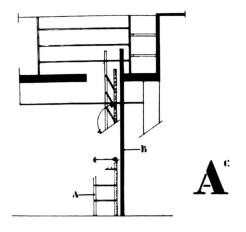

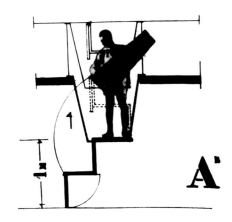

Zeichnung, die den Zugang zu dem verborgenen Abstellraum illustriert, Castellar.

Design demonstrating access to concealed storage, Castellar.

Dessin indiquant l'accès aux placards dissimulés, Castellar.

relaxing, reading, eating, conversing, entertaining, washing, dressing and sleeping – and devised novel solutions in furniture and fittings which exploited compactness, versatility, respect for function, practicality, and what might in a later jargon be called »user-friendliness«.

For »E-1027« Gray designed a number of pieces in tubular steel, the newest furniture technology of her day, first used in 1925 by Marcel Breuer. She employed it in the structure of a range of tables and chairs. Amongst the tables which she designed was a clever series which could extend up or horizontally on the principle of the trombone. One design had a hinged flip top which doubled in size on a telescoping base (ill. p. 83). Another had a cork top, an ideal surface for a dining table on which cutlery and crockery would make no noise (ill. p. 86). Here the trombone provided support for a second cork panel allowing a modest-scaled table to be extended to

représentaient l'exploitation d'un filon nouveau et plein de richesses. Elle fit preuve d'un souci méticuleux du détail. Ce qui la fascinait maintenant, ce n'était ni l'exécution artistique d'un laque, ni l'évocation d'une référence symboliste dans un cadre luxueux, mais les mécanismes de l'existence. Elle analysait les fonctions du corps et de l'esprit – être assis, se reposer, lire, manger, converser, s'amuser, se laver, s'habiller et dormir – et imaginait de nouvelles solutions dans ses meubles et ses installations, toujours à la recherche de la compacité, de la polyvalence, du respect de la fonction, du caractère pratique et de la facilité de l'emploi.

Gray conçut pour «E-1027» un certain nombre de meubles en tubes d'acier, cette toute nouvelle technique employée pour la première fois en 1925 par Marcel Breuer. Ces tubes d'acier entrèrent dans la construction de tout un assortiment de tables et de chaises. Parmi les tables elle conçut une série ingénieuse présentant un système de rallonge vertical ou horizontal sur le principe du trombone. L'une d'elles se composait d'un plateau dépliant permettant de doubler la surface de la table sur un piètement télescopique (repr. p. 83). Une autre présentait un dessus en liège qui, en amortissant le bruit des couverts et de la vaisselle, était un revêtement idéal pour une table de salle à manger (repr. p. 86). Ici, le trombone supportait également un deuxième plateau en liège qui servait de rallonge pour une société plus nombreuse. Il était possible de fixer un appareil d'éclairage sur l'extrémité saillante du trombone. La construction peut-être la plus géniale, et en tous cas la plus célèbre de nos jours, est la table qui porte le nom de la maison. La table «E-1027» (repr. p. 85) a été conçue comme table de chevet avec une base glissant sous le lit et une partie supérieure faisant office de plateau. Les tiges verticales en trombone se terminaient en prise tout en permettant de régler la hauteur du plateau. Les versions actuelles de la table «E-1027» sont plus lourdes que les versions originales très faciles à transporter. L'idée d'un manche intégré a été reprise dans une table à deux plateaux, simple mais fonctionnelle, présentant deux supports en diagonale, reliés par une barre transversale que l'on pouvait saisir pour déplacer la table (repr. p. 84).

Le côté humoristique et la délicatesse

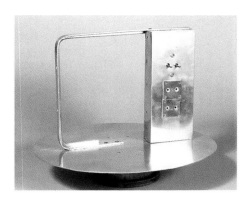

1 Doppelstecker, um 1925
1 Junction box, circa 1925
1 Boîte de distribution, vers 1925

durch ihren Humor und ihre Leichtigkeit von dem sehr viel ernsthafteren Bauhaus-Design. Während Breuer oder Mies van der Rohe perfekt proportionierte, kühl-elegante Stühle entwarfen, entlocken Grays Entwürfe ein amüsiertes Lächeln, begeistern aber gleichzeitig durch die Schönheit ihrer Form. Sie entwarf originelle, asymmetrische Stühle mit nur einer Armlehne, die unter der Bezeichnung »Nonkonformist-Stühle« (Abb. S. 109) liefen, eine Bezeichnung, die auch auf ihre eigensinnige, auf ihre Unabhängigkeit bedachte Schöpferin gepaßt hätte. Und sie entwarf den »Bibendum«-Stuhl, einen tiefen, beinahe zu üppig gepolsterten Sessel, der seinen Namen der Ähnlichkeit mit dem wohlgerundeten Michelin-Männchen verdankt, an das die drei von einem Chromgestell gehaltenen Wülste des Sessels erinnern. Stahlrohr wurde von Gray auf eine sehr spielerische und phantasievolle Weise eingesetzt. Mit einer Kühnheit, die die als »High-Tech« bezeichneten Kreationen einer späteren Generation vorwegnahm, bediente sie sich der verschiedensten Industrieprodukte. Ein typisches Beispiel ist das perforierte Aluminiumblech, das sie für Wandschirme und bewegliche Regalelemente verwendete. Für die Vorderseite der Schränke benutzte sie durchsichtiges Zelluloid. Durch Details, die ihren Humor und ihre Warmherzigkeit verraten, vermied sie eine kalte, mechanistische Ästhetik. Mit Schablonen verfertigte Inschriften erklärten bestimmte Funktionen von Schränken oder Regalen; gleichzeitig gab es aber auch spöttische Verbote wie »Défense de rire« (Lachen verboten) oder romantische Fragmente wie die »Invitation au voyage« (Einladung zu einer Reise) auf einer See-

serve a larger group. The projecting end of the trombone provided a support onto which a light fitting could be clamped. Perhaps the most ingenious design, and certainly now the most celebrated, was the table named after the house. The »E-1027« (ill. p. 85) table was conceived as a bedside table tucking neatly under and providing a tray over the bed. The circular top was supported on a vertical trombone which served as a handle as well as allowing, by its vertical extension, adjustment to the height of the tray. Today's reissues of the »E-1027« table are heavier than the originals, which were light, well-balanced and very easy to carry. The idea of the built-in handle was used in a simple but effective two-tier table design featuring two diagonal supports joined by a cross-bar which served as a carrying handle (ill. p. 84).

Gray's designs for tubular steel chairs displayed a humour and a lightness of touch which was distinct from the earnest sense of purpose of the designs by her contemporaries at the Bauhaus. Whilst Breuer or Mies van der Rohe drew chairs of faultless proportion and cool elegance, Gray's inspire a wry smile, as well as pleasing by their grace. She drew elegant asymmetrical one-armed chairs. One was dubbed the »non-conformist« (ill. p. 109), a label which might just as appropriately be applied to its single-minded and independent-spirited creator. For »E-1027« she created the so-called »Bibendum« chair, a deep, almost over-stuffed tub chair named after its resemblance to the stylised rotundity of the character symbolizing Michelin tyres, its three tyre-like rolls supported on a tubular steel base. Tubular steel was used with wit and imagination. With a boldness which anticipated a later generation of Modernists who were to earn for themselves the epithet »High tech«, she also incorporated other available industrial materials in her designs. Typical of these was her cunning adaptation of perforated sheet metal as an ideal material for partition screens and for a fitted sliding shelf unit. Transparent celluloid was used to front cupboards. Yet a mechanistic look was avoided with touches of warmth and humour. Stencilled inscriptions indicated cupboard or shelf functions but were also employed jokingly as in such signs as »défense de rire« (no laughing) in the entrance,

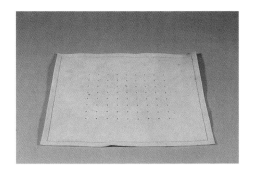

Filzmatte
Felt mat
Petit tapis en feutre

émanant de ses chaises se distinguent de la fonctionnalité sérieuse des constructions contemporaines du Bauhaus. Tandis que les chaises de Breuer ou de Mies van der Rohe se caractérisaient par leurs proportions exactes et leur élégance impersonnelle, celles de Gray suscitent un sourire ironique tout en enchantant l'observateur par leur grâce. Elle dessina ainsi d'élégantes chaises, de forme asymétrique et ne possédant qu'un accoudoir. L'une d'entre elles fut surnommée la «Non-conformiste» (repr. p. 109), une désignation qui aurait parfaitement convenu à son créateur, avec son caractère obstiné et indépendant. Pour sa maison «E-1027», elle créa le fauteuil «Bibendum». Profond, presque sur-rembourré, avec trois cylindres en forme de pneu sur un cadre en tubes d'acier, ce fauteuil rappelait les rotondités stylisées du bonhomme Michelin. Elle savait employer les tubes d'acier avec beaucoup d'esprit et d'imagination. Anticipant les réalisations d'une génération ultérieure de modernistes qui fut qualifiée de «high tech», elle fit preuve de beaucoup d'audace en intégrant à ses créations d'autres matériaux industriels à sa disposition. Un exemple typique est son ingénieuse utilisation de feuilles de métal perforées, représentant un matériau idéal pour les panneaux de séparation et les étagères coulissantes. Le revêtement d'armoires était en celluloïd transparent. Cependant, de petites notes de gaieté et d'humour évitaient que les objets présentent une apparence mécaniste. Des inscriptions indiquaient les fonctions de l'armoire ou de l'étagère, certaines n'étaient qu'une plaisanterie comme son «défense de rire» dans l'entrée, et d'autres révélaient une

karte an der Wand des großen Wohnraums. Auch Grays Teppiche trugen mit ihren witzigen Anspielungen dazu bei, daß die Wohnungen bequemer und interessanter wurden – ein Beispiel ist der dunkelblaue »Centimètre«-Teppich (Abb. S. 134), dessen stilisiertes Plimsoll-Maß an maritime Maschinenkunst erinnert.

Jeder Teil des Hauses enthielt eingebaute Regale, Ablagen, Leselampen, zusammenklappbare Tische, hochstellbare Lesepults, drehbare Beistelltischchen, Schränke und Stellraum, in dem sich von Kissen bis zu Moskitonetzen alles unterbringen ließ. Ein Badezimmerspiegel verfügte über einen mit Scharnieren versehenen beweglichen Teil. Gray entwarf auch einen ebenso nützlichen wie verblüffenden Garderobenschrank, der die Funktion einer Zwischenwand hatte, die das Bad vom Flur trennte. Ein schmaler, rechteckiger Schrank aus Aluminium (Abb. S. 95) hatte asymmetrische Türen, schwenkbare, mit Kork verkleidete Fächer, Glasablagen und eine Innentür, die als Spiegel diente. Der Kork milderte den Effekt des Aluminiums. Er ist eines der vielen Beispiele dafür, wie individuell Gray mit Metall, dem Lieblingsmaterial der Modernen, umging. Einen zentralen Platz in dem Wohnraum nahm der »Transat«-Stuhl ein, der viele Aspekte von Grays kreativer Phantasie in sich vereint, er verbindet Holz harmonisch mit Metall, und seine Ästhetik steht für eine überzeugte, aber auch einfühlsame Interpretation des modernistischen Credos.

Von den Entwürfen für »E-1027« wurden einige für Jean Désert reproduziert, Gray verkaufte z. B. mehrere »Bibendum«-Sessel an Mme Tachard und Mme Mathieu Lévy, wenn auch erst nach der Schließung des Ladens. Die meisten Möbel blieben jedoch Einzelstücke, Experimente und Teil der innenarchitektonischen Gesamtkonzeption des Hauses.

»E-1027« war ein Erfolg, weil es ein einheitliches Konzept aufwies und eine sinnvolle, kühne, charmant-verführerische sowie durch und durch moderne Lösung des Problems anbot, wie Wohnraum auszusehen hatte, der gleichzeitig funktional und inspirierend sein sollte.

or romantically as in the large sitting-room mural »invitation au voyage«. And, of course, Gray's clever allusive rugs added their note of comfort and intrigue, none more effectively than her dark blue – »Centimètre« (ill. p. 134) with its maritime machine-art flavour, suggesting as it does a stylised Plimsoll-line gauge.

In every part of the house were clever fitted elements, reading lights, foldaway tables and reading slopes, swivel-support tables, cupboards and compartments to store away everything from pillows to mosquito nets. A bathroom mirror had a convenient hinged section. Gray designed an immensely useful, characteristically surprising dressing cabinet which served an added function as a room divider, defining a boundary between washroom and passage. The slender rectangular cabinet was cased in aluminium (ill. p. 95), its asymmetrical doors revealing cork-fronted swivel drawers and drop-front compartments, glass shelves and full-length mirror. The effect of the sheet aluminium was softened by its juxtaposition with cork. In this, as in other pieces, Gray found a very personal way of using the metals which were favoured materials of the Modern Movement. Occupying a central position in the sitting room was the »Transat« armchair, which distils so many aspects of Gray's creative imagination, reconciles wood and metal, and stands as a cipher for her confident but sensitive interpretation of the Modernist creed.

Certain of the furniture designs conceived for »E-1027« were produced in small numbers for sale through Jean Désert. »Bibendum« chairs were sold, for example, though after the gallery's closure, to Mme Tachard and to Mme Mathieu Lévy. Most designs remained prototypes, experiments which were a part of the overall interior architectural concept of the house. The triumph of »E-1027« was its sense of unity as a cohesive, adventurous, charming and seductive solution in a thoroughly modern idiom to the complex problem of designing a dwelling which was at once functional and capable of lifting the spirit.

humeur romantique comme son «invitation au voyage» au mur de la salle à manger. Et bien sûr, ses petits tapis au contenu allusif contribuaient eux aussi au confort tout en excitant la curiosité. Citons en particulier son tapis bleu foncé «Centimètre» (repr. p. 134) qui évoquait les machines de navire par sa stylisation d'un indicateur de tonnage.

La maison regorgeait d'éléments judicieusement encastrés, de lampes de lecture, de tables escamotables, de pupitres, de tables sur pivot, d'armoires et de placards où l'on pouvait ranger toutes sortes d'objets, de l'oreiller à la moustiquaire. Un miroir de la salle de bains comprenait une partie articulée très commode. Gray créa une coiffeuse extrêmement pratique aux caractéristiques étonnantes qui servait de séparation entre la salle d'eau et la chambre. Ce haut cabinet rectangulaire était revêtu d'aluminium (repr. p. 95), les portes asymétriques se refermaient sur des tiroirs pivotants recouverts de liège, des casiers à battant, des étagères en verre et une glace sur toute la hauteur. Par sa juxtaposition, le liège adoucissait l'effet produit par la feuille d'aluminium. Avec ce meuble et bien d'autres encore, Gray manifesta sa façon très personnelle d'utiliser les métaux, matériaux favoris du mouvement moderne. Occupant le centre de la salle principale, le fauteuil «Transat», qui cristallisait de si nombreuses facettes de l'imagination de Gray, réconciliait le bois et l'acier, et apparaissait comme le cryptogramme de son interprétation confiante, mais pleine de sensibilité, du credo moderniste.

Certains modèles conçus pour «E-1027» furent fabriqués en petit nombre et mis en vente chez Jean Désert. Des fauteuils «Bibendum» par exemple furent vendus, bien que ce fût après la fermeture de la galerie, à Mme Tachard et à Mme Mathieu Lévy. La plupart des modèles restaient des prototypes, des expériences appartenant au concept général de la décoration intérieure de la maison.

Le triomphe de «E-1027» était son sens de l'unité. Formulée dans un langage totalement moderne, c'était une solution harmonieuse, aventureuse, charmante et séductrice, apportée au problème complexe que pose la conception d'une habitation voulant tout à la fois être fonctionnelle et élever l'esprit.

Auch nach der Fertigstellung von »E-1027« und der Schließung der Galerie Jean Désert setzte Gray ihre Experimente mit modernistischer Architektur und Inneneinrichtung fort, obwohl sie nie wieder eine so gute Gelegenheit haben sollte, ihre Fähigkeiten unter Beweis zu stellen wie bei dem Hausbau in Roquebrune. Zwischen 1930 und 1931 entwarf und möblierte sie für Badovici ein kleines Atelier in der Rue Chateaubriand (Abb. S. 146/147). Sie verwandte ihren ganzen Scharfsinn darauf, auf kleinstem Raum ein bequemes, stilvolles und funktionales Zuhause zu schaffen. Vorgesehen waren ein Gitterparavent aus weißlackiertem Feinblech, vielseitig verwendbare Stahlrohrmöbel, eine Liege, die sich in ein Bett umwandeln ließ, ein ausschwenkbarer Betttisch, ein Schrank aus Aluminium mit Kork, der dem für »E-1027« konzipierten sehr ähnlich sah und ein »Transat«-Stuhl. Spiegelflächen an Einbauten und Schränken erzeugten die Illusion von Tiefe, während der wohlüberlegte Gebrauch von Stoffen und Pelzen zu starke Effekte milderte.

Zwischen 1932 und 1934 bot ihr ein zweites, kleineres Haus, das sie für ihren eigenen Bedarf in Castellar bei Menton (Abb. S. 148) bauen wollte, Gelegenheit, ihre Experimente weiterzuführen. Dieses Haus, das auch auf schwierigem, felsigem Terrain errichtet werden mußte, wies große Ähnlichkeit mit »E-1027« auf: dieselbe klare Linienführung, flache, vorgezogene Dächer, einfache Stützpfeiler und Stahlrohrgeländer, Terrassen und Pfade, lange, mit Jalousien versehene Fenster und große Panoramafenster. Zur Inneneinrichtung gehörten die schon bekannten Einbaumöbel – ein Arbeitstisch, ein Beistelltisch, Schubladen, Beleuchtungskörper, Abstellraum und ein raffinierter, ausziehbarer Garderobeschrank aus Metall –, alles wichtige, zur Architektur des Hauses gehörende Details. Sogar der Raum unter einer Treppenstufe wurde als Schublade genutzt.

Das Haus wurde nach dem provenzalischen Sprichwort »Tempe a Pailla« (mit Zeit und Stroh reifen die Feigen) genannt. Auf Grays künstlerische Laufbahn bezogen, konnte man in vielen ihrer Möbelent-

After the completion of »E-1027« and the closure of Jean Désert, Gray continued with her architectural and Modernist furniture experiments, though she was never again to enjoy as splendid an opportunity to demonstrate her abilities as had been provided by the house at Roquebrune. Between 1930 and 1931 she designed and fitted out a small studio apartment in Paris, Rue Chateaubriand (ill. pp. 146/47), for Badovici. Here she used all of her skills to create a comfortable, stylish and workable home in a relatively restricted space. The scheme incorporated a pierced metal screen, adaptable multi-function tubular steel furniture, a sofa bed with metal flap table, an aluminium and cork cabinet similar to the one she had made for herself for »E-1027«, and a »Transat«. She created an illusion of depth with mirrored facings to storage cupboards, and softened the effect with the judicious use of the textures of fabrics and furs.

Between 1932 and 1934 Gray continued her experiments in the context of a second, smaller house which she designed and built for herself at Castellar, near Menton (ill. p. 148). Also built on a difficult rocky site, the house echoed many of the features of »E-1027«. Here again was a clean, uncluttered linearity, with flat overhanging roofs, simple column props and tubular balustrades, terraces and walkways, long louvred windows and large picture windows. Inside was the now familiar built-in furniture: work table, side table, drawers, light fittings, storage units including an ingenious sliding metal wardrobe, all conceived as integral features of the architecture of the house. Even the space under a step was turned to advantage as a drawer.

The house was given the name »Tempe a Pailla«, an old Provençal proverb suggesting the need for certain elements (time and straw) for figs to ripen. If one were to apply the metaphor to Gray's own career, it would be tempting to identify the particular qualities which reached fruition in certain of the pieces of furniture designed for the house. »Tempe a Pailla« inspired several new designs which have in common a sense of economy. This was an economy

Ayant achevé «E-1027» et fermé la galerie Jean Désert, Gray poursuivit ses expériences dans le domaine de l'architecture et des meubles modernistes. Cependant, une aussi belle occasion de démontrer son habileté, comme ce fut le cas avec la maison de Roquebrune, ne devait plus jamais se présenter. Entre 1930 et 1931, elle aménagea pour Badovici le studio de la rue Chateaubriand (repr. p. 146/47) à Paris. Elle employa tout son talent à créer sur une surface relativement restreinte un intérieur confortable, élégant et pratique. Cette installation comprenait un paravent en métal perforé de petits trous, des meubles tubulaires en acier, réglables et aux multiples fonctions, un lit-divan avec une table escamotable en métal, une armoire en aluminium et en liège, semblable à celle qu'elle avait réalisée pour sa maison «E-1027», et un fauteuil «Transat». Elle créa une impression de profondeur en revêtant les placards de glaces et en adoucit les effets par une utilisation d'étoffes et de fourrures.

Les expériences de Gray en architecture se poursuivirent avec la construction, entre 1932 et 1934, d'une deuxième maison à son usage, aux dimensions plus réduites et située à Castellar près de Menton (repr. p. 148). Construite sur un terrain tout aussi rocailleux, la maison reprend de nombreuses caractéristiques de «E-1027». On y retrouve cette linéarité nette et dépouillée avec les toits plats en saillie, les colonnes sans ornement et les balustrades tubulaires, les terrasses et les passages couverts, les hautes fenêtres à persiennes et les larges baies vitrées. L'intérieur comportait ces meubles encastrés qui nous sont maintenant familiers – une table de travail, une desserte, des tiroirs, des éclairages, des placards comportant un ingénieux système à coulisse pour la garderobe – et qui faisaient partie intégrante de l'architecture de la maison. Même l'espace sous une marche était utilisé sous forme de tiroir.

La maison fut baptisée «Tempe a Pailla» d'après l'ancien proverbe provençal affirmant que deux conditions (le temps et la paille) doivent être réunies afin que les figues mûrissent. Si l'on devait appliquer

würfe die Früchte langjähriger Bemühungen sehen. »Tempe a Pailla« inspirierte verschiedene neue Entwürfe, die eine sehr sparsame Ästhetik verbindet. Der Entwurf ermöglichte es, sowohl Raum wie Material zu sparen, und drückt sich in einer bemerkenswerten Kompaktheit, Verwandlungsfähigkeit und Verstaubarkeit aus. Gray haßte jede Art von Zurschaustellung und Besitzstreben; viele der nach 1925 entstandenen Gegenstände erfüllen ihren Zweck, ohne groß aufzufallen. Ihr Charme ist diskret, nicht theatralisch, und es gelang ihr auch immer, den Eindruck von Leichtigkeit und Transparenz zu erwecken. Der offene »Block«-Wandschirm für Mme Mathieu Lévy war der erste von Erfolg gekrönte Versuch auf diesem Gebiet. Die logische Konsequenz war der hohe, schlanke, mit Aluminium eingefaßte Wandschirm aus Zelluloid (Abb. S. 53), den sie 1931 – also eine Dekade später – für sich anfertigen ließ. Nichts scheint die zurückhaltende Transparenz ihres Werks besser zu illustrieren als dieser Wandschirm, der so abstrakt ist, wie es ein Möbelstück nur sein kann. In »Tempe a Pailla« erfüllte sie ihr Soll an Entwürfen, die ihren minimalistischen Standpunkt perfekt zum Ausdruck brachten. Für Castellar entstand auch der »S«-Stuhl (Abb. S. 111) mit seinem durchhängenden Segeltuchbezug und dem perforierten Holzrahmen, der sich auf die Hälfte seiner Größe zusammenfalten und bequem verstauen ließ. Sie entwarf eine kompakte, doppelseitige Kommode (Abb. S. 93) mit jeweils drei schwenkbaren Schubladen – ein unauffälliger Kubus, der alle Funktionen eines Schranks erfüllte. Er stand höchstwahrscheinlich Modell für den »Boby« – ein Künstlerkubus auf Laufrollen mit seinen drehbaren Schubladen, den der italienische Designer Joe Colombo 1970 entworfen hatte. Eine andere überzeugende Idee war ein Tisch mit einer rechteckigen Holzplatte auf einem perforierten Metallrahmen, die durch einen simplen Handgriff auf die Höhe eines Kaffeetischs gebracht werden konnte (Abb. S. 151).

both of space and of means, evidenced in such features as remarkable compactness, duality of function or fold-away potential. Gray was by nature very much against the idea of possessions, of display, and so many of her best furniture designs after 1925 have the ability to serve and to satisfy without shouting their presence. They delight discreetly rather than asserting themselves emphatically. Gray became adept at creating a sense of lightness, of transparency. It was an idea first explored with great success in her open »block« screens for Mme Mathieu Lévy, and which found its logical conclusion in the tall, slender, aluminium-framed celluloid screen (ill. p. 53) which she made for herself a decade later in 1931. There is perhaps no better example in her œuvre of this idea of sublime self-effacing transparency than this screen, as near abstract as a piece of furniture can become. »Tempe a Pailla« begat its own quota of distinguished expressions of Gray's reductionist philosophy. For Castellar she designed the »S«-chair (ill. p. 111) with its canvas seat slung in a pierced wood frame which could be folded back on itself to half size for storage. She designed a compact double-sided chest of drawers (ill. p. 93), two banks of three pivoting drawers which provide a full closet function in one discreet unit. This has been identified as a likely source of inspiration for Italian Joe Colombo's 1970 pivot-drawer artist's »Boby« trolley. Another clever idea was a table, rectangular wood top on pierced metal frame, which by simple sleight of hand could be adapted from dining-table to coffee-table height (ill. p. 151).

cette métaphore à la carrière de Gray, il faudrait identifier les qualités particulières qui ont «mûri» dans certains de ses meubles pour la maison. «Tempe a Pailla» inspira quelques nouvelles créations qui ont en commun le sens de l'économie. Economie de l'espace, économie des moyens. Ceci se manifestait par une compacité remarquable, une dualité des fonctions ou des possibilités d'escamotage. Gray était contre l'idée de possessions et d'ostentation, et certains de ses meubles les plus réussis, fabriqués à partir de 1925, se contentent de servir et de satisfaire l'usager sans être ostentatoires. Ils nous ravissent de façon discrète au lieu de s'imposer. Gray était devenue experte dans l'art de créer une sensation de lumière, de transparence. Cette idée, qui avait été concrétisée pour la première fois avec les paravents en «blocs» de Mme Mathieu Lévy, devait trouver sa conclusion logique dans ce haut paravent en celluloïd, au cadre en aluminium (repr. p. 53), qu'elle fabriqua pour elle-même dix ans plus tard en 1931. De tous ses ouvrages, ce paravent, qui est aussi abstrait que possible pour un meuble, est sans doute celui qui exprime le plus parfaitement l'idée d'une transparence suprême. La philosophie réductionniste de Gray se manifeste à travers différents objets de «Tempe a Pailla». C'est pour Castellar qu'elle créa sa chaise en «S» (repr. p. 111), avec son siège en toile suspendu à un cadre de bois perforé. Très facile à ranger, cette chaise se repliait complètement sur elle-même. Elle conçut également une commode compacte qui présentait de chaque côté une rangée (repr. p. 93) de trois tiroirs pivotants. Ce meuble servit vraisemblablement d'inspiration à l'Italien Joe Colombo pour sa table roulante «Boby» aux tiroirs pivotants qu'il réalisa en 1970. Une autre idée ingénieuse était cette table de salle à manger, dont le dessus rectangulaire en bois reposait sur un cadre métallique perforé, et qui en un tournemain se transformait en basse table (repr. p. 151).

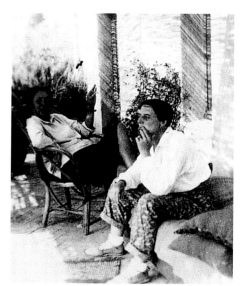

Kate Weatherby und Evelyn Wyld in Evelyns Haus »La Bastide Caillenco«, in der Nähe von Cannes.

Kate Weatherby and Evelyn Wyld in Evelyn's house »La Bastide Caillenco«, near Cannes.

Kate Weatherby et Evelyn Wyld dans la maison d'Evelyn «La Bastide Caillenco», près de Cannes.

L'UNION DES ARTISTES MODERNES

Nach der entscheidenden Begegnung mit der holländischen Avantgarde und Jean Badovicis Ansporn und praktischer Hilfe arbeitete Gray in relativer Abgeschiedenheit, aber keinesfalls isoliert von ihrer Umgebung. Während sie mit dem Atelier in der rue Chateaubriand und »Tempe a Pailla« beschäftigt war und sich um eine immer minimalistischere Ästhetik bemühte, pflegte sie lockere Kontakte mit einer Gruppe französischer Designer, die sich 1929 zusammengetan und die Union des Artistes Modernes (U. A. M.) gegründet hatten. Zu den Gründungsmitgliedern zählten René Herbst, Robert Mallet-Stevens und Francis Jourdain. Viele andere führende Künstler und Designer, die sich dem Modernismus verschrieben hatten, stießen dazu. 1930 organisierten sie ihre erste Ausstellung, auf der Gray und Badovici die Pläne von »E-1027« zeigten. Im folgenden Jahr reichte Gray »Rangements adaptés aux appartements modernes« (Einbauten für moderne Wohnungen) ein; sie bewies damit ihr Engagement für funktionale, demokratische Ideale, die die Arbeiten ihrer Kollegen häufig vermissen ließen. Für viele Mitglieder der U. A. M. war der Modernismus weniger eine Philosophie als ein Stil, und ihre Exponate waren häufig bloßes Kunsthandwerk, das sich der geometrischen Formen, der modernen Materialien und Stilmittel bediente, ohne daß das Konzept von elitärer Kunst, wie sie ein Künstler wie Ruhlmann verkörperte, jemals in Frage gestellt wurde. Interessant ist in diesem Zusammenhang der kleine Beitrag, den Gray zu dem im modernen Stil erbauten Palast des Maharadschas von Indore leistete. Gray gehörte zu den U. A. M.-Mitgliedern, die an diesem Projekt mitarbeiteten. Auch wenn sie dem Maharadscha einen lackierten »Transat«-Stuhl und verchromte Leuchten verkauft hatte – mit dem Interieur, das eigentlich nur Dekoration war und der gerade gängigen Auffassung von Modernismus entsprach, wäre sie bestimmt nicht einverstanden gewesen. Ruhlmann entwarf ein Arbeitszimmer für den Palast, und die einzige Konzession, die er an die modernistische Ästhetik machte, war das verchromte Metall, das er anstelle von Elfenbein auf den Möbeln aus

L'UNION DES ARTISTES MODERNES

After the crucial springboard of her Dutch contacts and of Jean Badovici's stimulus and practical assistance, Gray worked in relative, though by no means complete, isolation. Whilst working on the Rue Chateaubriand studio and »Tempe a Pailla« and honing her increasingly ascetic approach, she became involved in a limited way with a group of French architects and designers who had in 1929 formed a group calling itself the Union des Artistes Modernes (U. A. M.). The founding membership included René Herbst, Robert Mallet-Stevens and Francis Jourdain, and the group soon attracted many of the most distinguished artists and designers working in the Modernist mode. They staged their first exhibition in 1930, with Gray and Badovici showing the plans of »E-1027«. The following year Gray submitted »rangements adaptés aux appartements modernes« (storage units for modern apartments), confirming a commitment to democratic functionalist ideals which were all too often out of step with the works of fellow exhibitors. For many of the members of the U. A. M., Modernism was less a philosophy than a style, and many exhibits were exercises in craftsmanship whose claim to modernity was a pared-down geometric styling and the use of certain fashionable materials, without in any way reneging on the idea of élitist luxury associated with an artist such as Ruhlmann. It is interesting in this context to note Gray's small contribution to the new palace created in a modern style for the Maharaja of Indore. Gray was one of several U. A. M. members to take part in the project. She sold the Maharaja a lacquered »Transat« and chromium-plated light fittings, but would surely have had difficulty reconciling herself to interiors which were, above all, indulgent decorative schemes in a fashionable interpretation of Modernism. Ruhlmann designed a study for the palace in which his concession to Modernism was the use of chromium-plated metal rather than his erstwhile-favoured ivory trim on the furniture of Macassar ebony. A Le Corbusier *chaise-longue* covered in leopard skin set the tone.
A similar divergence was evident in the re-

L'UNION DES ARTISTES MODERNES

Après cette période si décisive durant laquelle ses contacts avec les Hollandais ainsi que les encouragements et l'aide technique de Jean Badovici lui servirent de tremplin, Gray devait poursuivre son travail dans un certain isolement – bien que celui-ci ne fut pas absolu. Tandis qu'elle se consacrait à l'atelier de la rue Chateaubriand et à sa maison «Tempe a Pailla» et qu'elle développait un style de plus en plus dépouillé, elle fit partie d'un groupe d'architectes et de créateurs français qui s'étaient rassemblés en 1929 sous le nom de l'Union des Artistes Modernes (U. A. M.). Ce groupe, dont les fondateurs étaient entre autres René Herbst, Robert Mallet-Stevens et Francis Jourdain, devait bientôt attirer un grand nombre d'artistes distingués travaillant dans le style moderniste. La première exposition du groupe fut organisée en 1930 avec le concours de Gray et de Badovici qui présentaient les plans de «E-1027». L'année suivante, Gray proposa ses «rangements adaptés aux appartements modernes», confirmant ainsi son engagement envers des idéaux démocratiques et fonctionnalistes qui bien souvent n'étaient pas synchrones avec les ouvrages des autres exposants. Pour beaucoup de membres de l'U. A. M., le modernisme représentait moins une philosophie qu'un style et de nombreux objets exposés étaient des manifestations de chic et de qualité d'exécution. Leur prétention à la modernité se réduisant à une ligne géométrique et à l'utilisation de certains matériaux et motifs en vogue, ils ne renonçaient en aucune façon à l'idée de luxe élitiste qui était associée à un artiste tel que Ruhlmann. Dans ce contexte, il est intéressant de constater la modeste contribution de Gray au nouveau palais du Maharadja d'Indore, qui avait été créé dans un style moderne. Elle vendit au Maharadja un «Transat» en laque et des appareils d'éclairage chromés, mais elle dut certainement éprouver quelques difficultés à accepter ces intérieurs dont la décoration était une interprétation du modernisme en tant que style à la mode. Ruhlmann aménagea un bureau pour le palais. Sa concession au modernisme était l'utilisation de métal chromé sur ses meubles en ébène de Ma-

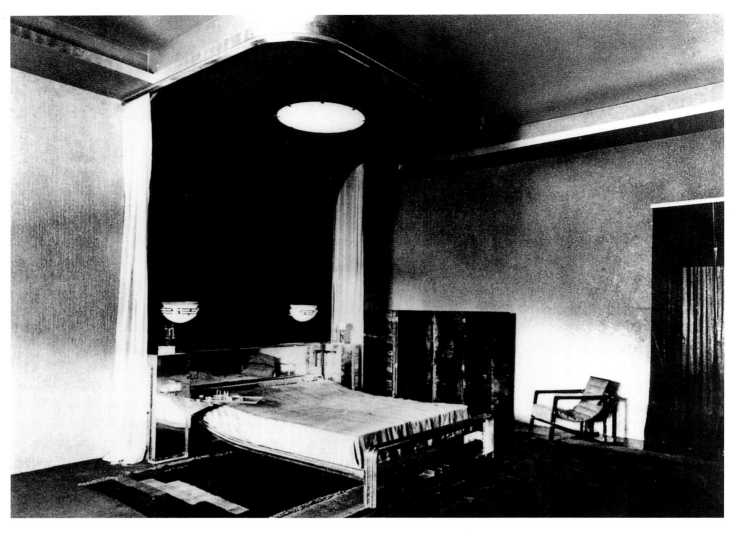

»Transat«-Stuhl in dem Schlafzimmer von Manik Bagh, dem modernistischen Palast des Maharadschas von Indore. An der Inneneinrichtung beteiligten sich die Mitglieder der U.A.M. Das Bett stammt von Louis Sognot und Charlotte Alix.

»Transat« chair in the master bedroom of Manik Bagh, the Modernist palace of the Maharaja of Indore. The furnishings included designs by members of the U.A.M. The bed was designed by Louis Sognot and Charlotte Alix.

Fauteuil «Transat» dans la chambre de maître de Manik Bagh, le palais moderniste du Maharadjah d'Indore. Les meubles sont en partie des créations des membres de l'U.A.M. Le lit est un modèle de Louis Sognot et de Charlotte Alix.

Makassar-Ebenholz verwendete. Eine Corbusier-Liege mit einem Überwurf aus Leopardenfell gab den Ton an.

Ähnliche Divergenzen traten auch zutage, als der Architekt Paul Ruaud die Räume, die Gray für Mme Mathieu Lévy entworfen hatte, umgestaltete. Ruaud machte aus den Räumen eine Symphonie in Weiß mit Fußböden aus mattiertem Glas (Abb. S. 70). Auch hier waren der Modernismus nur noch Dekoration und Grays – inzwischen weiße – Paravents, »Pirogue«-, »Serpent«- und »Bibendum«-Stühle Versatzstücke in einem theatralischen Setting, das wenig mit Grays ausgereifter Ästhetik gemeinsam hatte. Als die Räume 1933 in *L'Illustration* erschienen, wurde Grays Name nicht einmal erwähnt.

designing by architect Paul Ruaud of the rooms which Gray had decorated for Mme Mathieu Lévy. Ruaud reorchestrated the rooms as a symphony in white with a floor of frosted glass (ill. p. 70). Here too Modernism became a fashionable decorator style with Gray's screens, now white, her »Pirogue«, »Serpent« chair, and »Bibendum« chairs as props in a setting of considerable theatrical flair but quite opposed to Gray's matured approach. When the rooms were published in 1933 in *L'Illustration*, Gray's part was not acknowledged.

cassar à la place de ses ornements favoris en ivoire de jadis. Le ton était donné par une chaise longue de Le Corbusier, recouverte d'une peau de léopard.

Le nouvel aménagement par l'architecte Paul Ruaud des pièces que Gray avait décorées pour Mme Mathieu Lévy illustre une divergence d'opinions similaire. Ruaud fit de ces pièces une symphonie en blanc avec un sol en dalles de verre dépoli (repr. p. 70). Cet aménagement, en s'édifiant autour des paravents de Gray, en blanc désormais, de son fauteuil «Serpent» et de ses fauteuils «Bibendum», dénotait un talent considérable de la mise en scène qui, cependant, s'opposait totalement à l'approche mûrie de Gray. Lorsque les pièces furent présentées en 1933 dans l'*Illustration*, le travail de Gray ne fut pas mentionné.

Gray arbeitete noch an mehreren Projekten, die jedoch nie gebaut wurden. Sie verkaufte auch ein paar weitere Gegenstände – 1936 zwei weiße »Brick«-Paravents an die Designer Duncan Miller Ltd. in London – , und sie beschäftigte sich mit Möbelentwürfen; damals entstanden z. B. ihre Gelegenheitstische, deren Platten alle möglichen Formen aufwiesen. Le Corbusier lud sie ein, ihre Pläne in seinem Pavillon auf der Exposition Internationale in Paris auszustellen. Sie schottete sich jedoch ab und lebte zurückgezogen, abwechselnd in Paris und ihrem zweitem Domizil im Süden Frankreichs. Um 1970, nach jahrelangen Irrungen und Wirrungen der Kritik, entdeckte eine neue Generation die Kraft und Originalität ihrer Vision. Als am 8. November 1972 das übriggebliebene Mobiliar aus Doucets Studio versteigert wurde, erzielte der Wandschirm »Le Destin« einen Rekordpreis für ein Möbelstück aus dem 20. Jahrhundert. Sie konnte diesen späten Ruhm nur amüsiert zur Kenntnis nehmen.

1976 starb Eileen Gray im Alter von 98 Jahren, weltweit anerkannt als Schöpferin eines Werkes, das nicht gerade umfangreich war, aber den Stempel ihrer starken Persönlichkeit und ihrer künstlerischen Integrität trug. Als im Oktober 1991 auf einer Auktion das Mobiliar von Roquebrune versteigert wurde, sicherte sich das Musée d'Art Moderne in Paris einen »Transat«-Stuhl als ein Objekt von nationalem und kunsthistorischem Interesse und als verspätete Hommage an eine Künstlerin, die zu ihren Lebzeiten eher verkannt gewesen war.

Gray worked on several further projects, but they were never to be built. She sold off a few more items, including a pair of white »block« screens bought in 1936 by the London decorators Duncan Miller Ltd, and worried away at furniture designs, such as her free-form occasional tables, mostly for her own use. She was invited by Le Corbusier to show projects in his pavilion at the Paris 1937 Exposition Internationale. Effectively, however, she went into retirement, leading a quiet life between Paris and her Midi *pied-à-terre*. Around 1970, after many years in the critical wilderness, a new generation was starting to appreciate the strength of her vision. When, on November 8th, 1972, much of the surviving furniture from the Doucet studio was sold at auction in Paris, »Le Destin« set a record for twentieth-century furniture. She was able to enjoy this belated recognition with a bemused detachment.

She died in 1976, aged 98, her reputation now assured on the strength of a body of work which, although small, was marked by a profound sense of individuality and integrity. It was a fitting recent tribute to an artist who earned limited contemporary recognition that, when furniture from Roquebrune was sold at auction in October 1991, a »Transat« armchair should be preempted by the Musée d'Art Moderne, Paris, as an item of national and historical importance.

Par la suite, Gray travailla à plusieurs projets qui, toutefois, ne furent jamais réalisés. Elle se défit de quelques meubles, dont une paire de paravents blancs en «blocs» qui furent achetés par les décorateurs londoniens Duncan Miller Ltd. Le Corbusier l'invita à présenter ses projets dans son pavillon à l'Exposition Internationale de 1937. Mais, en vérité, elle voulait se retirer et vivre tranquille dans son appartement de Paris et dans son pied-à-terre du Midi. Vers 1970, après de nombreuses années d'indifférence, une nouvelle génération commença à apprécier la force de ses conceptions. Lorsque la majorité des meubles du studio de Doucet furent vendus aux enchères le 8 novembre 1972, le paravent «Le Destin» établit un nouveau record dans les prix des meubles du XXe siècle. Elle savoura cette reconnaissance tardive avec un certain détachement.

Elle mourut en 1976 à l'âge de 98 ans. Sa réputation était désormais bien affermie grâce à sa production artistique qui, bien que peu importante, était marquée par un sens profond de l'individualité et de l'intégrité. Lorsque certains meubles de Roquebrune furent vendus aux enchères en octobre 1991, le Musée d'Art Moderne de Paris usa de son droit de préemption pour un fauteuil «Transat» indiquant que cet objet avait une importance nationale et historique. Gray, qui n'avait pas été totalement reconnue par ses contemporains, recevait désormais un hommage digne d'elle.

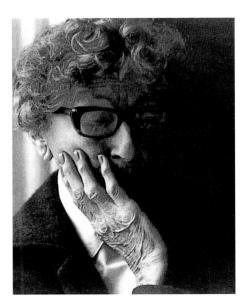

Eileen Gray, fotografiert von Alan Irvine, 1970.

Eileen Gray in 1970 photographed by Alan Irvine.

Eileen Gray photographiée par l'architecte Alan Irvine en 1970.

Lackarbeiten, Jacques Doucet und Mme Mathieu Lévy
Lacquer works, Jacques Doucet and Mme Mathieu Lévy
Les laques, Jacques Doucet et Mme Mathieu Lévy

Eileen Grays frühe Experimente mit Lack bestanden vor allem in Lackpaneelen mit symbolistischen und stilisierten, figurativen Themen. Später nahm sie dann größere Formate – die Lackwandschirme – in Angriff. Der 1914 entstandene, von Doucet erworbene Wandschirm »Le Destin« ist das wichtigste figurative Beispiel, das erhalten geblieben ist. Ihre Muster wurden immer abstrakter. Dies beweisen ihre bemerkenswerten »Block«-Wandschirme, ihre Zelluloidwandschirme und die Experimente der perforierten Metallwandschirme für »E-1027«. Für ihre Experimente verwandte sie statt Lack industriell hergestellte Materialien.

Jacques Doucet war ihr erster wichtiger Mäzen. Ihre erste vollständige Einrichtung entwarf sie für die Wohnung von Mme Mathieu Lévy in der Rue de Lota. Dieser Auftrag inspirierte sie zu einer Wandverkleidung aus Lackpaneelen und »Block«-Wandschirmen.

Eileen Gray's earliest experiments in lacquer included panels on symbolist and decorative figurative themes. From these she progressed to the larger scale of lacquer screens. The most important surviving figurative example is »Le Destin« of 1914, acquired by Doucet. She subsequently developed more abstract motifs and sculptural forms, notably her remarkable »block« screens and later, abandoning lacquer in favour of available industrial materials, such experiments as her perforated metal screens for »E-1027« and her celluloid screen.

Jacques Doucet was her first important patron. Her first project which involved creating a complete interior was the refurbishing of the Rue de Lota apartment for Mme Mathieu Lévy. This commission provided the stimulus for the creation of the lacquer »block« panelling and screens.

Les premières expériences d'Eileen Gray avec la laque comprenaient des panneaux aux thèmes figuratifs symbolistes et décoratifs. De là, elle progressa vers un éventail plus large de paravents en laques. Le modèle figuratif le plus important, qui existe encore, est «Le Destin» de 1914, acheté par Jacques Doucet. Par la suite, elle développa des motifs plus abstraits et des formes plus sculpturales, notamment ses paravents en «blocs». Abandonnant la laque pour les matériaux industriels à sa disposition, elle se consacra plus tard à d'autres expériences comme ses paravents en métal perforé pour «E-1027» et son paravent en celluloïd.

Jacques Doucet fut son premier mécène important. La décoration de l'appartement de la rue de Lota pour Mme Mathieu Lévy fut son premier projet comprenant la création d'un intérieur complet. C'est cette commande qui l'encouragea à créer ses panneaux et paravents de laque en «blocs».

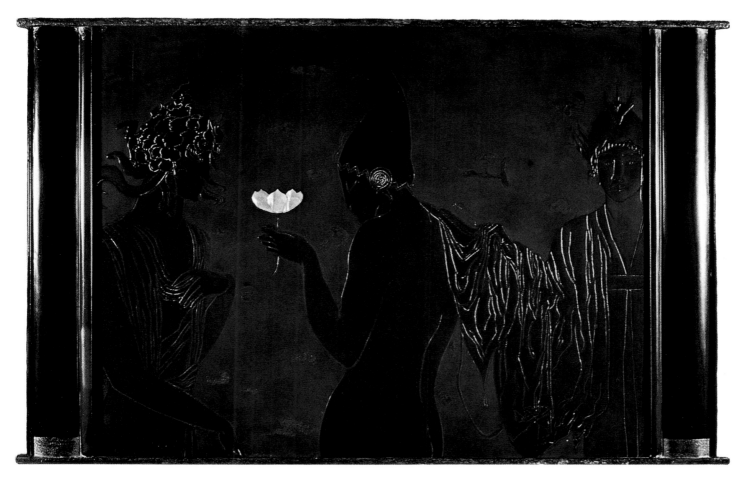

1 »Le Magicien de la Nuit«, Lackpaneel,
  1912

1 »Le Magicien de la Nuit«, Lacquer panel,
  1912

1 «Le Magicien de la Nuit», Panneau en
  laque, 1912

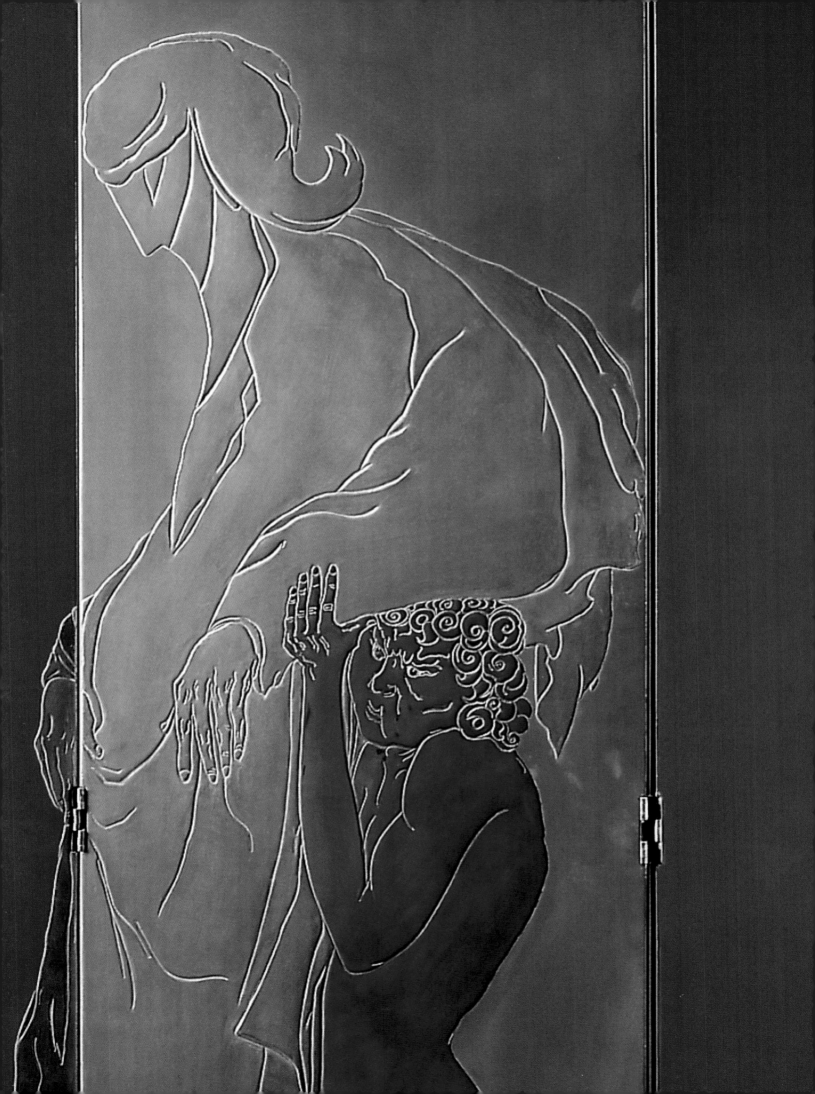

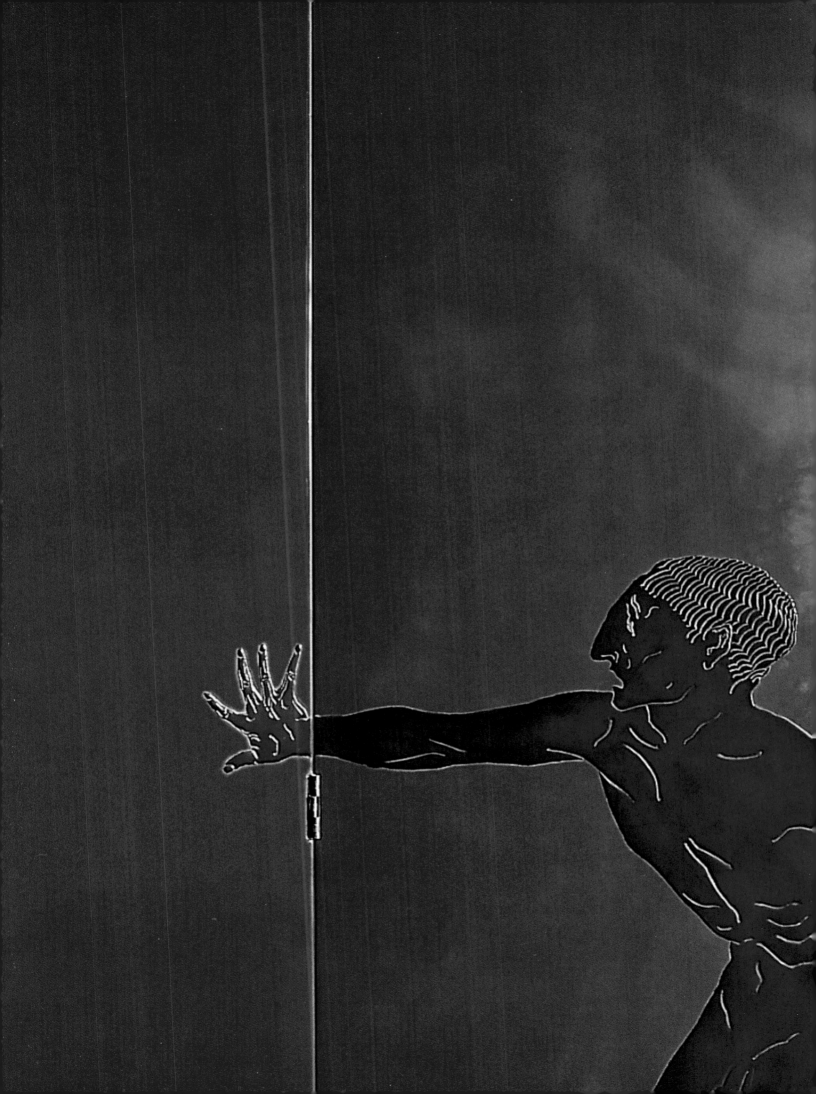

◁ »Le Destin«. Detail, 1914
»Le Destin«. Detail, 1914
«Le Destin». Détail, 1914

2 »Le Destin«, Lackwandschirm, 1914
2 »Le Destin«, Lacquer screen, 1914
2 «Le Destin», Paravent en laque, 1914

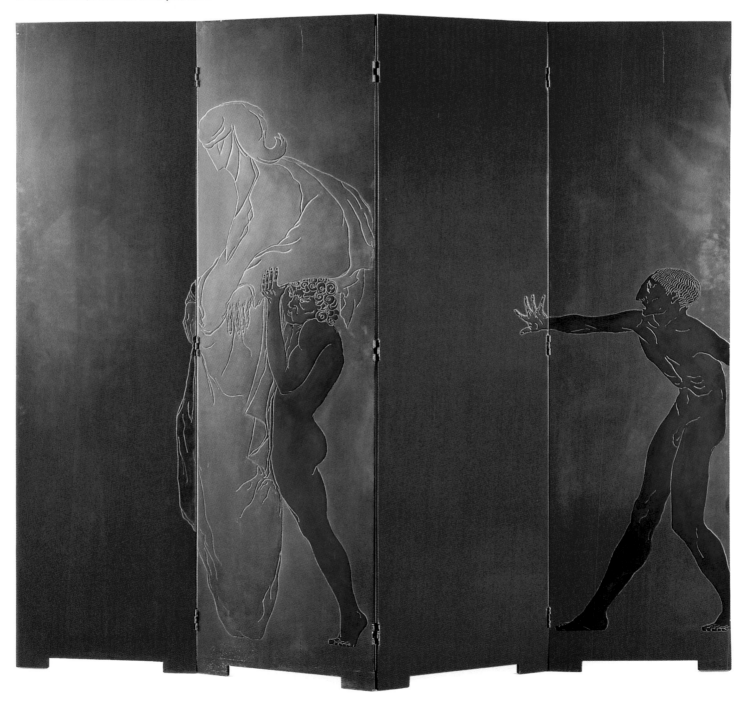

p. 44:

3 »Block«-Wandschirm, um 1925

3 »Block« screen, circa 1925

3 Paravent en «blocs», vers 1925

p. 45:

4 »Block«-Wandschirm, um 1925

4 »Block« screen, circa 1925

4 Paravent en «blocs», vers 1925

»Le Destin«. Rückseite, 1914

»Le Destin«. Reverse, 1914

«Le Destin». Dos, 1914

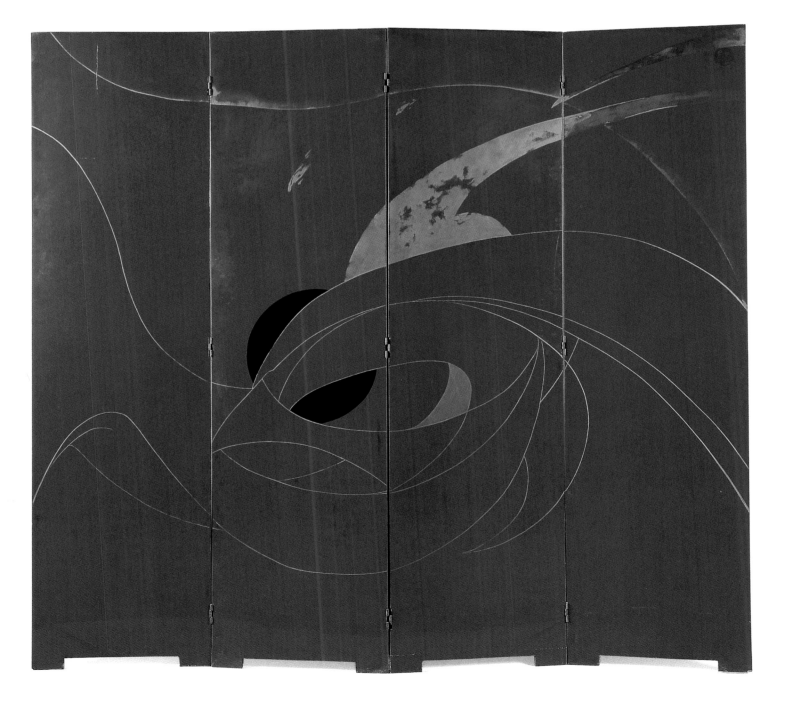

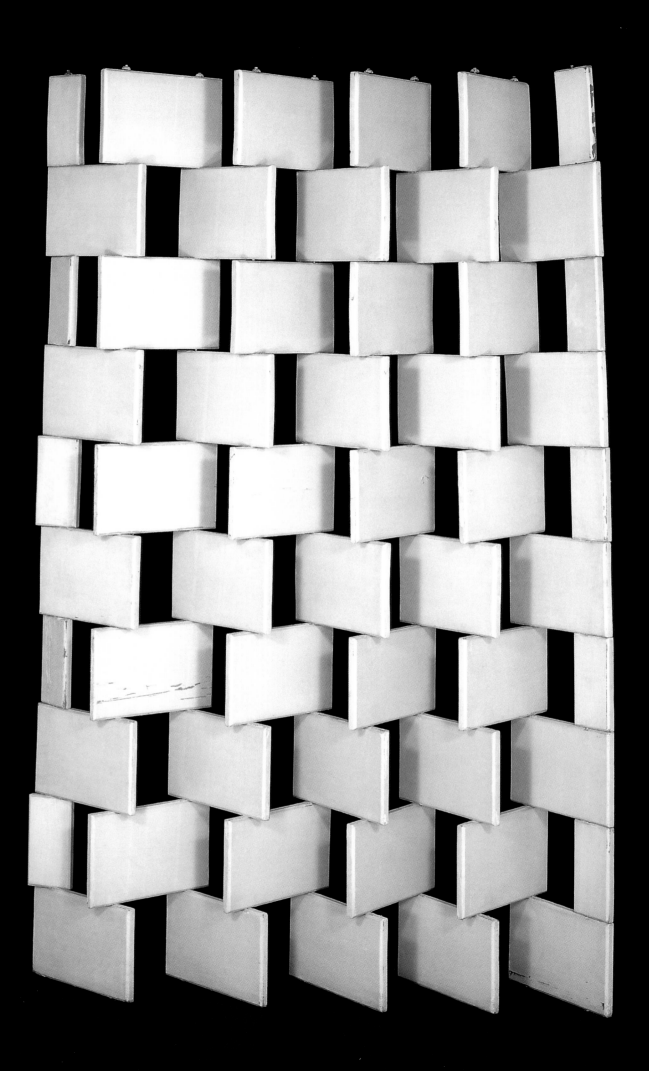

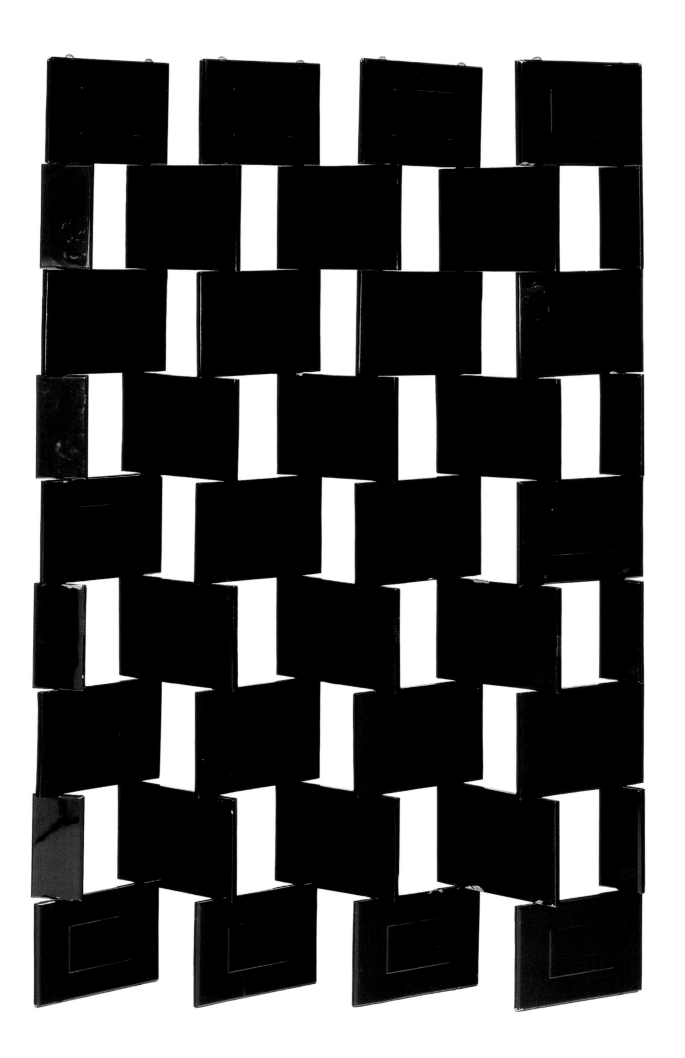

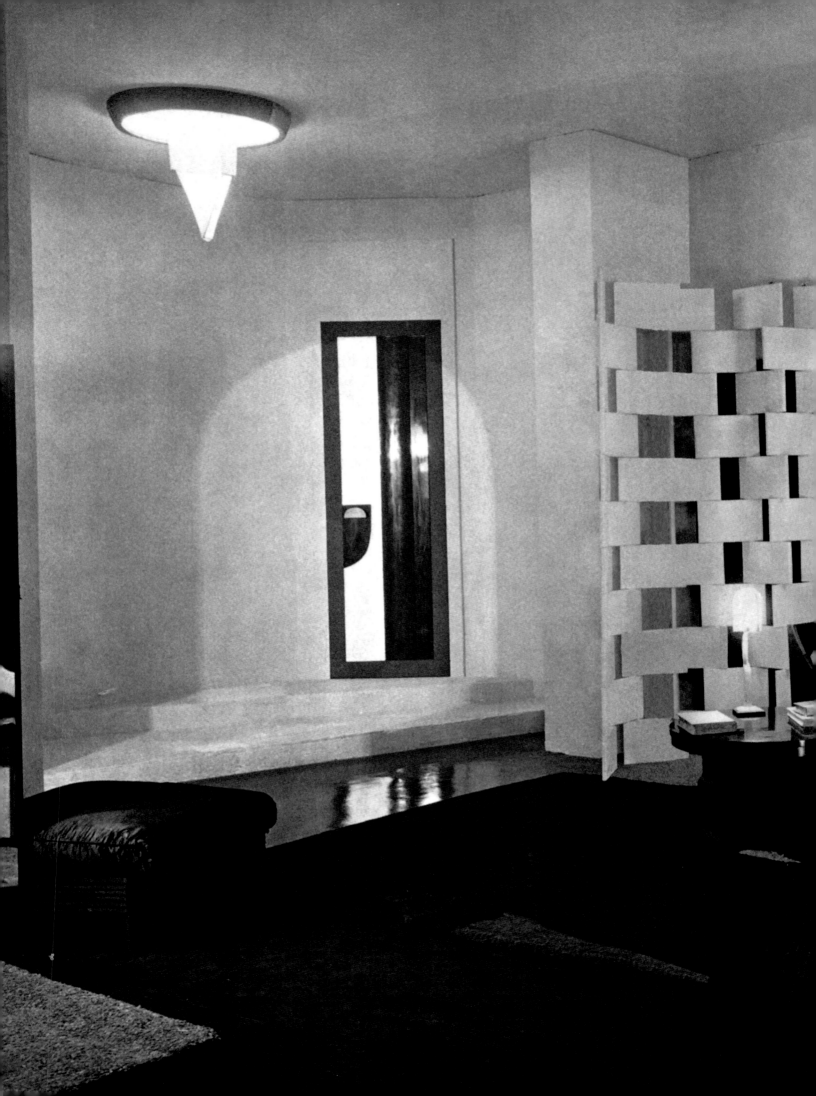

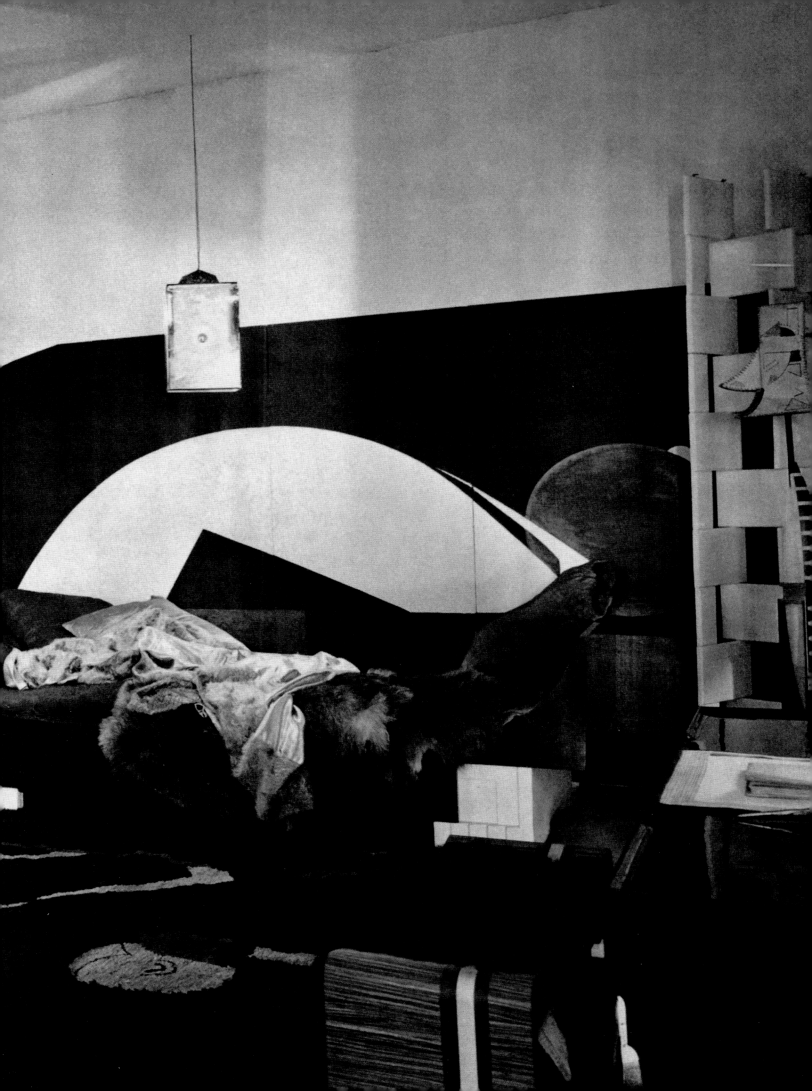

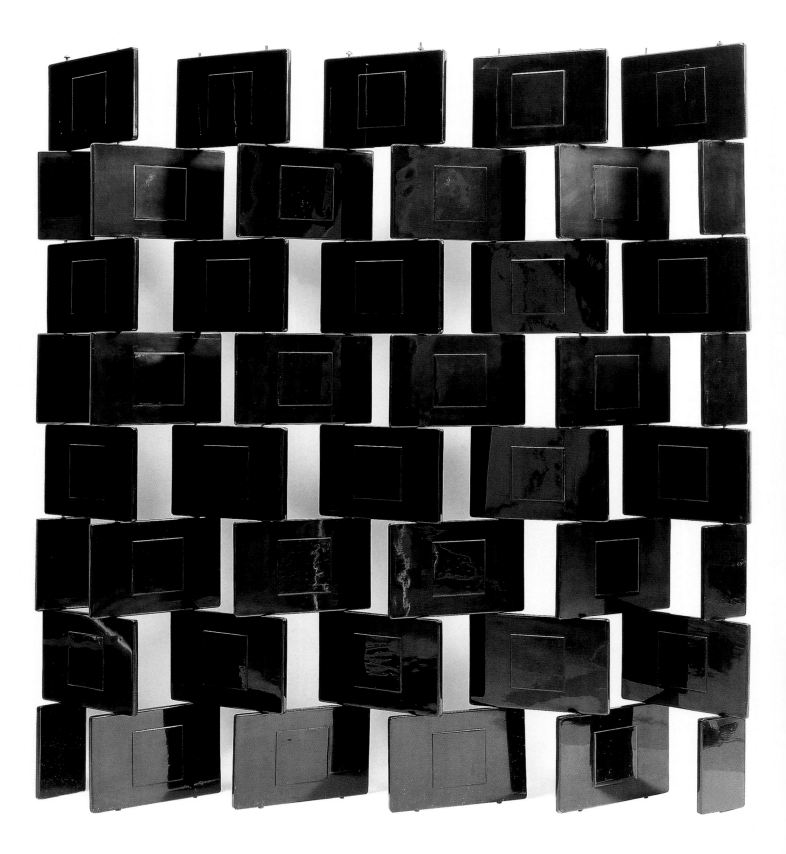

p. 46/47:

Schlafzimmer-Boudoir Monte-Carlo für den
Salon des Artistes Décorateurs 1923.

Bedroom-boudoir for Monte Carlo, presented at
the 1923 Salon des Artistes Décorateurs.

Chambre-boudoir pour Monte-Carlo, présenté
en 1923 au Salon des Artistes Décorateurs.

5 »Block«-Wandschirm, um 1925
5 »Block« screen, circa 1925
5 Paravent en «blocs», vers 1925

6 Lackwandschirm, um 1922–25
6 Lacquer screen, circa 1922–25
6 Paravent en laque, vers 1922–25

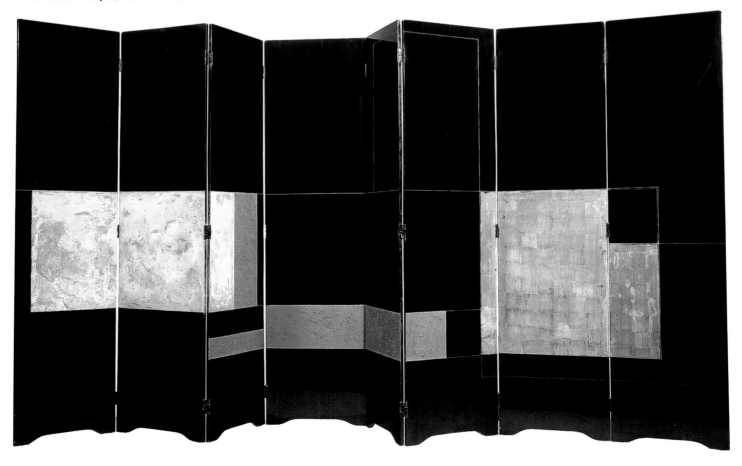

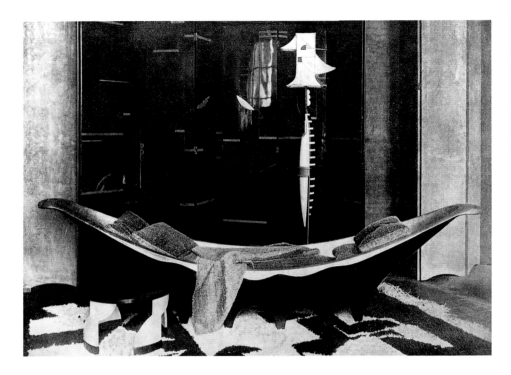

Bei Jean Désert ausgestellte Möbelstücke, u. a. ein »Pirogue«-Sofa, Lackwandschirme und Stehlampe.

Furniture on display in Jean Désert, including a »Pirogue« daybed, lacquer screens and floor lamp.

Meubles exposés à Jean Désert, comprenant un divan «Pirogue», des paravents en laque et un lampadaire.

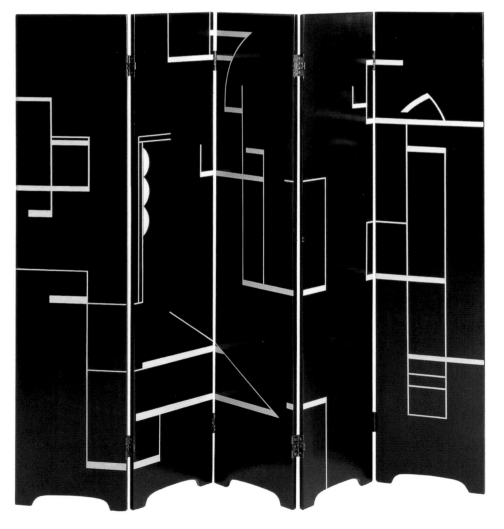

7 Lackwandschirm, um 1922–25
7 Lacquer screen, circa 1922–25
7 Paravent en laque, vers 1922–25

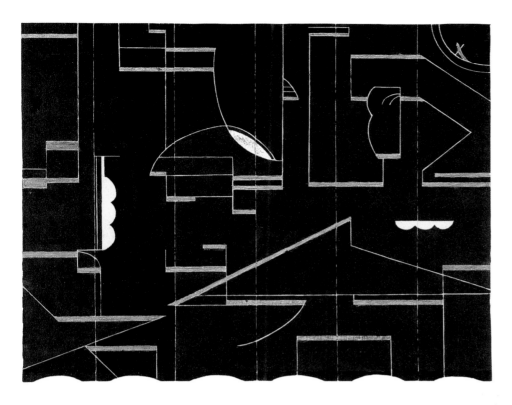

Entwurf für einen Lackwandschirm, Anfang der zwanziger Jahre.
Gouache auf Papier.
The Victoria and Albert Museum, London.

Design for lacquer screen, early 1920s.
Gouache on paper.
The Victoria and Albert Museum, London.

Etude pour un paravent en laque, début des années vingt.
Gouache sur papier.
The Victoria and Albert Museum, Londres.

8 Lackwandschirm, um 1922–25
8 Lacquer screen, circa 1922–25
8 Paravent en laque, vers 1922–25

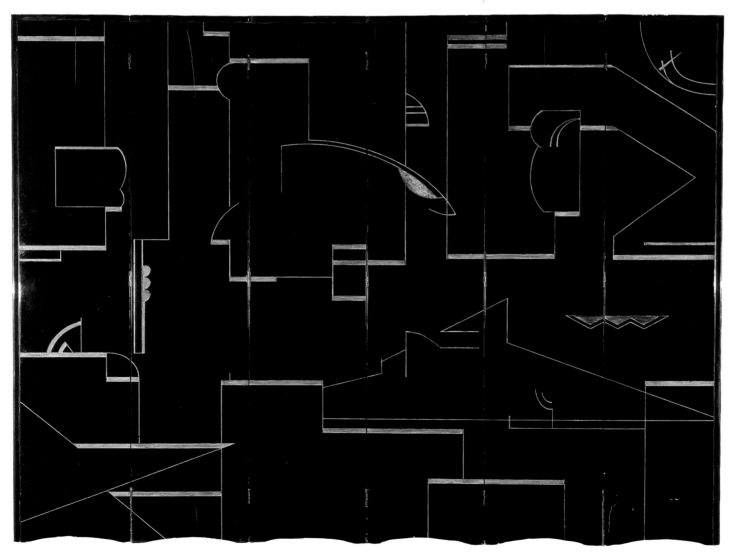

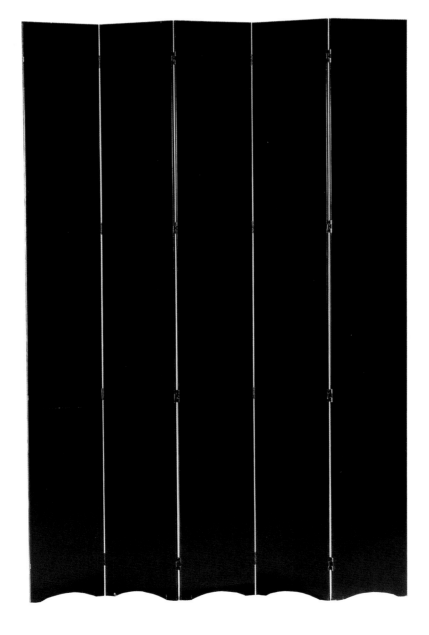

9 Lackwandschirm, um 1922–25
9 Lacquer screen, circa 1922–25
9 Paravent en laque, vers 1922–25

10 Metallwandschirm, um 1926–29
10 Metal screen, circa 1926–29
10 Paravent en métal, vers 1926–29

11 Zelluloid-Wandschirm, 1931
11 Celluloid screen, 1931
11 Paravent en celluloïd, 1931

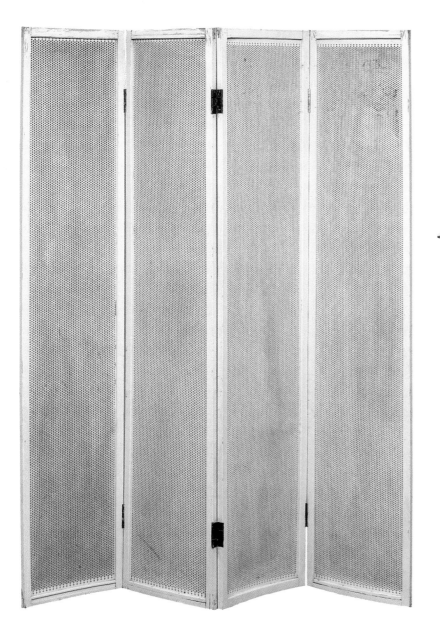
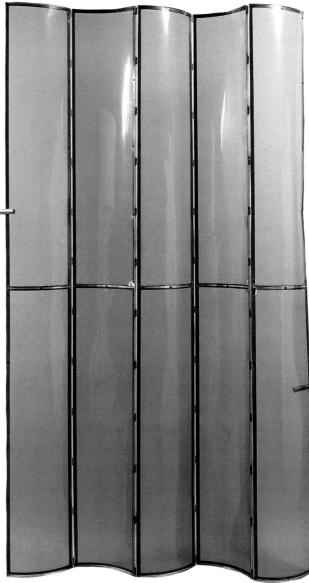

Lackpaneel, abgebildet in der englischen Ausgabe der *Vogue*, August 1917.

Lacquer panel, illustrated in *Vogue*, British edition, August 1917.

Panneau en laque, reproduit dans *Vogue* anglais, août 1917.

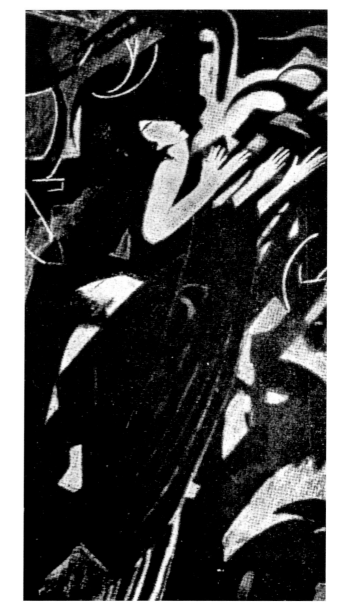

»Die Milchstraße«, Lackwandschirm, 1912, abgebildet in der englischen Ausgabe der *Vogue*, August 1917. Es handelt sich hier um den frühesten Lackwandschirm, von dem noch eine Abbildung existiert.

»The Milky Way«, Lacquer screen, 1912, illustrated in *Vogue*, British edition, August 1917. This is the earliest lacquer screen of which a visual record survives.

«La Voie lactée», Paravent en laque, 1912, reproduit dans *Vogue* anglais, août 1917. Ce paravent est le premier dont il existe une documentation.

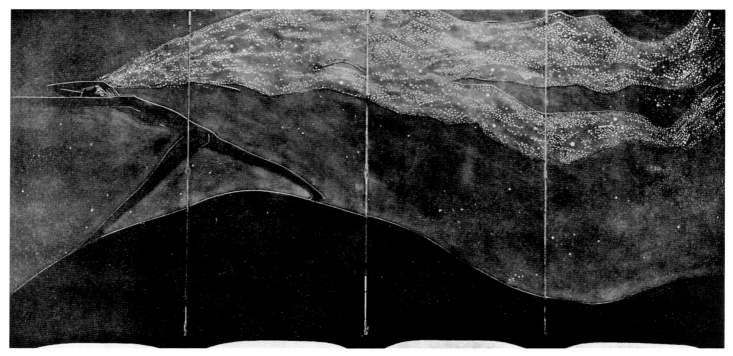

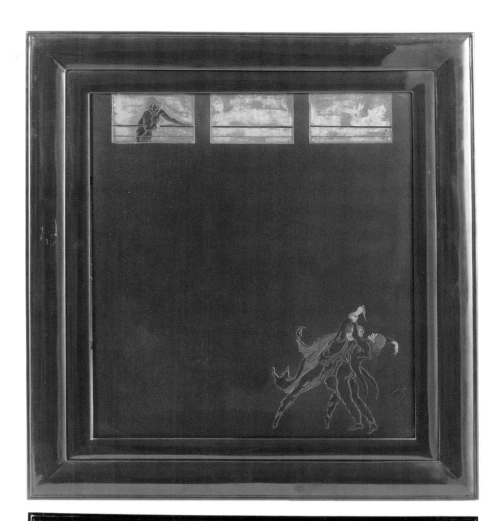

12 Lackpaneel, um 1913–15
12 Lacquer panel, circa 1913–15
12 Panneau en laque, vers 1913–15

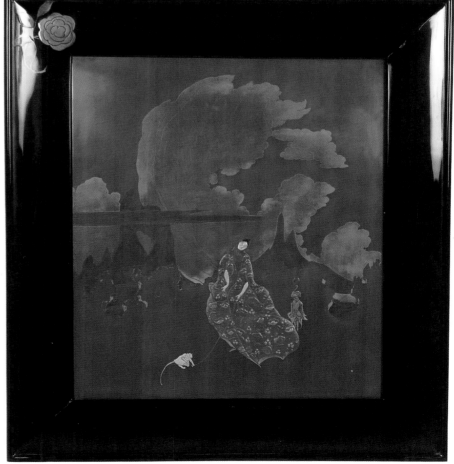

13 Lackpaneel, um 1913–15
13 Lacquer panel, circa 1913–15
13 Panneau en laque, vers 1913–15

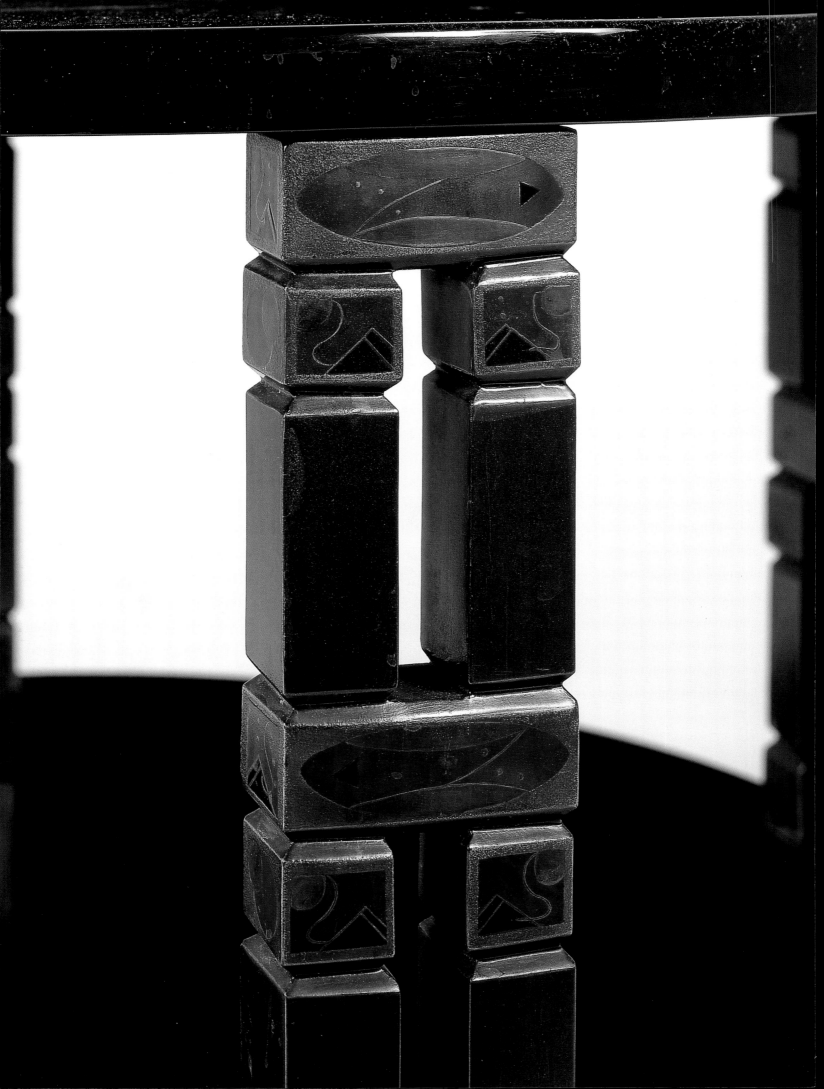

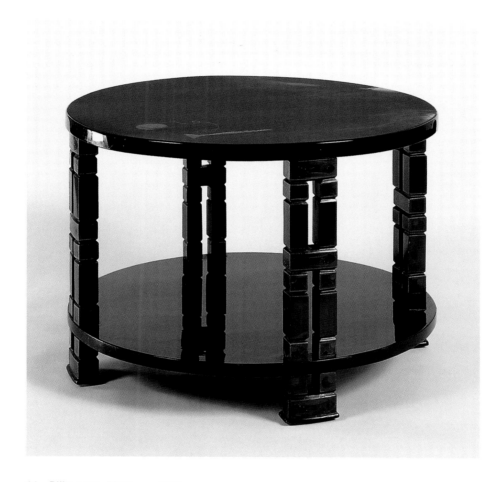

14 »Bilboquet«-Tisch, um 1915

14 »Bilboquet« table, circa 1915

14 Table «Bilboquet», vers 1915

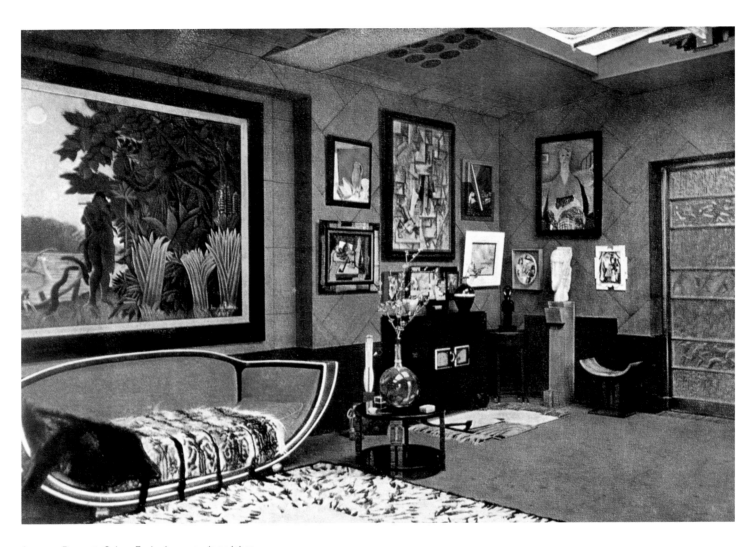

Jacques Doucets Salon, Ende der zwanziger Jahre.
Abgebildet in *L'Illustration*, Mai 1930.
Zu sehen ist der »Bilboquet«-Tisch.

Jacques Doucet's salon, late 1920s. Published
in *L'Illustration*, May 1930. Showing the
»Bilboquet« table.

Salon de Jacques Doucet, fin des années vingt.
Publié dans *l'Illustration*, mai 1930. Montre la
table «Bilboquet».

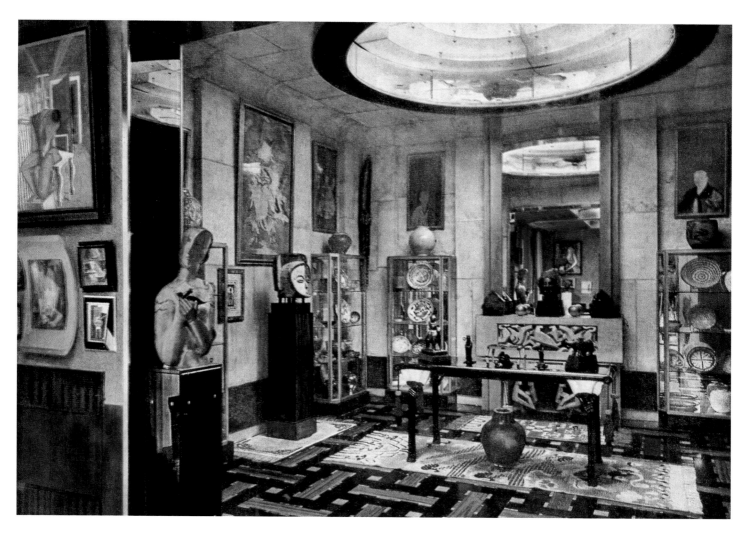

Jacques Doucets orientalisches Kabinett, Ende der zwanziger Jahre.
Abgebildet in *L'Illustration*, Mai 1930. Zu sehen
ist der »Lotus«-Tisch.

Jacques Doucet's »Cabinet d'Orient«, late
1920s. Published in *L'Illustration*, May 1930.
Showing the »Lotus« table.

Le «Cabinet d'Orient» de Jacques Doucet, fin
des années vingt. Publié dans *l'Illustration*, mai
1930. Montre la table «Lotus».

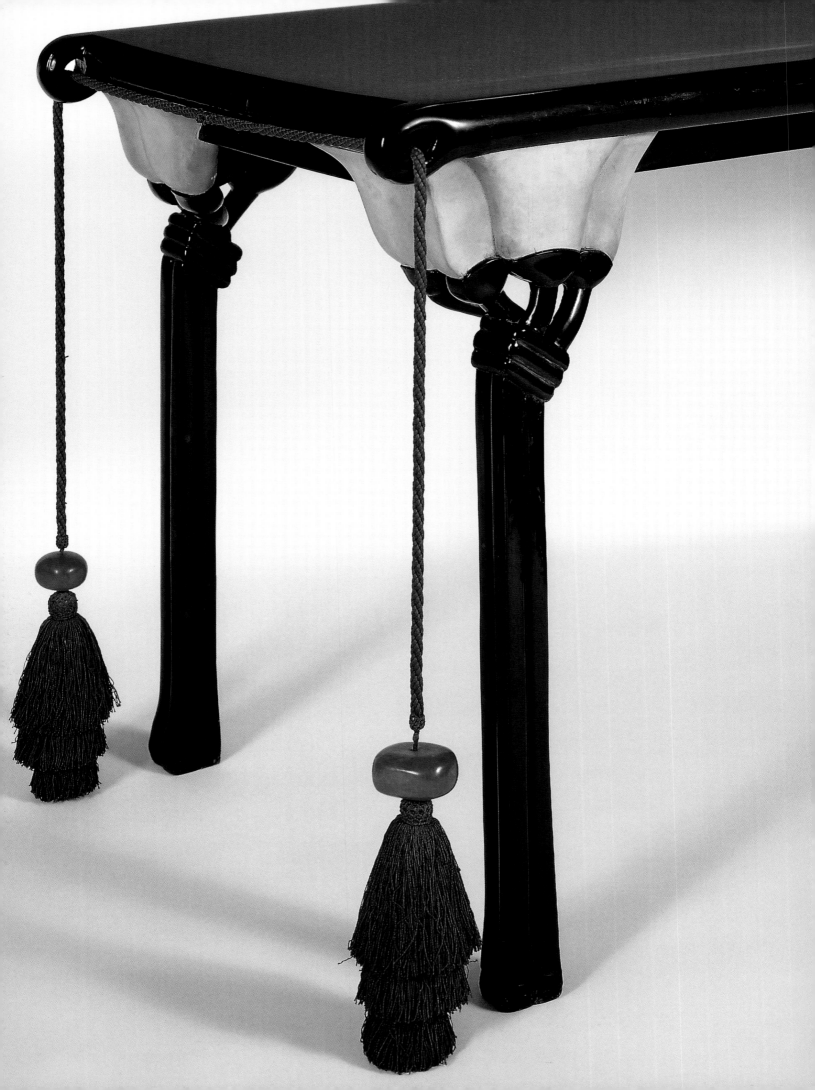

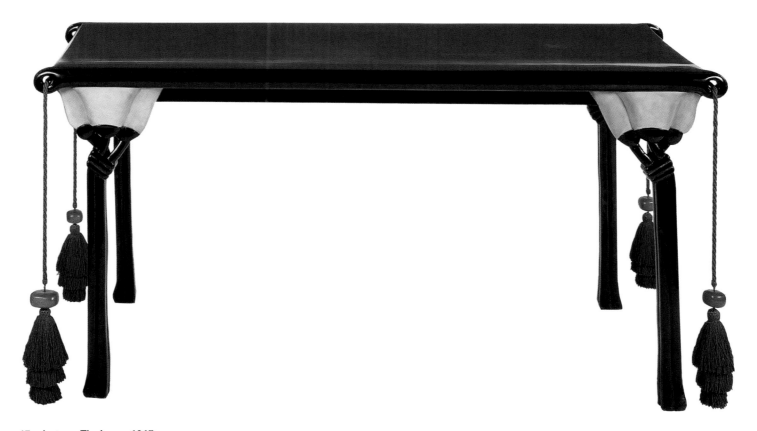

15 »Lotus«-Tisch, um 1915
15 »Lotus« table, circa 1915
15 Table «Lotus», vers 1915

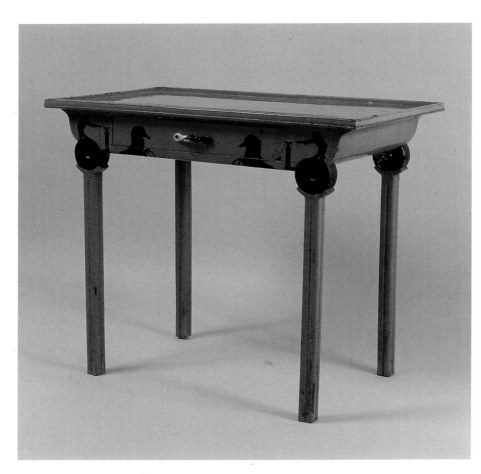

16 Kleiner Tisch, um 1915
16 Small table, circa 1915
16 Petite table, vers 1915

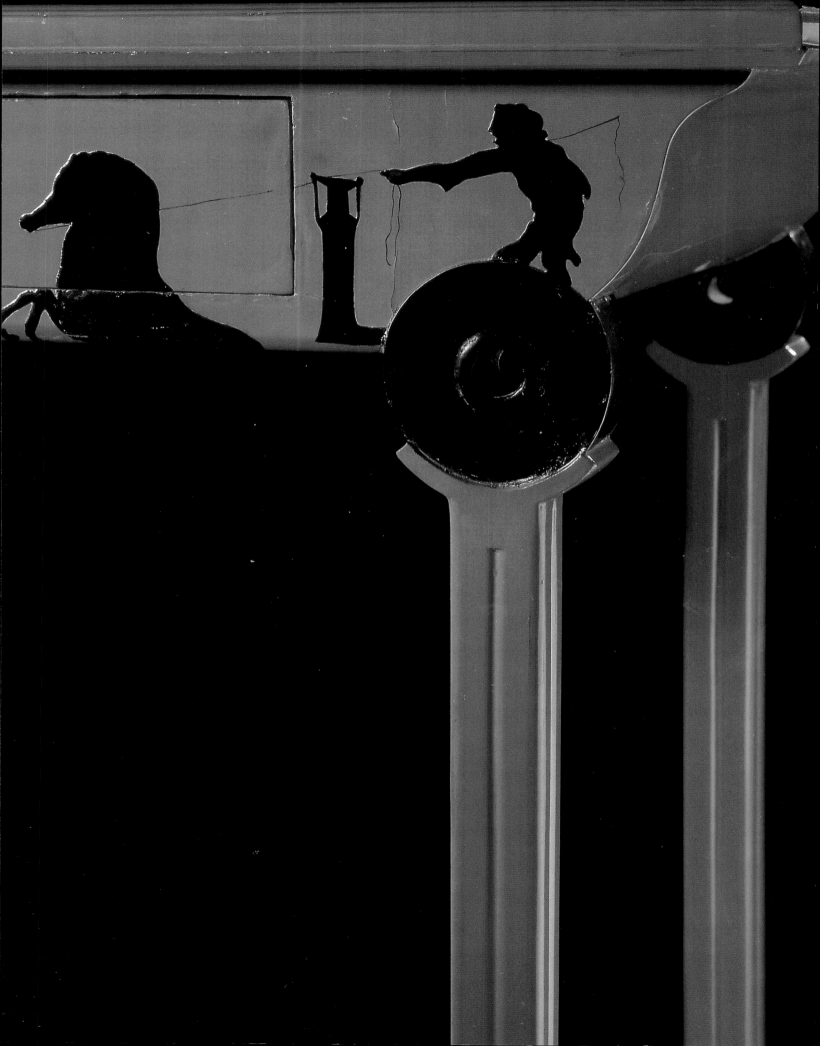

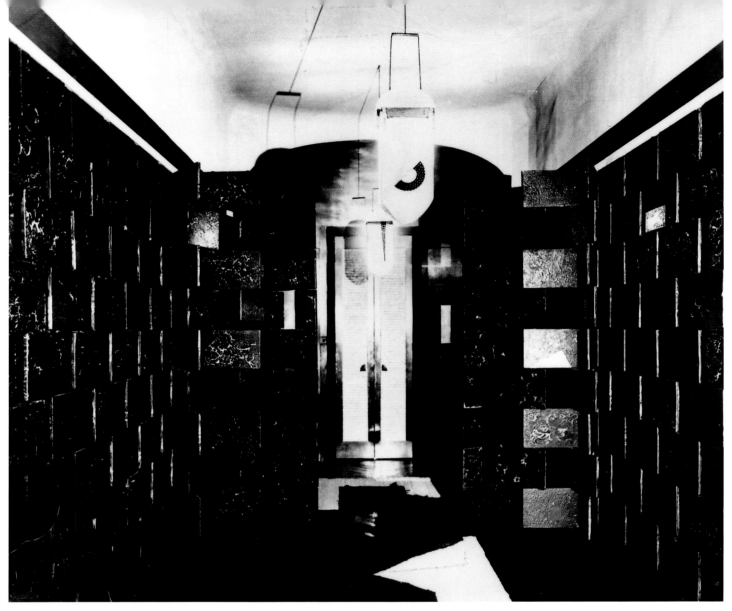

A

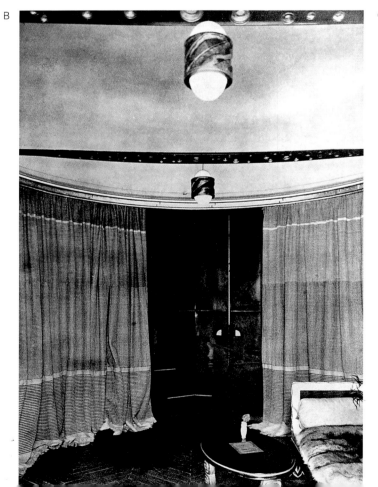

B

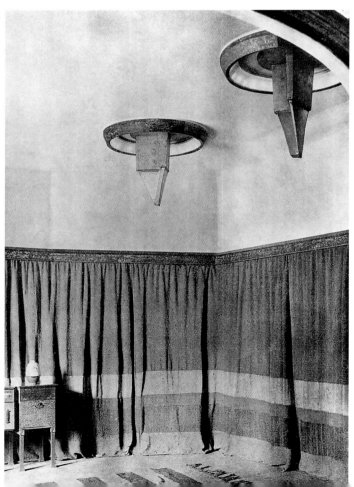

C

»RUE DE LOTA«

A

Die Eingangshalle in der Rue de Lota, die Gray auf geniale, völlig neue Art gestaltet hatte: Sie verwendete schmale Lackpaneele als Wandverkleidung, ein System von Quadern, das sich in freistehenden, beweglichen Wandschirmen wiederholte, um den Raum zu untergliedern.

The hall of the Rue de Lota apartment, showing Gray's ingenious innovation, the idea of using small lacquer blocks to line the walls and extending these into freestanding articulated screens to break the space.

L'entrée de l'appartement de la rue de Lota est une innovation ingénieuse de Gray qui a eu l'idée d'employer des petits blocs de laque pour revêtir les murs et de prolonger ceux-ci par des paravents articulés afin de couper l'espace.

B

Das Boudoir mit Bettcouch in Lack.

The boudoir, showing the lacquer daybed.

Le boudoir, comprenant le divan en laque.

C

Das Speisezimmer mit Kabinettschrank in Lack.

The dining room, showing the lacquer cabinet.

La salle à manger, comprenant le meuble en laque.

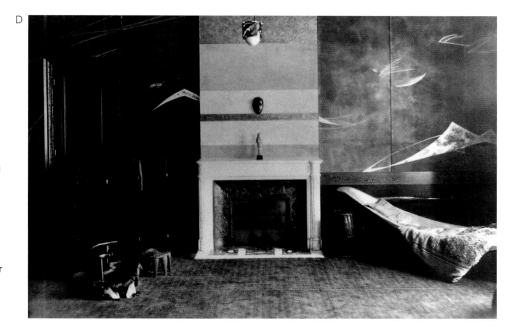

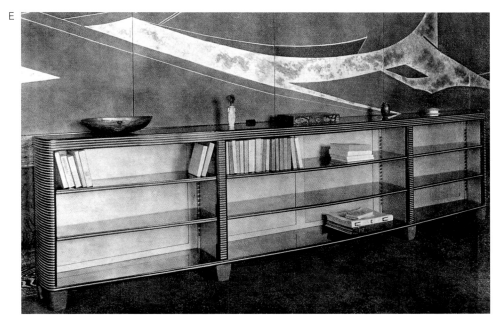

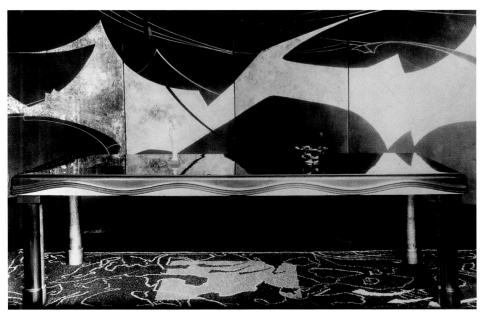

D

Der Salon.

The salon.

Le salon.

E

Bücherregal und Wandverkleidung aus Lackpaneelen.

Bookcase and lacquer wall panelling.

Bibliothèque et parois en laque.

F

Lacktisch, Wandschirm und Teppich.

Lacquer table, screen and rug.

Table en laque, paravent et tapis.

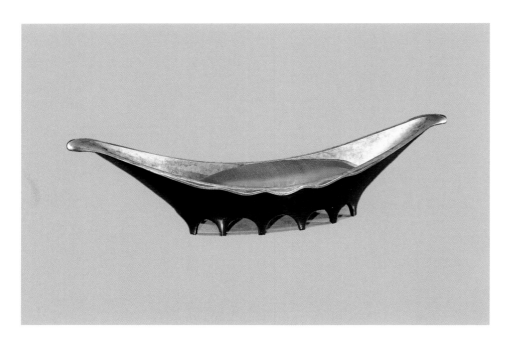

17 »Pirogue«-Sofa, um 1919/20
17 »Pirogue« daybed, circa 1919/20
17 Divan «Pirogue», vers 1919/20

18 »Pirogue«-Sofa, um 1920–24
18 »Pirogue« daybed, circa 1920–24
18 Divan «Pirogue», vers 1920–24

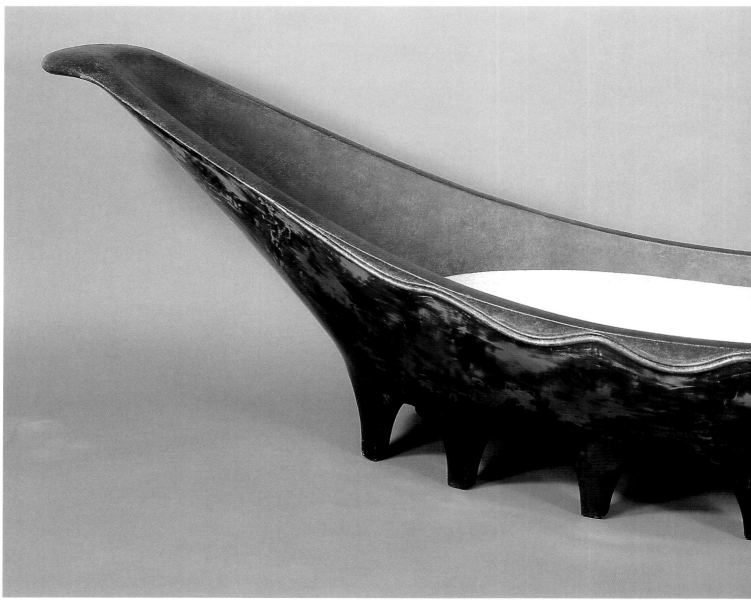

Die Wohnung in der Rue de Lota, 1933.
Neu gestaltet von Paul Ruaud unter Verwendung von Eileen Grays Möbelstücken, u. a.
des »Pirogue«-Sofas.

The Rue de Lota apartment, 1933. Redecorated
by Paul Ruaud incorporating Eileen Gray's
furniture including the »Pirogue« daybed.

L'appartement de la rue de Lota, 1933.
Redécoré par Paul Ruaud autour des meubles
d'Eileen Gray, dont le divan «Pirogue».

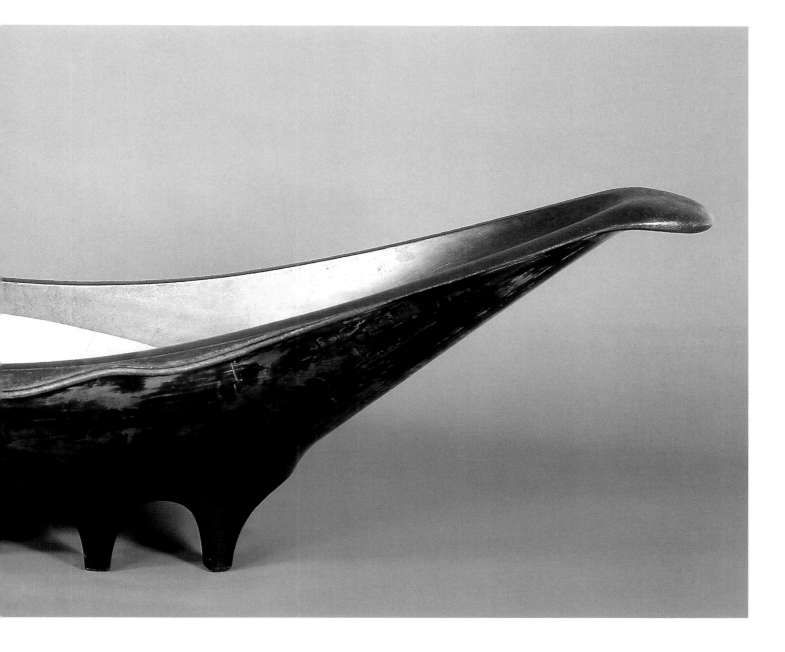

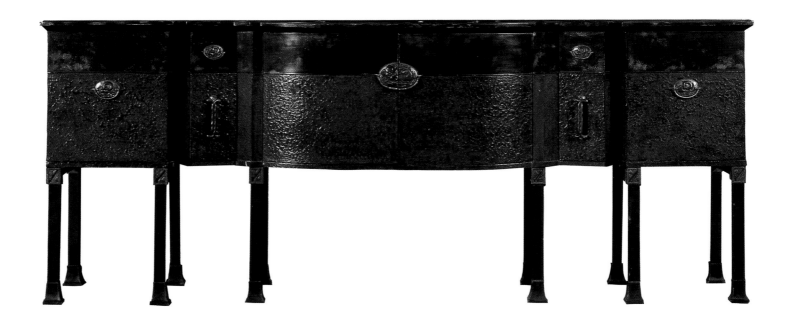

19 Kabinettschrank aus Lack, um 1920–22

19 Lacquer cabinet, circa 1920–22

19 Cabinet de laque, vers 1920–22

20 Liege, um 1920–22

20 Daybed, circa 1920–22

20 Divan, vers 1920–22

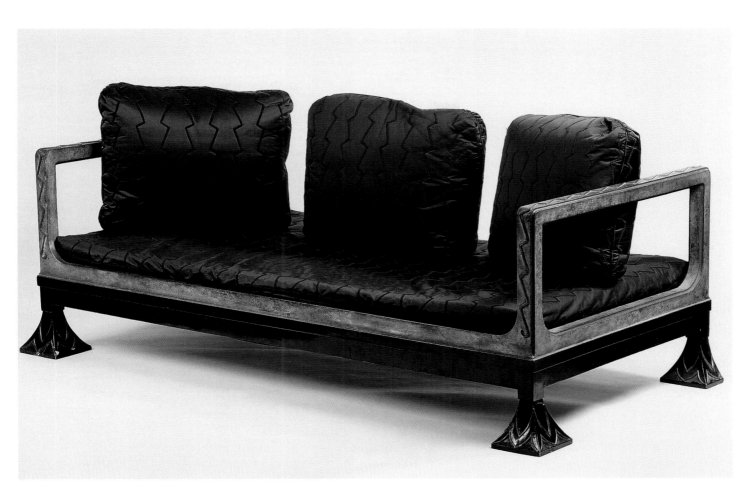

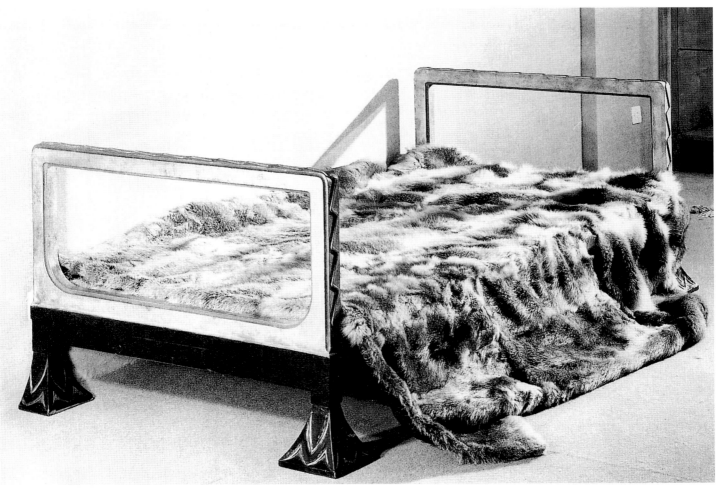

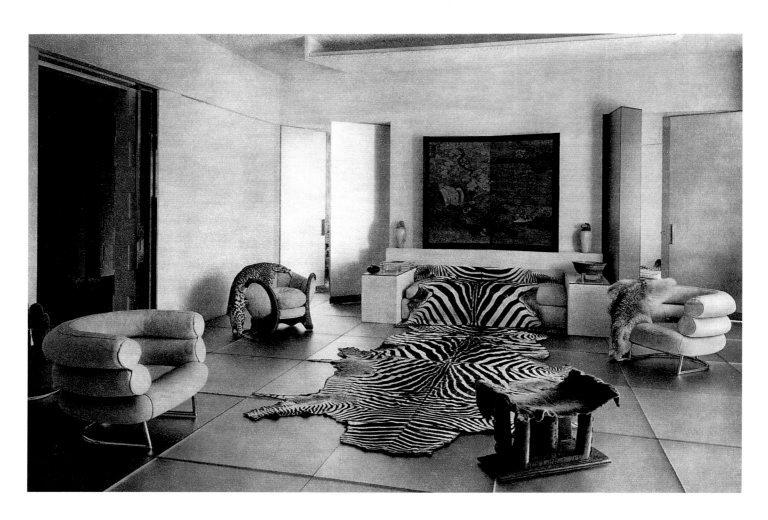

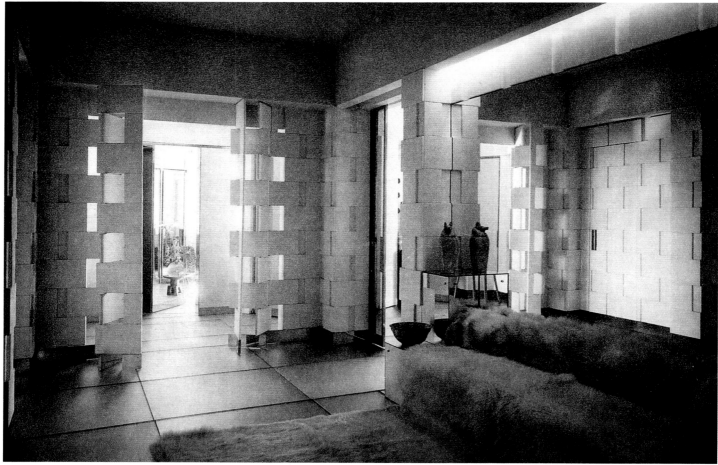

Die Wohnung in der Rue de Lota, 1933.
Neu gestaltet von Paul Ruaud unter Verwendung von Eileen Grays Möbelstücken, u. a.
des »Serpent«-Stuhls und des »Bibendum«-Sessels.

The Rue de Lota apartment, 1933. Redecorated
by Paul Ruaud incorporating Eileen Gray's furniture including the »Serpent« chair and the
»Bibendum« chair.

L'appartement de la rue de Lota, 1933.
Redécoré par Paul Ruaud autour des meubles
d'Eileen Gray, dont les fauteuils «Serpent» et
«Bibendum».

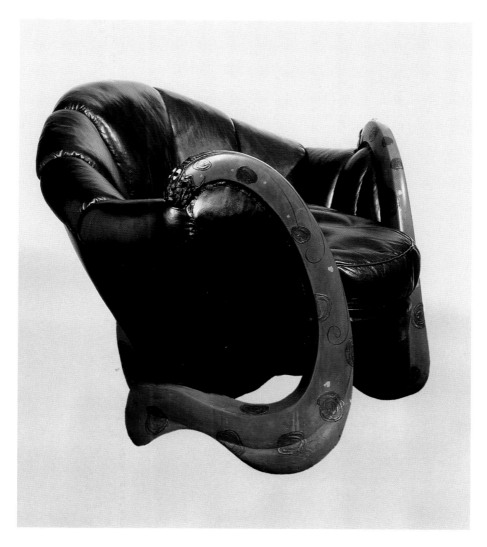

21 »Serpent«-Lehnstuhl, 1920–22

21 »Serpent« chair, circa 1920–22

21 Fauteuil-»serpent«, vers 1920–22

Die Wohnung in der Rue de Lota, 1933.
Neu gestaltet von Paul Ruaud unter Verwendung der Möbel von Eileen Gray.

The Rue de Lota apartment, 1933. Redecorated
by Paul Ruaud incorporating Eileen Gray's
furniture.

L'appartement de la rue de Lota, 1933.
Redécoré par Paul Ruaud autour des meubles
d'Eileen Gray.

Tische, Schränke, Stühle
Tables, cabinets, chairs
Tables, cabinets, chaises

Was immer sie in Angriff nahm, Gray experimentierte in jeder Sparte des Möbeldesigns mit neuen Formen und Konzepten. Das beweist die ständige Weiterentwicklung von Motiven und Materialien. Lackarbeiten mit kostbaren Details wie geschnitztem Elfenbein oder Perlmutteinlagen machen allmählich utilitaristischeren Materialien Platz. Verchromtes Stahlrohr, Metallblech, Kork, gestrichenes oder naturbelassenes Holz werden jedoch immer auf unnachahmliche Art und Weise von ihr eingesetzt. Sie verzichtet auf die symbolistischen und abstrakten Motive früherer Arbeiten; ihr Witz und ihre Intelligenz manifestieren sich in anderen Dingen, in verblüffenden Proportionen, die ebenso amüsant wie funktional sind.

In each category of her furniture designs, Gray's career was characterised by a constant sense of experiment and development. This is evident in the evolution in forms, motifs and materials. Lacquer and precious details, carved ivory or inlays of mother-of-pearl are gradually abandoned in favour of more utilitarian materials. Chromium-plated tubular steel, sheet metal, cork, bare or painted woods are always, nonetheless, used with inimitable flair. The symbolist or abstract motifs of her earlier work are discarded. Gray's wit and spirit manifest themselves in other ways, in unexpected proportions, always at once charming and functional.

Un sens de l'expérimentation et du développement caractérisa constamment la carrière de Gray, et ce pour chaque catégorie de ses meubles. Ceci se manifeste dans l'évolution des formes, des motifs et des matériaux. Elle abandonne progressivement la laque et les matériaux précieux, ivoire sculpté ou nacre incrustée, en faveur de matériaux plus utilitaires. Toutefois, les tubes d'acier chromé, les feuilles de métal, le bois naturel ou peint sont toujours utilisés avec un talent sans pareil. Elle délaisse les motifs symbolistes ou abstraits de son œuvre de jeunesse. Son humour et son esprit se manifestent différemment, proposant des proportions inattendues, toujours à la fois charmantes et fonctionelles.

Technische Zeichnung für einen Tisch, um 1925.
Bleistift auf Papier.
The Victoria and Albert Museum, London

Design for a table, circa 1925. Pencil on paper.
The Victoria and Albert Museum, London.

Etude pour une table, vers 1925. Crayon sur papier.
The Victoria and Albert Museum, Londres.

1 Beistelltisch, um 1920–22

1 Occasional table, circa 1920–22

1 Table, vers 1920–22

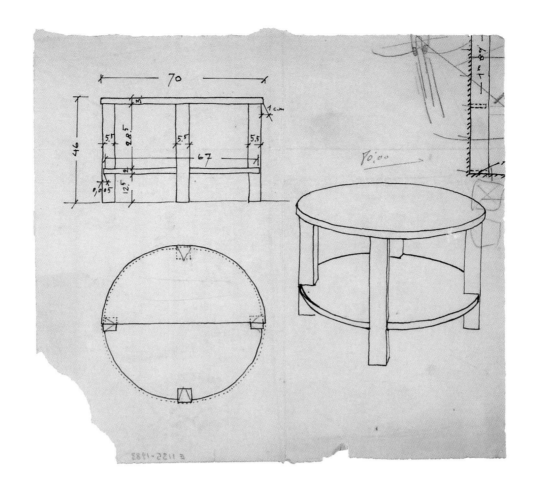

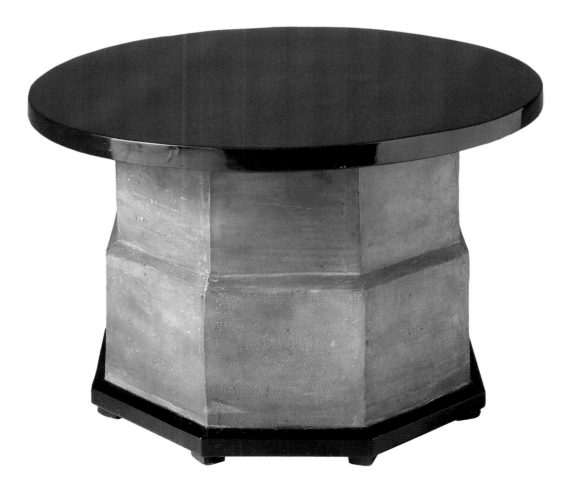

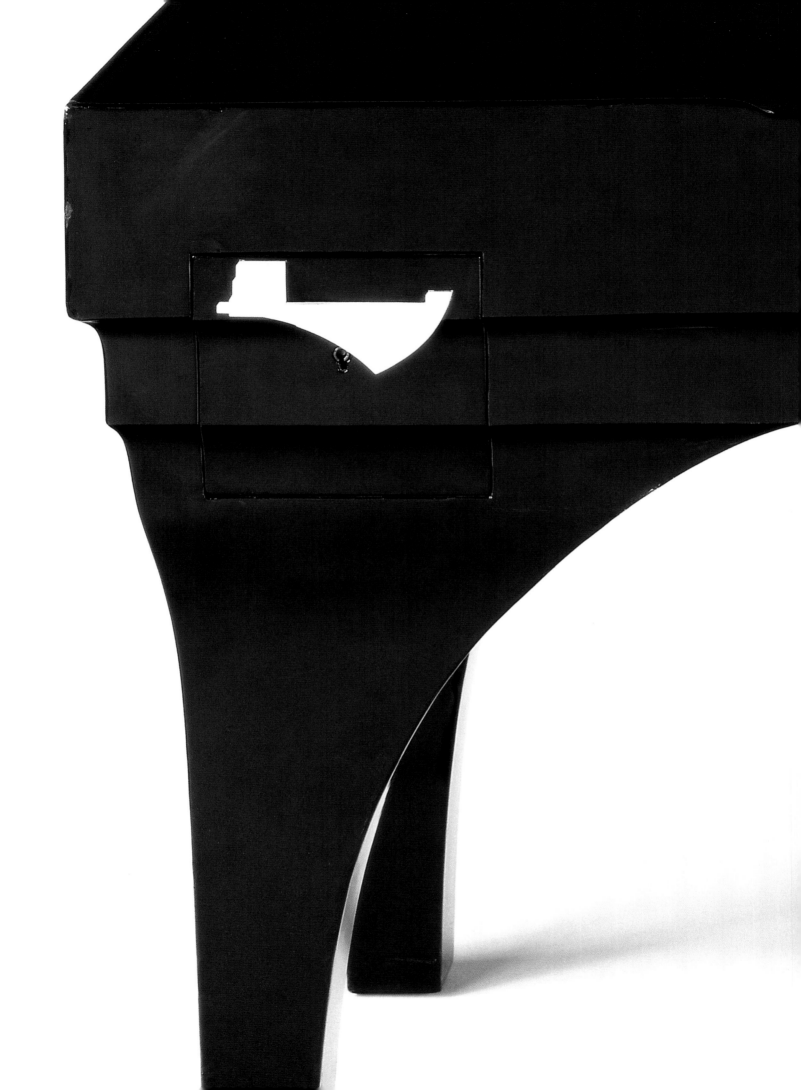

2 Schwarzer Lacktisch, um 1920–22

2 Black lacquer desk, circa 1920–22

2 Bureau laqué noir, vers 1920–22

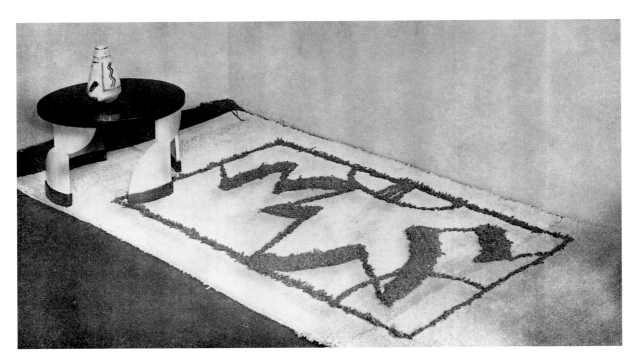

Lacktisch und Teppich mit abstraktem Muster.

Lacquer table and rug of abstract design.

Table en laque et tapis abstrait.

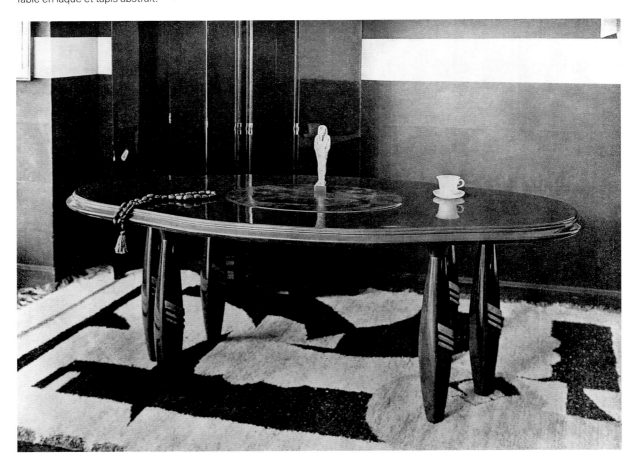

Lacktisch, Wandschirme und Teppich, ausgestellt bei Jean Désert.

Lacquer table, screens and rug on display in
Jean Désert.

Table en laque, paravent et tapis exposés chez
Jean Désert.

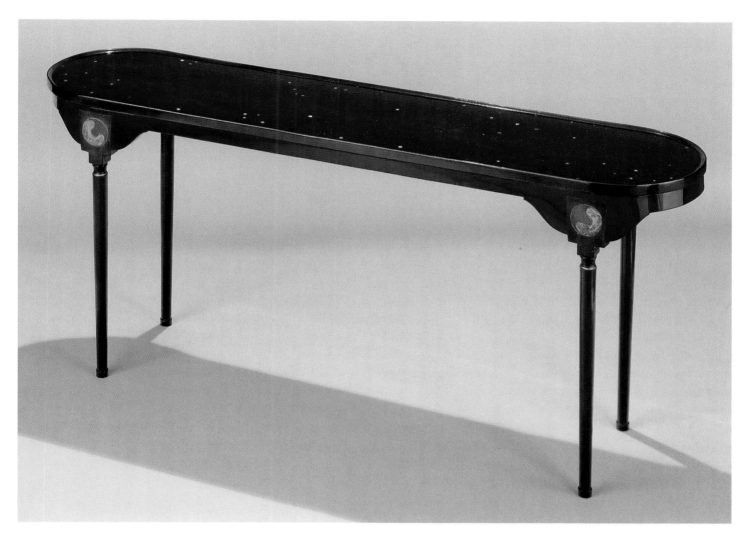

3 Lacktisch, um 1918–20

3 Lacquer table, circa 1918–20

3 Table en laque, vers 1918–20

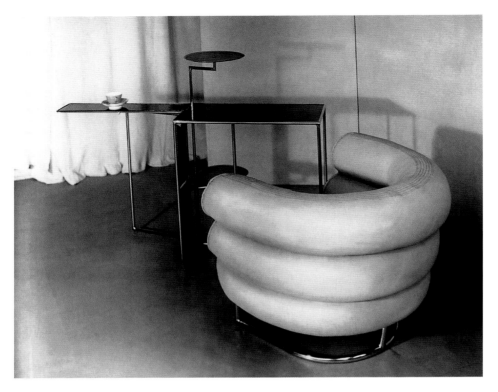

»Bibendum«-Stuhl und Teetisch mit ausklappbarer Abstellfläche und drehbaren Platten,
beide mit verchromtem Strahlrohrrahmen und
von Gray in ihrem Haus »E-1027« benutzt.

»Bibendum« armchair and tea table with
hinged flap and swivel trays, both constructed
on frames of chromium-plated tubular steel and
both used by Gray in »E-1027«.

Fauteuil «Bibendum» et table à thé avec abattant et plateau pivotant, tous les deux cons-
truits sur des piètements tubulaires en acier
chromé et utilisés par Gray dans sa maison
«E-1027».

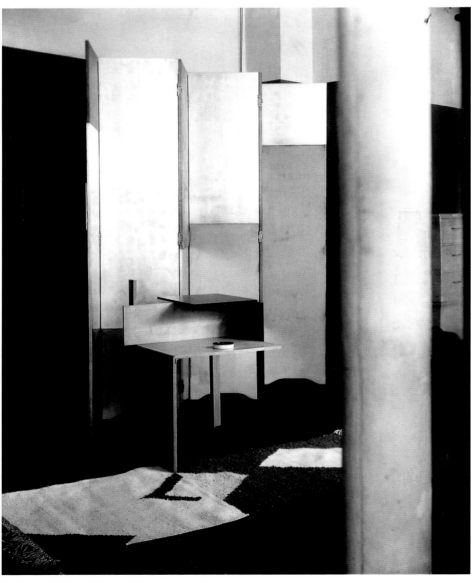

»De-Stijl«-Tisch, Lackwandschirm und Teppich.

»De Stijl« table, lacquer screèn and rug.

Table «De Stijl», paravent en laque et tapis.

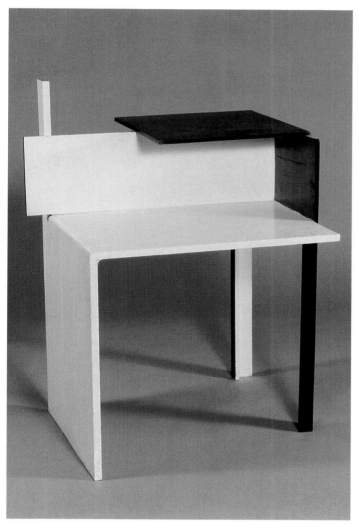

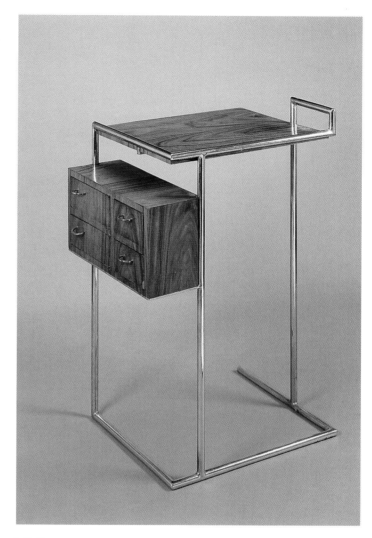

4 »De-Stijl« – Tisch, um 1923
4 »De Stijl«   Table, circa 1923
4 Table «De-Stijl» , vers 1923

5 Toilettentisch, um 1925–30
5 Dressing table, circa 1925–30
5 Table de toilette, vers 1925–30

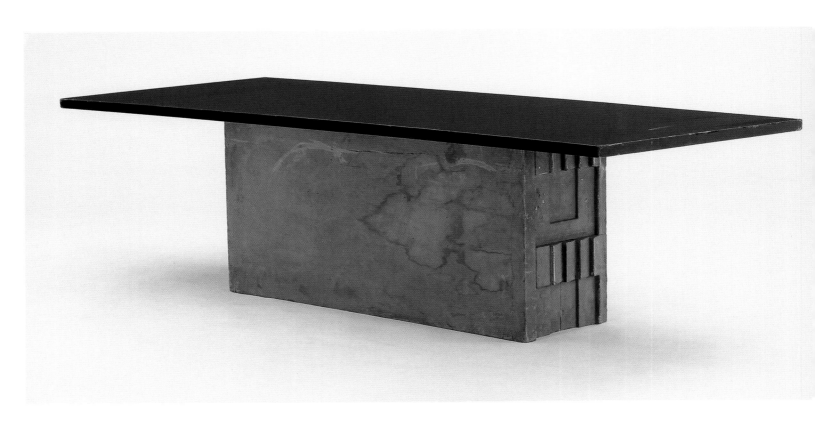

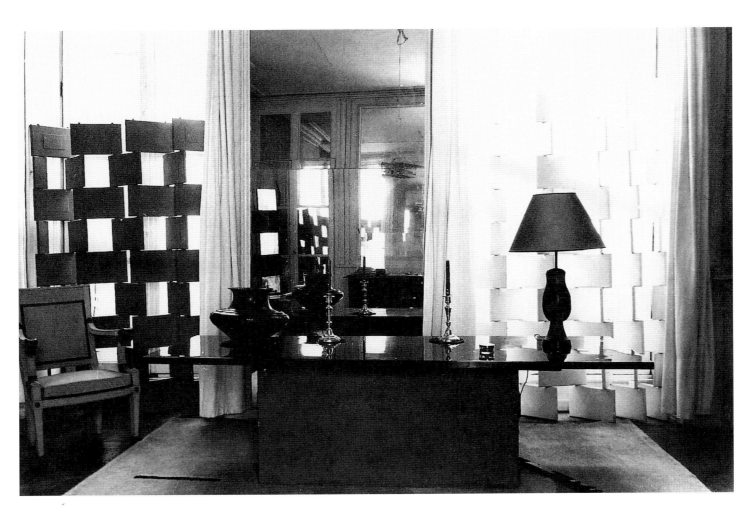

6 Großer Tisch, zwanziger Jahre

6 Large table, 1920s

6 Grande table, années vingt

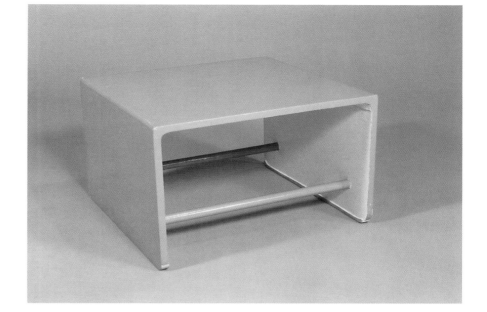

7 Niedriger Tisch, um 1930–35

7 Low table, circa 1930–35

7 Table basse, vers 1930–35

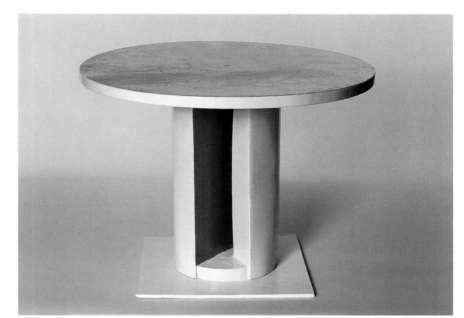

8 Beistelltisch, um 1930

8 Occasional table, circa 1930

8 Table, vers 1930

9 Toilettentisch, Anfang der zwanziger Jahre

9 Dressing table, early 1920s

9 Table de toilette, début des années vingt

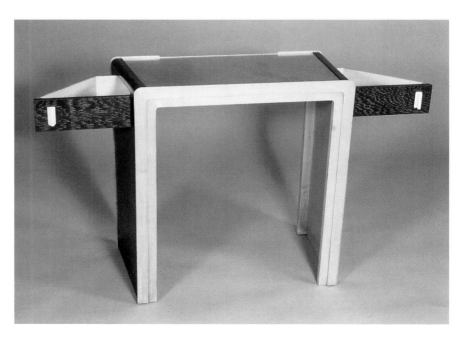

Wohnzimmer in der Rue Bonaparte, schwarz lackierte und weiß gestrichene Wandschirme und Tisch mit Lackplatte.

The salon in the Rue Bonaparte apartment, showing black lacquer and white-painted screens and lacquer-topped table.

Le salon de l'appartement de la rue Bonaparte, montrant des paravents en laque noire et peint en blanc ainsi que la table au plateau laqué.

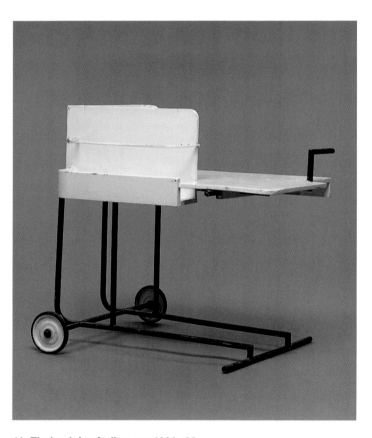 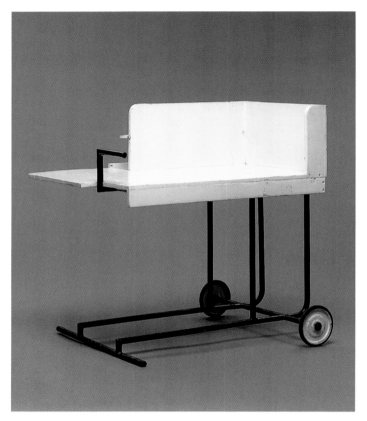

10 Tisch mit Laufrollen, um 1926–29
10 Trolley table, circa 1926–29
10 Table roulante, vers 1926–29

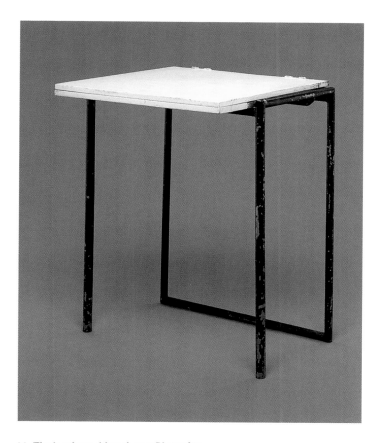

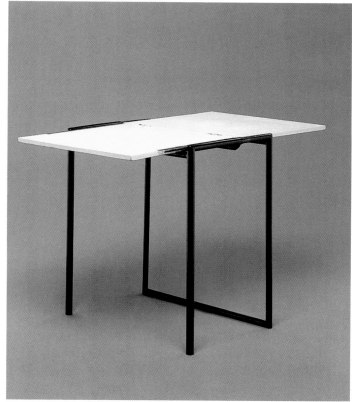

11 Tisch mit ausklappbarer Platte für
»E-1027«, um 1926–29

11 Flip-top table from »E-1027«, circa
1926–29

11 Table à plateau dépliant pour la maison
«E-1027», vers 1926/29.

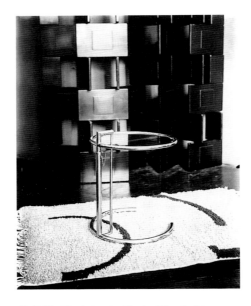 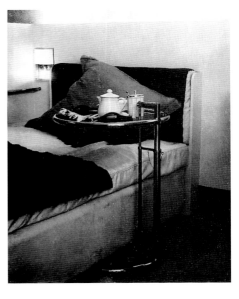

»E.1027«-Tisch, Lack-»Block«-Wandschirm und Teppich.

»E-1027« table, lacquer »block« screen and rug.

Table «E-1027», paravent laqué en «blocs» et tapis.

Tisch »E-1027«, ein Bettisch aus Stahlrohr, dessen Tischplatte in der Höhe verstellbar ist.

Table »E-1027«, a bedside table in tubular steel; the height of the table top is adjustable.

Table «E-1027»; a table de chevet en tubes d'acier avec plateau réglable en hauteur.

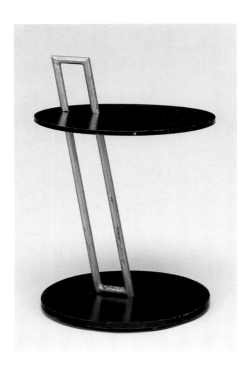 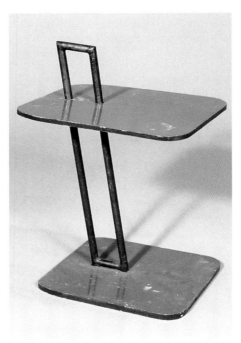 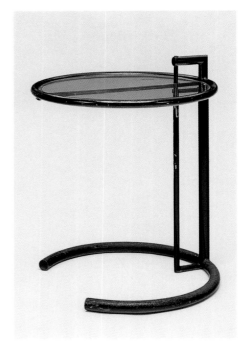

12 Transportabler Tisch, um 1925–30
12 Portable table, circa 1925–30
12 Table portable, vers 1925–30

13 Transportabler Tisch, um 1925–30
13 Portable table, circa 1925–30
13 Table portable, vers 1925–30

14 »E-1027«-Tisch, um 1926–29
14 »E-1027« table, circa 1926–29
14 Table «E-1027», vers 1926–29

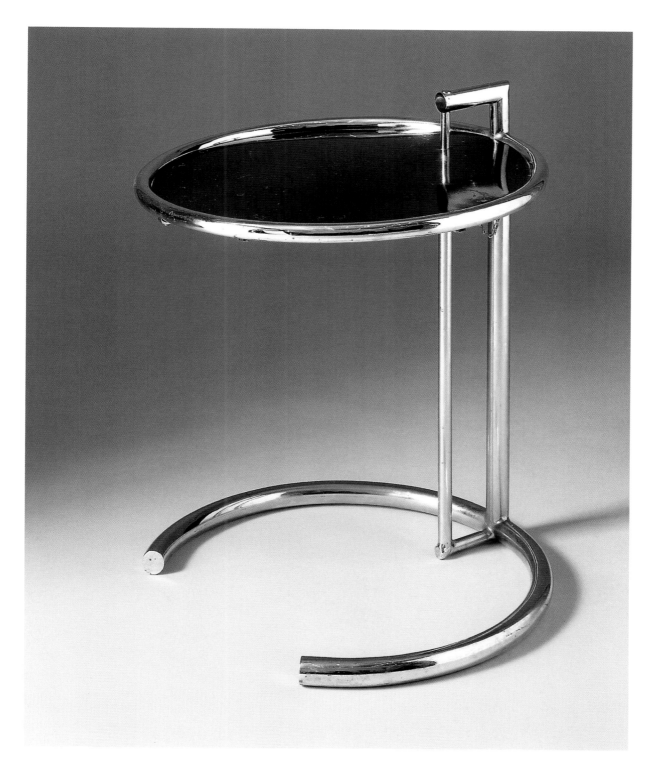

15 »E-1027«-Tisch, um 1926–29
15 »E-1027« table, circa 1926–29
15 Table «E-1027», vers 1926–29

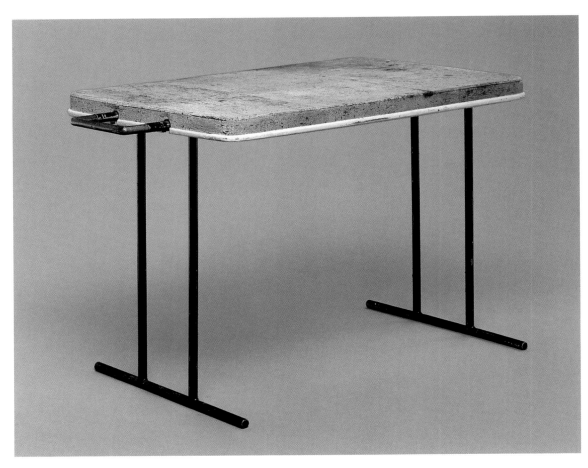

16 Eßtisch, um 1926–29   **16 Dining table, circa 1926–29**   **16 Table de salle à manger, vers 1926–29**

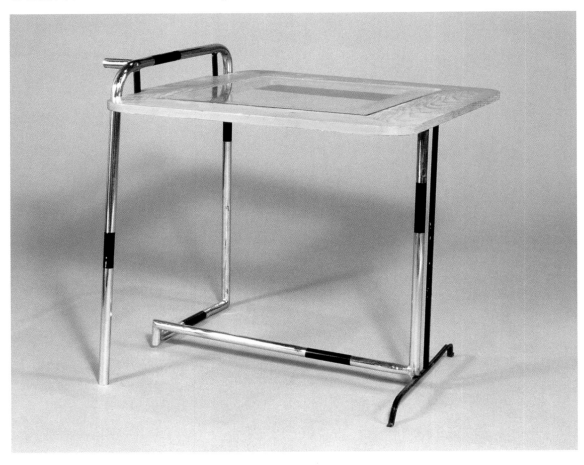

17 Tisch, um 1930–35   **17 Table, circa 1930–35**   **17 Table, vers 1930–35**

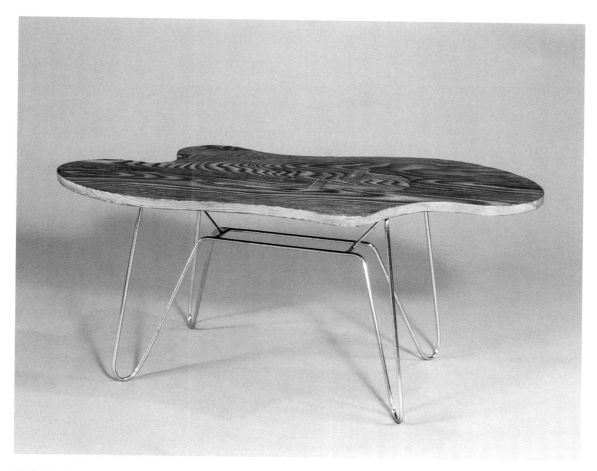

18 Frei geformter Tisch, um 1935 **18** Free-form table, circa 1935 **18** Table de forme libre, vers 1935

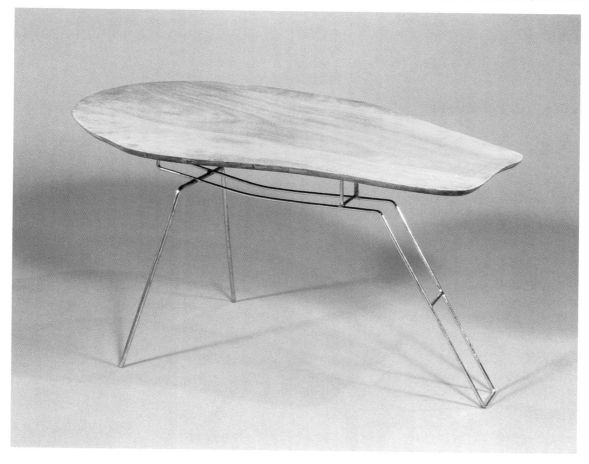

19 Frei geformter Tisch, um 1935 **19** Free-form table, circa 1935 **19** Table de forme libre, vers 1935

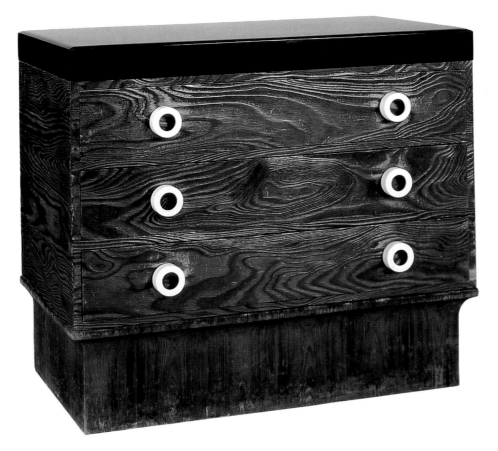

20 Kommode, Anfang der zwanziger Jahre

20 Chest of drawers, early 1920s

20 Commode, début des années vingt

Kommode aus Kiefernholz, Brandtechnik, mit
Elfenbeingriffen und Lackplatte, auf der sich
ein stilisiertes Architekturmodell befindet,
Anfang der zwanziger Jahre.

Chest of drawers in scorched pine with lacquer
top and ivory handles, supporting a stylised
architectural maquette, early 1920s.

Commode en pin roussi avec dessus en laque
et poignées en ivoire, supportant une maquette
d'architecture stylisée, début des années vingt.

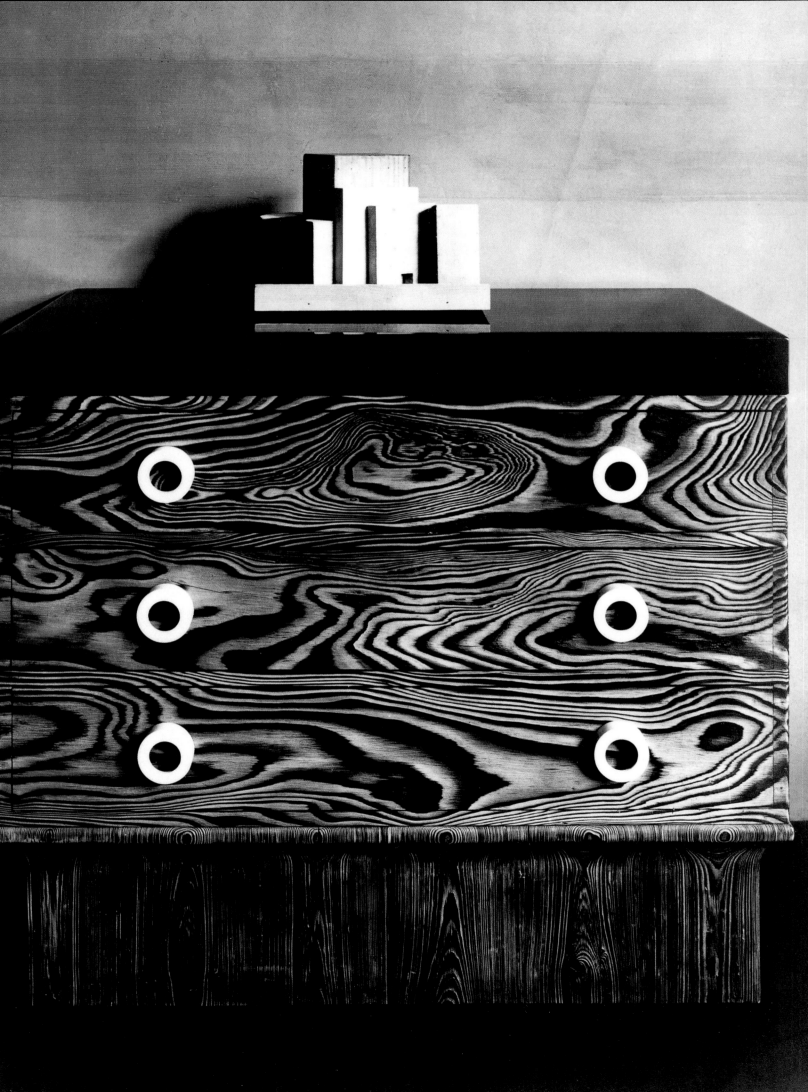

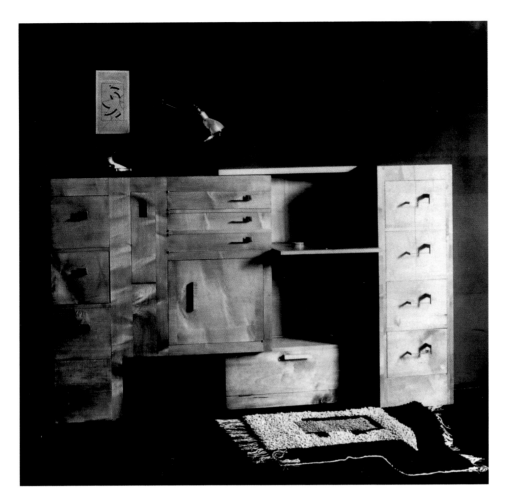

Architektenschrank aus Ahorn und verchromtem Metall. Gray fertigte zwei Versionen davon an, eine für den Architekten Henry Pacon und eine für ihre Wohnung in der Rue Bonaparte.

Architect's cabinet in sycamore and chromium-plated metal. Two versions were made, one acquired by the architect Henry Pacon, the other used by Gray herself in her Rue Bonaparte apartment.

Cabinet d'architecte en sycomore et métal chromé. Deux versions ont été effectuées. L'architecte Henri Pacon a fait l'acquisition de la première et Gray elle-même s'est servie de la seconde dans son appartement de la rue Bonaparte.

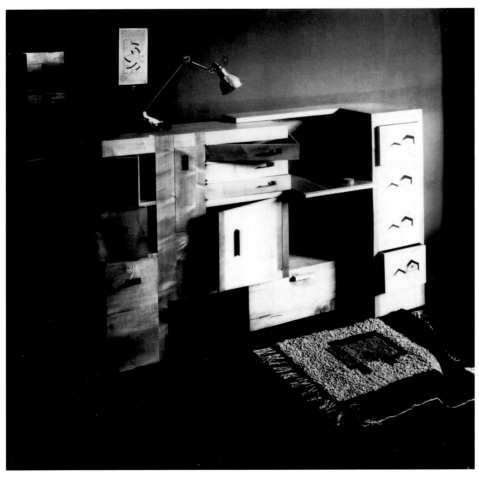

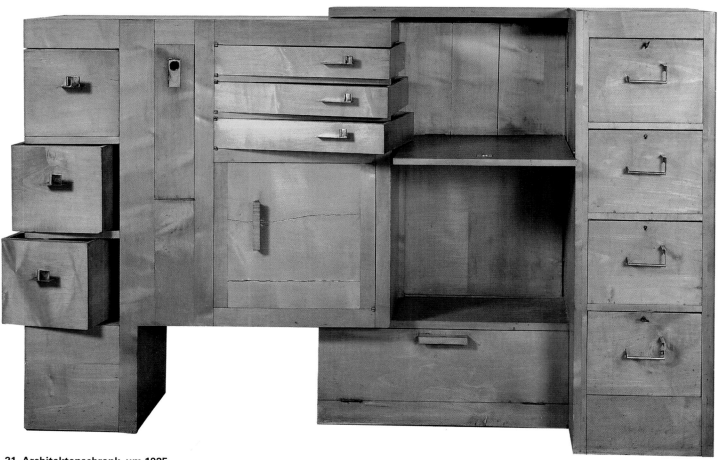

21 Architektenschrank, um 1925

21 Architect's cabinet, circa 1925

21 Cabinet d'architecte, vers 1925

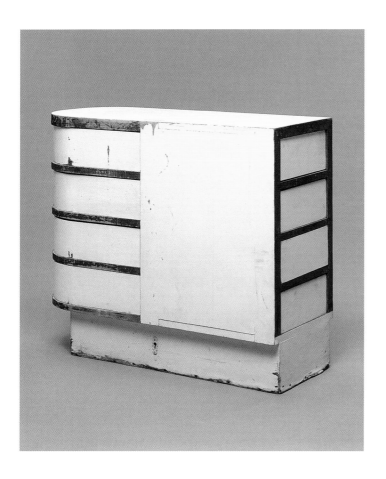
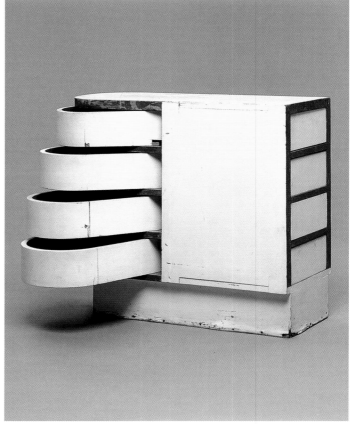

22 **Niedriger Schrank mit ausschwenkbaren Schubladen für »E-1027«, um 1926—29**

22 **Low cabinet with pivot drawers for »E-1027«, circa 1926—29**

22 **Meuble bas aux tiroirs pivotants pour «E-1027», vers 1926—29**

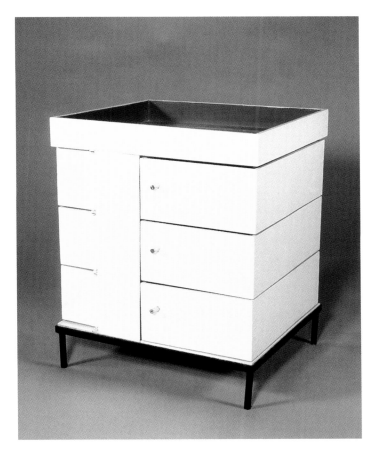

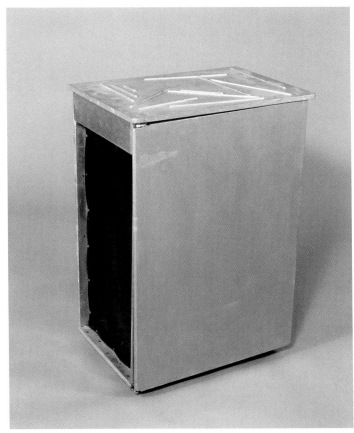

23 Kommode mit ausschwenkbaren
   Schubladen, um 1932−34

23 Pivot-drawer chest, circa 1932−34

23 Commode à tiroirs pivotants,
   vers 1932−34

24 Kleiderschrank, um 1930−35

24 Clothes cabinet, circa 1930−35

24 Meuble pour vêtements, vers 1930−35

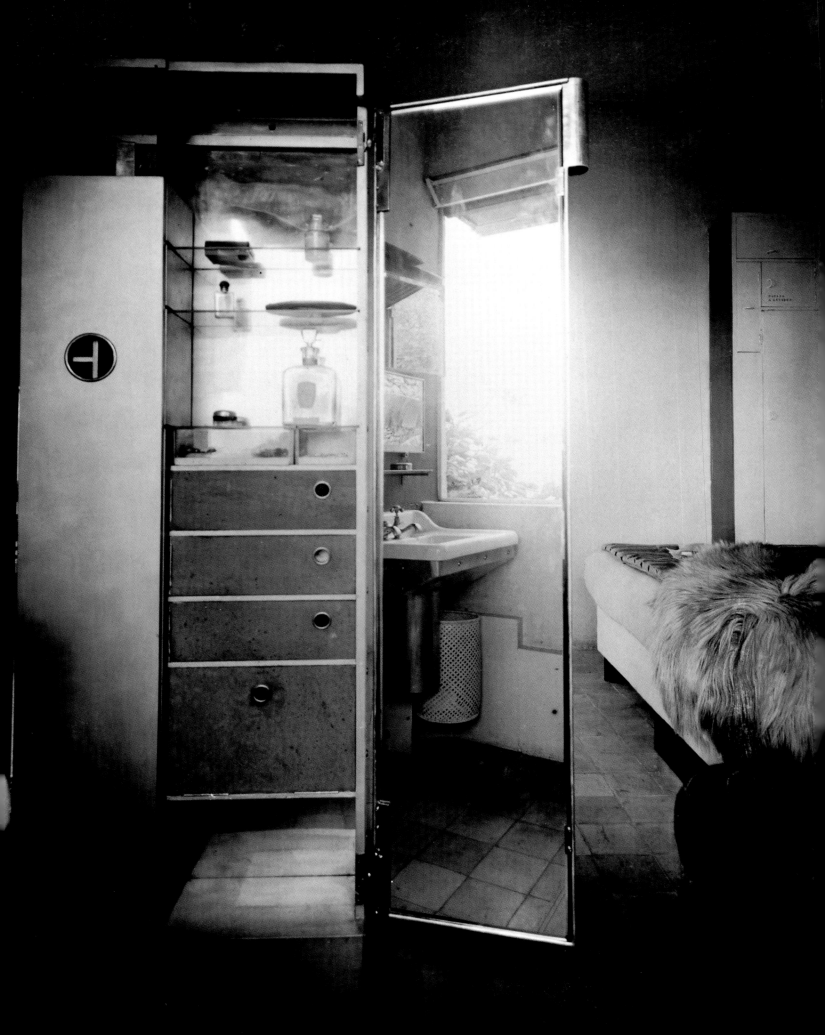

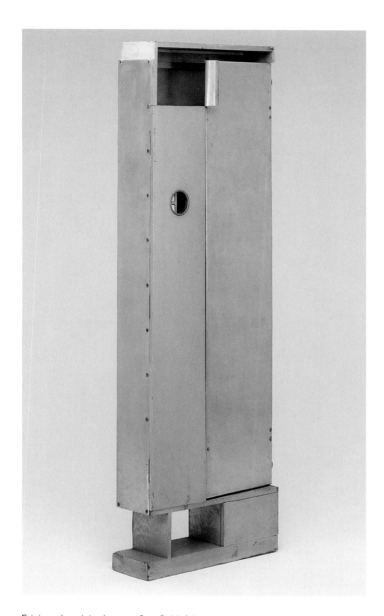

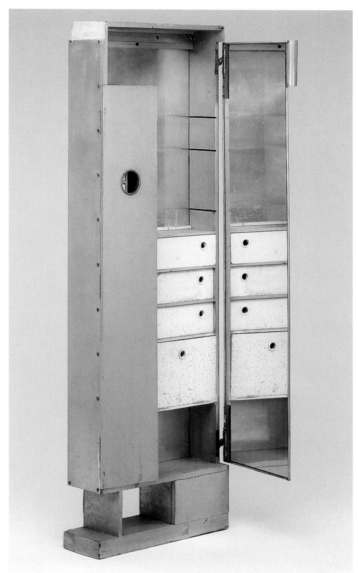

Frisierschrank in dem großen Schlafzimmer von
»E-1027« aus Aluminiumblech, Holz, Kork und
Glas, der gleichzeitig den Waschraum von dem
Schlafraum trennte.

Dressing cabinet in the principal bedroom,
»E-1027«. This cabinet, in sheet aluminium,
painted wood, cork and glass, also served to
separate the washing from the sleeping area.

Coiffeuse dans la chambre principale,
«E-1027». Ce meuble en d'aluminium, bois
peint, liège et verre servait également de séparation entre le coin toilette et la chambre.

25 Frisierschrank für »E-1027«, um 1926–29

25 Dressing cabinet for »E-1027«, circa
    1926–29

25 Coiffeuse pour «E-1027», vers 1926–29

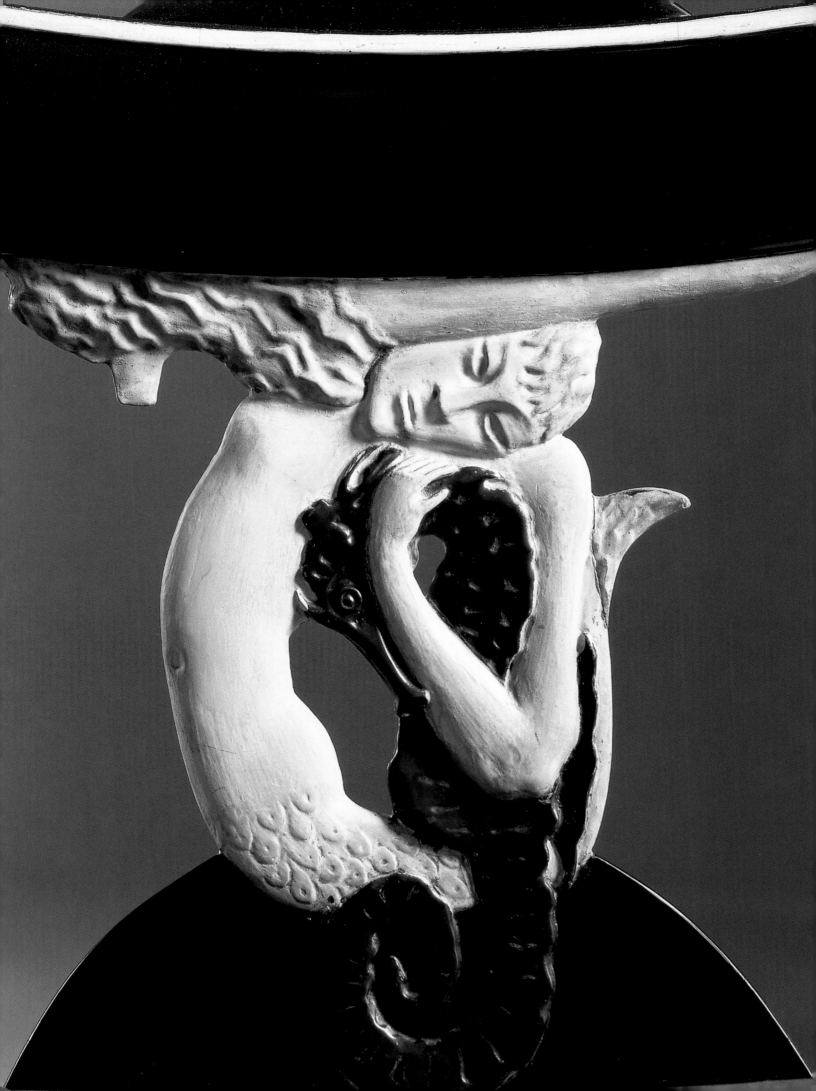

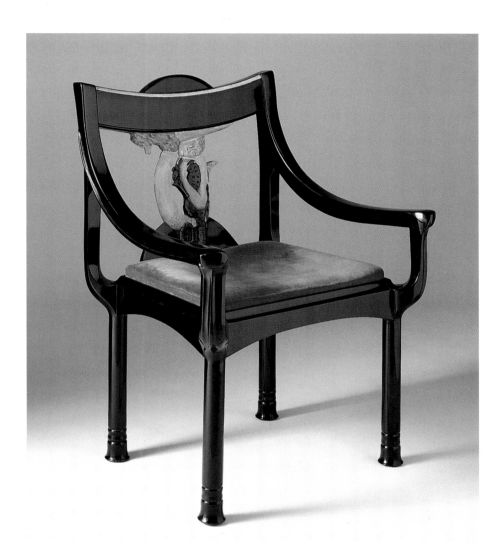

26 Armlehnstuhl »Sirène«, um 1912
26 »Sirène« armchair, circa 1912
26 Fauteuil «Sirène», vers 1912

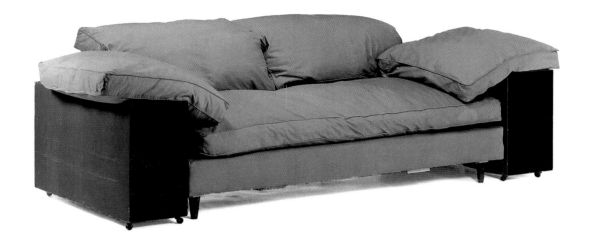

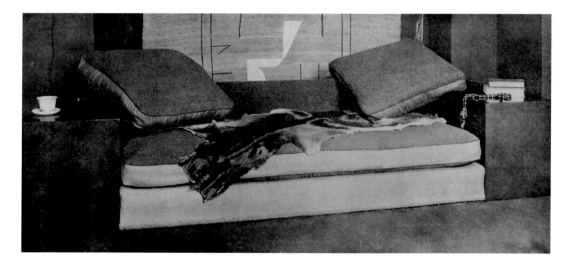

Sofa mit zwei Lackkuben als Seitenwangen, die
als Abstellfläche dienen.

Sofa with lacquered blocks serving as end
tables.

Sofa avec blocs en laque servant de tables.

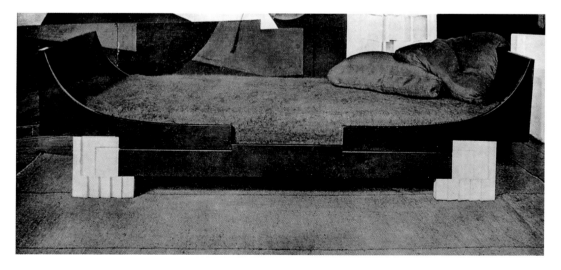

Lacksofa

Lacquer daybed

Divan en laque

Sofa mit Lackkuben, die als Arbeitsfläche dienen. Dieses Exemplar wurde von Eileen Gray in ihrem Appartement in der Rue Bonaparte benutzt.

Sofa with lacquered blocks serving as end tables. This example was used by Gray in her Rue Bonaparte apartment.

Sofa avec blocs en laque servant de tables aux extrémités. Ce sofa-ci a été utilisé par Gray dans son appartement de la rue Bonaparte.

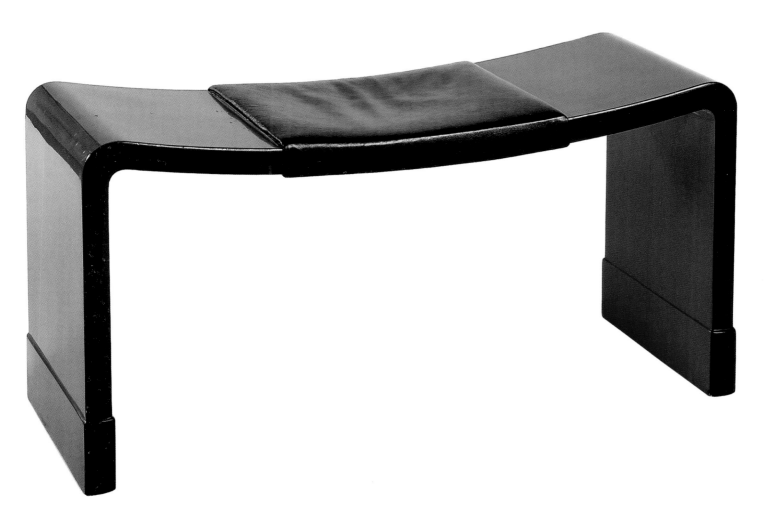

27 Lackbank, frühe zwanziger Jahre

27 Lacquer bench, early 1920s

27 Banc en laque, début des années vingt

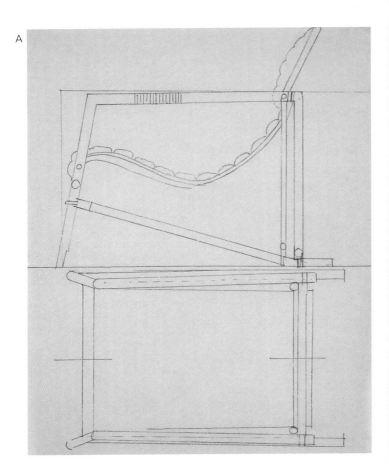

A

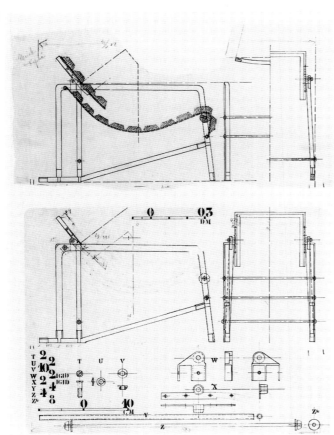

B

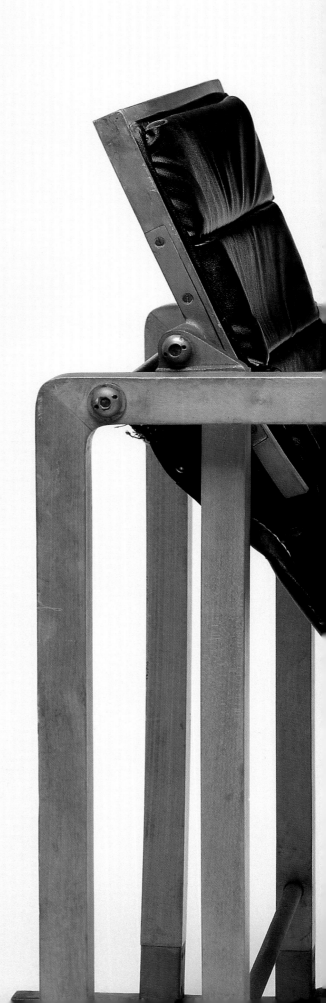

A

Skizzen zu dem »Transat«-Stuhl, um 1925.
Bleistift auf Papier.
The Victoria and Albert Museum, London.

Preliminary sketch of »Transat« chair, circa
1925. Pencil on paper.
The Victoria and Albert Museum, London.

Croquis du fauteuil «Transat», vers 1925.
Crayon sur papier.
The Victoria and Albert Museum, Londres.

B

Technische Zeichnung für den »Transat«-Stuhl.

Design for the »Transat« chair.

Projet du fauteuil «Transat».

»Transat«-Stuhl, um 1925–30. Detail

»Transat«-chair, circa 1925–30. Detail

Fauteuil «Transat», vers 1925–30. Détail

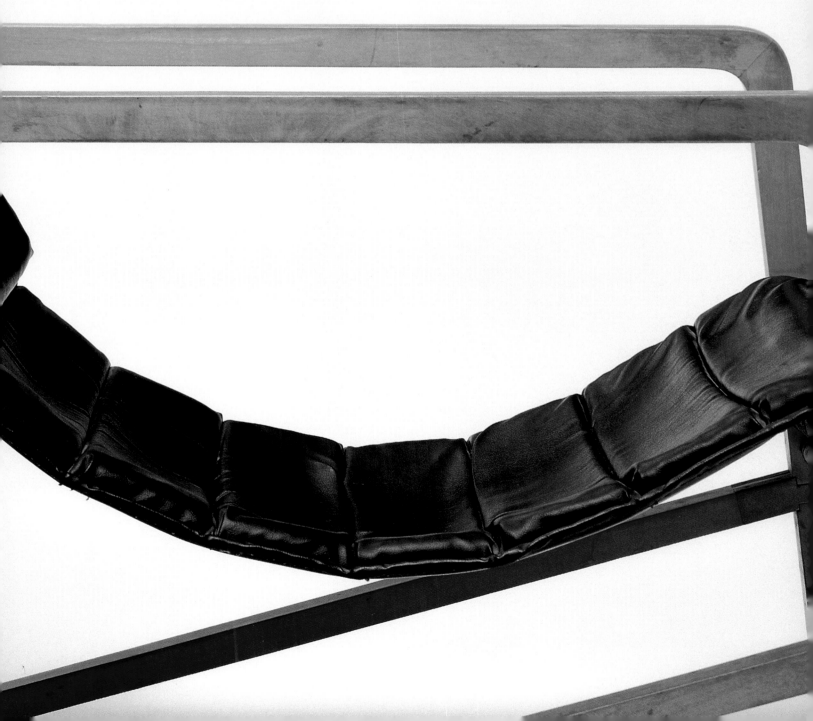

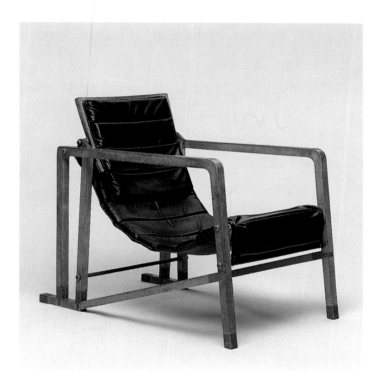

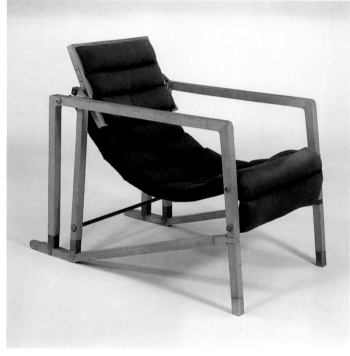

28 »Transat«-Stuhl, um 1925–30
28 »Transat« chair, circa 1925–30
28 Fauteuil «Transat», vers 1925–30

29 »Transat«-Stuhl, um 1925–30
29 »Transat« chair, circa 1925–30
29 Fauteuil «Transat», vers 1925–30

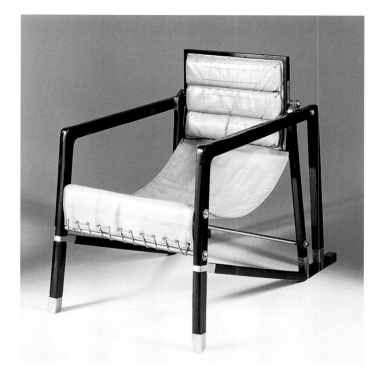

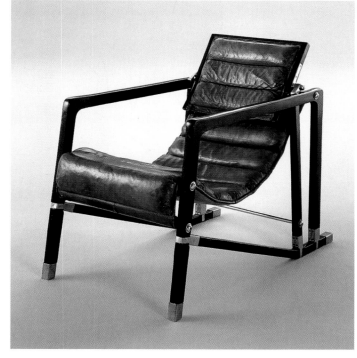

30 »Transat«-Stuhl, um 1925–30
30 »Transat« chair, circa 1925–30
30 Fauteuil «Transat», vers 1925–30

31 »Transat«-Stuhl, um 1925–30
31 »Transat« chair, circa 1925–30
31 Fauteuil «Transat», vers 1925–30

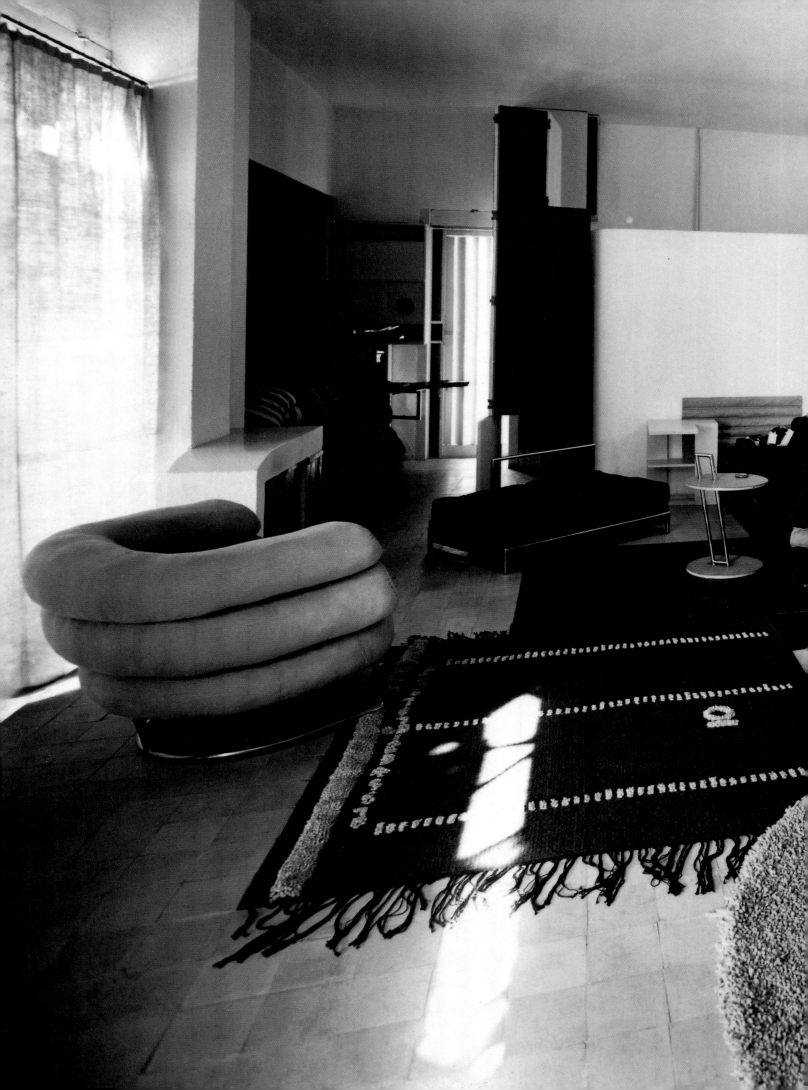

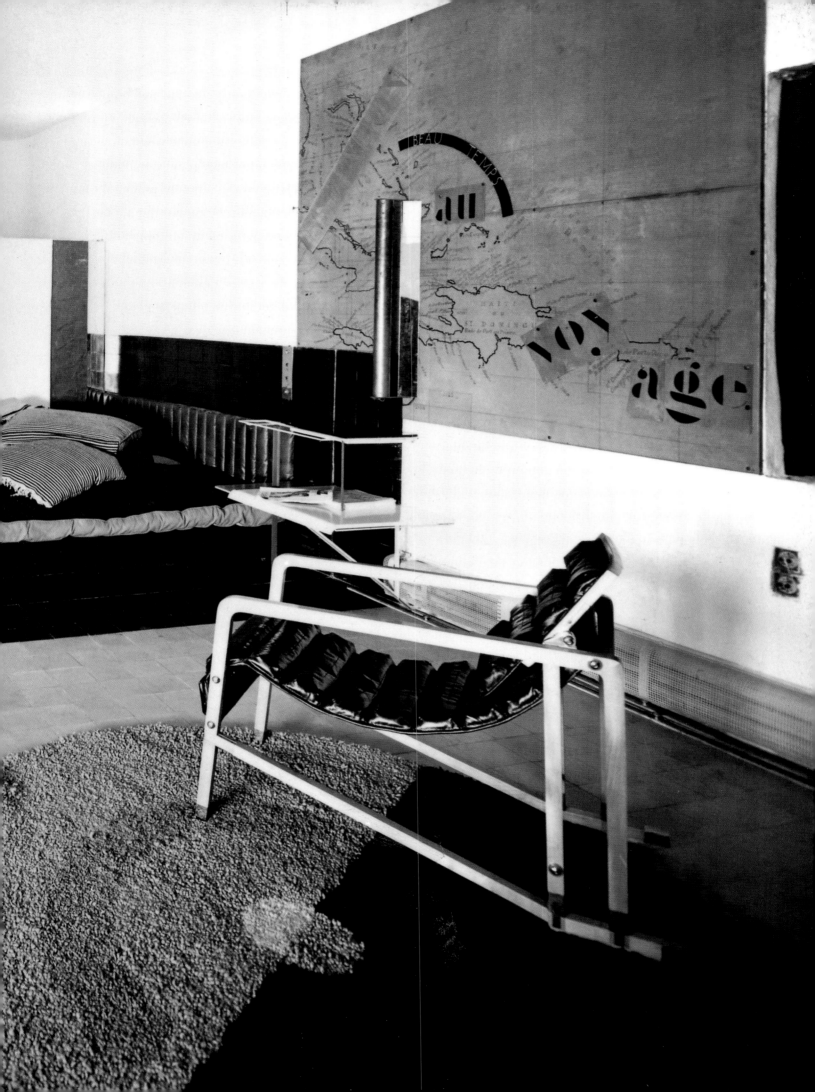

◁

Wohnzimmer, »E-1027« mit dem »Transat«-
und »Bibendum«-Stuhl.

The living room, »E-1027«, incorporating
»Transat« and »Bibendum« chairs.

Salle de séjour, «E-1027», comprenant les
fauteuils «Transat» et «Bibendum».

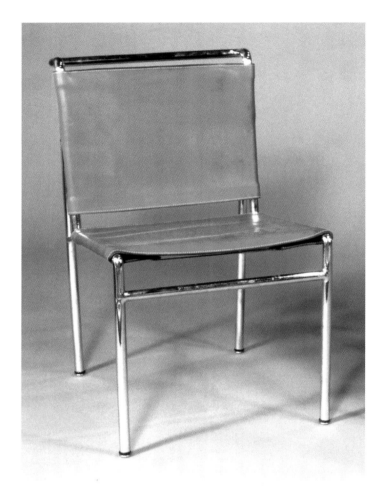

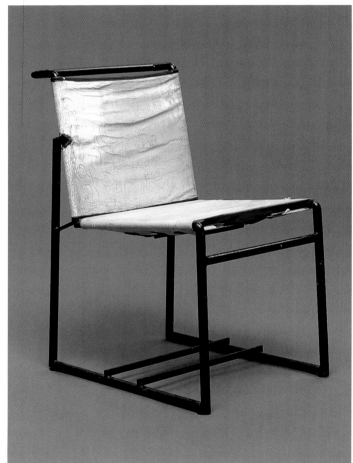

32 Stuhl, um 1930

32 Chair, circa 1930

32 Chaise, vers 1930

33 Stuhl, um 1930

33 Chair, circa 1930

33 Chaise, vers 1930

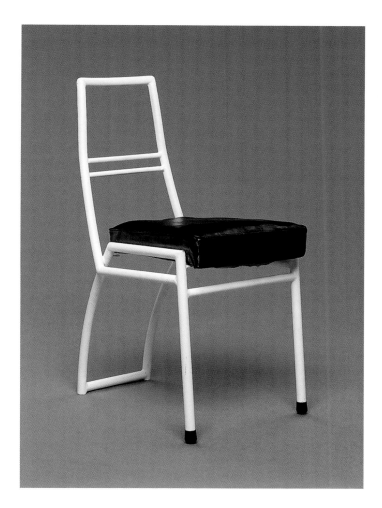

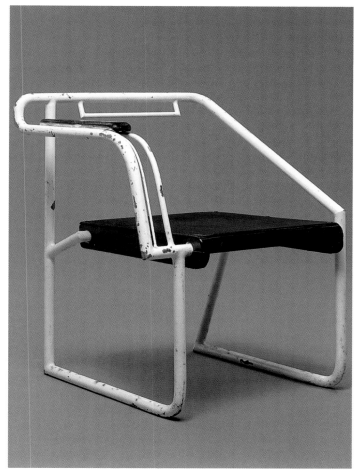

34 Eßzimmerstuhl, um 1926

34 Dining chair, circa 1926

34 Chaise de salle à manger, vers 1926

35 Asymmetrischer Armlehnstuhl, um 1926–29

35 Asymmetric armchair, circa 1926–29

35 Fauteuil asymétrique, vers 1926–29

Stuhl, Stahlrohr, verchromt; Sitz und Rückenlehne gepolstert, um 1926–29.

Chair in chromium-plated tubular steel with upholstered seat and backrest, circa 1926–29.

Chaise en tubes d'acier chromé avec siège et
dossier rembourrés, vers 1926–29.

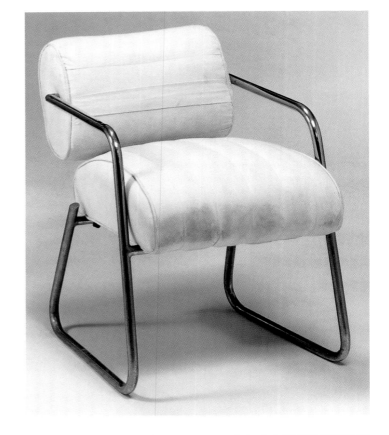

Schlafzimmer der Wohnung in der Rue Bonaparte. In den Kopfteil des Betts sind eine Leselampe, eine Schalttafel und eine ausschwenk-
bare Platte integriert.

The bedroom in the rue Bonaparte apartment.
The headboard incorporates reading light,
switch panel and hinged flap with pivoting tray.

La chambre de l'appartement de la rue Bonaparte. Le dosseret contient une lampe de
lecture et un abattant avec plateau pivotant.

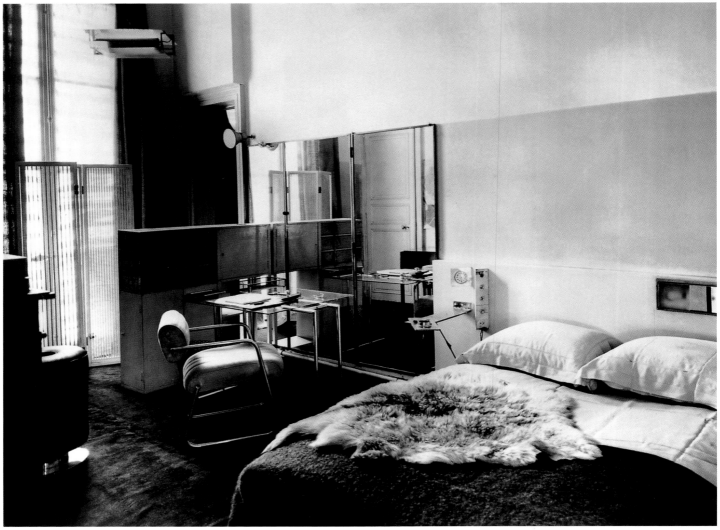

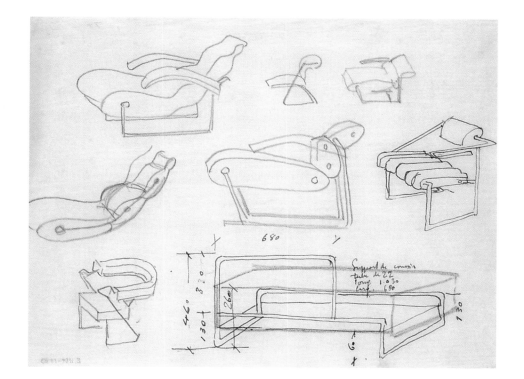

Technische Zeichnungen für Stühle, um
1925–30.
Bleistift auf Papier.
The Victoria und Albert Museum, London.

Sketches for chairs, circa 1925–30.
Pencil on paper.
The Victoria and Albert Museum, London.

Croquis de chaise, vers 1925–30.
Crayon sur papier.
The Victoria and Albert Museum, Londres.

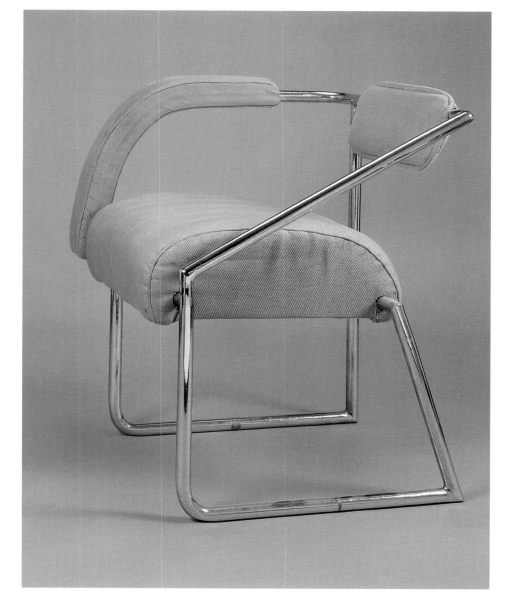

36 »Nonconformist«-Stuhl, um 1926–29

36 »Non-conformist« armchair, circa
1926–29

36 Fauteuil «non-conformiste», vers
1926–29

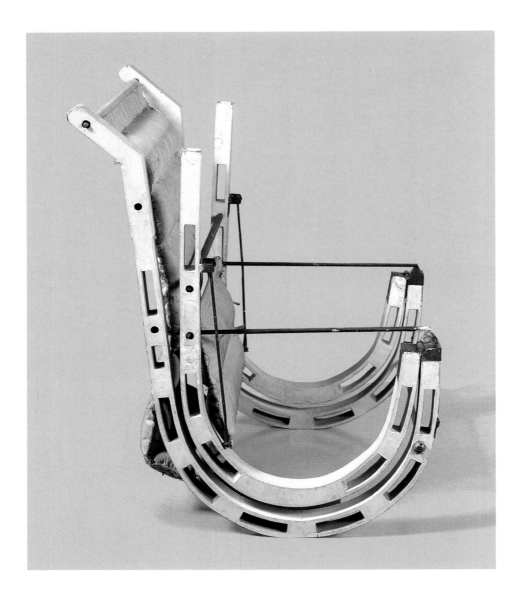

»S«-Stuhl, 1932–34. Zusammengeklappt.

»S« chair, circa 1932–34. Folded.

Chaise en «S», vers 1932–34. Pliée.

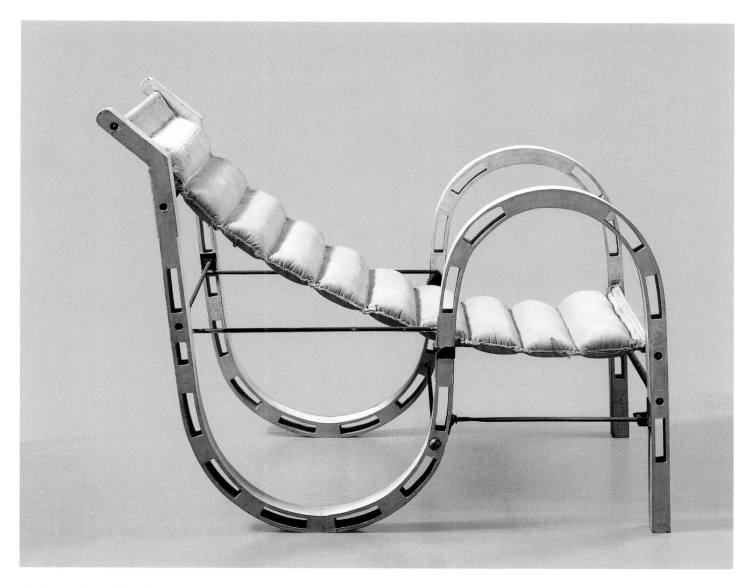

37　»S«-Stuhl, um 1932–34

37　»S« chair, circa 1932–34

37　Chaise en «S», vers 1932–34

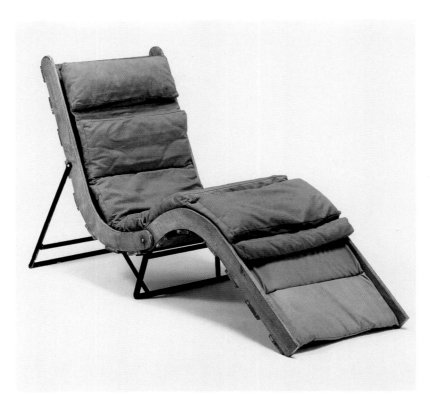

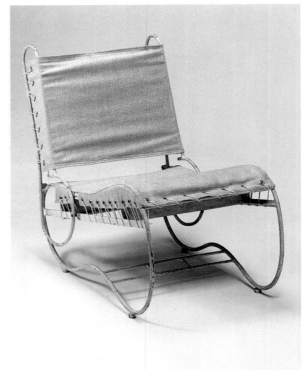

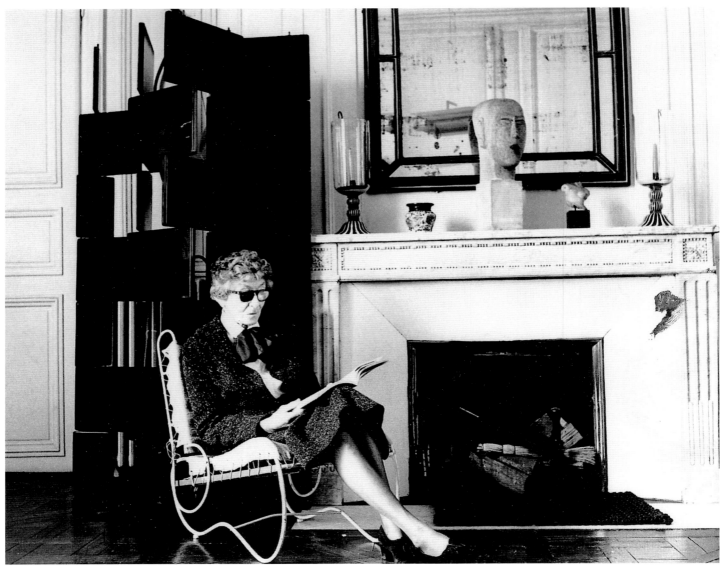

Geschwungener Stahlrohrstuhl, dreißiger
Jahre. Die Sitze und Rückenlehnen sind mit
Leinwand bezogen.

Scrolling steel-framed chair with canvas seat
and back, 1930s.

Chaise en volutes d'acier et siège et dossier en
toile, années trente.

Zusammenklappbarer Terrassenstuhl aus Holz,
um 1935.

Folding wood terrace chair, circa 1935.

Chaise pliante de terrasse, en bois, vers 1935.

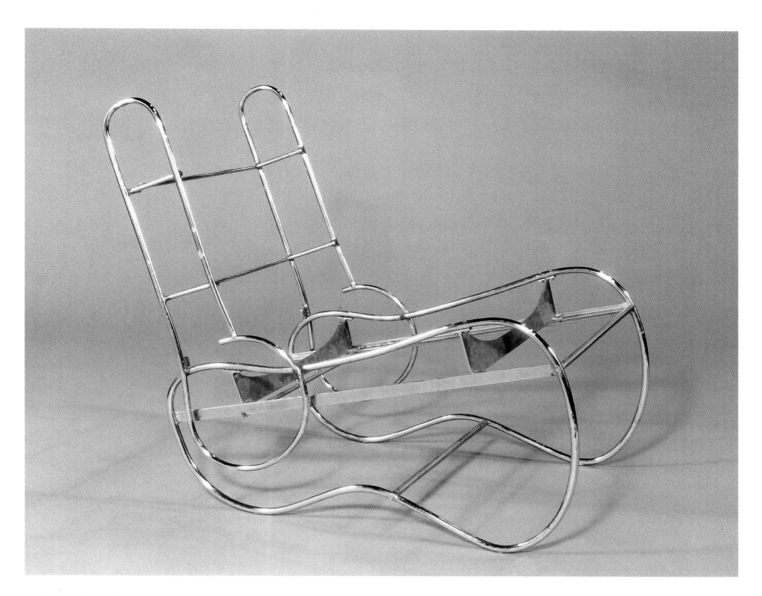

38 Stuhlrahmen, dreißiger Jahre

38 Chair frame, 1930s

38 Chaise, années trente

Eileen Gray, 1970, in ihrer Wohnung in der Rue
Bonaparte, fotografiert von dem Architekten
Alan Irvine.

Eileen Gray photographed in 1970 in her Rue
Bonaparte apartment by architect Alan Irvine.

Eileen Gray photographiée en 1970 dans son
appartement de la rue Bonaparte par l'architecte Alan Irvine.

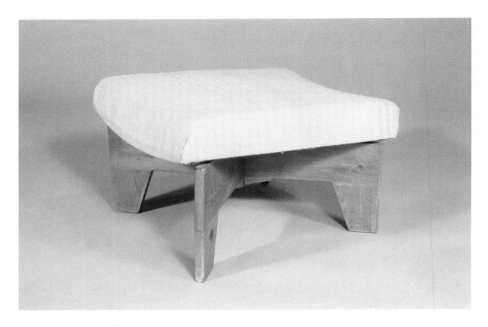

39 Hocker, nach 1945

39 Stool, after 1945

39 Tabouret, après 1945

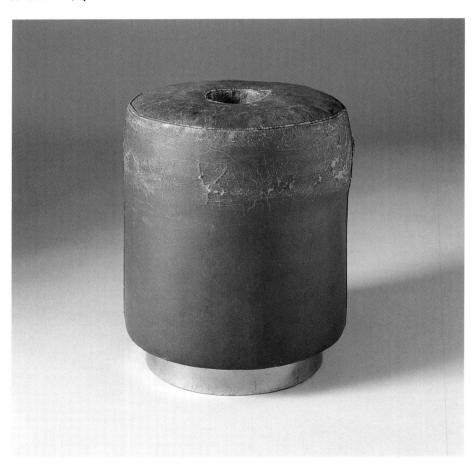

40 Hocker, um 1930

40 Stool, circa 1930

40 Tabouret, vers 1930

41 Hocker, um 1930–34

41 Stool, circa 1930–34

41 Tabouret, vers 1930–34

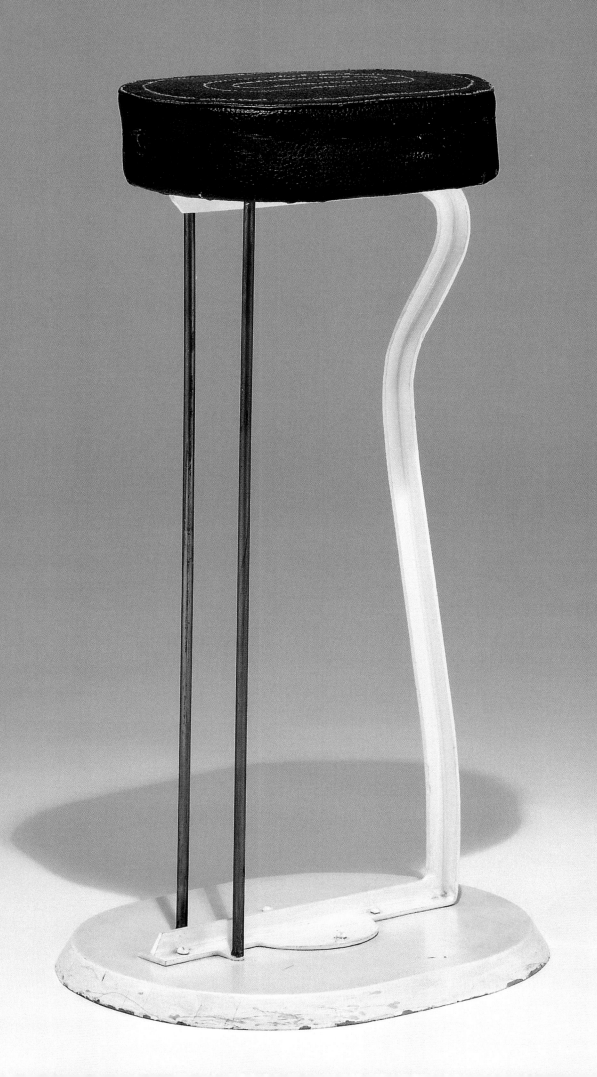

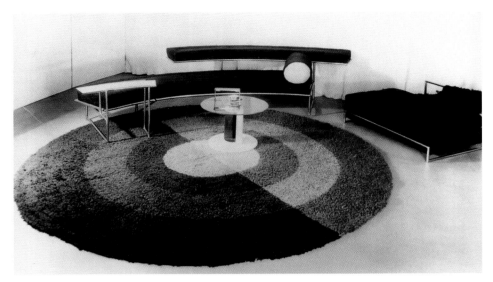

Modernistische Stahlrohrmöbel, verchromt,
und lackierter Holztisch, Teppich und Doppelstecker.

Modernist furniture in chromium-plated tubular
steel, painted wood table, rug and »junction
box«.

Meubles modernistes en tubes d'acier chromé,
table en bois peint, tapis et «boîte de distribution».

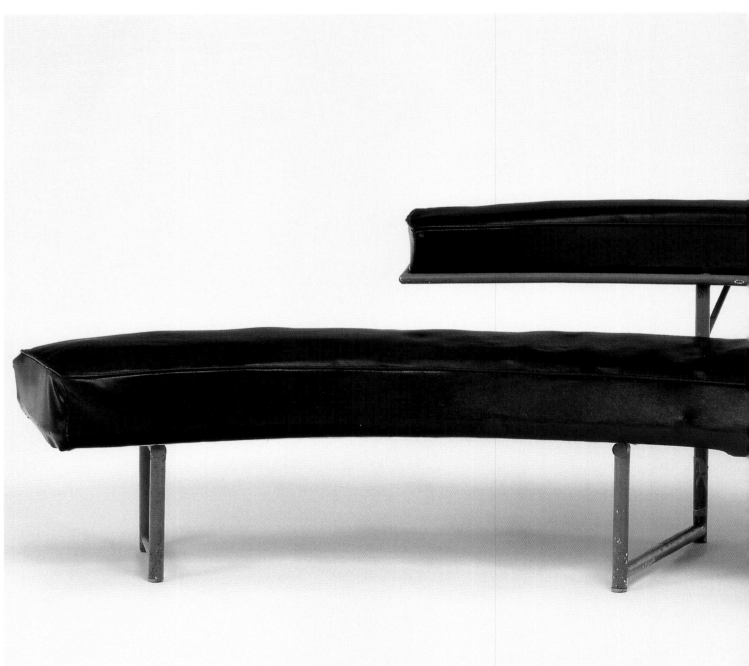

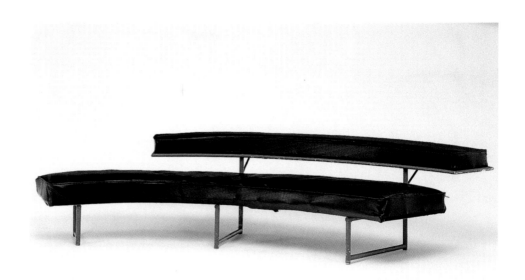

42 Sofa, um 1926–29

42 Sofa, circa 1926–29

42 Sofa, vers 1926–29

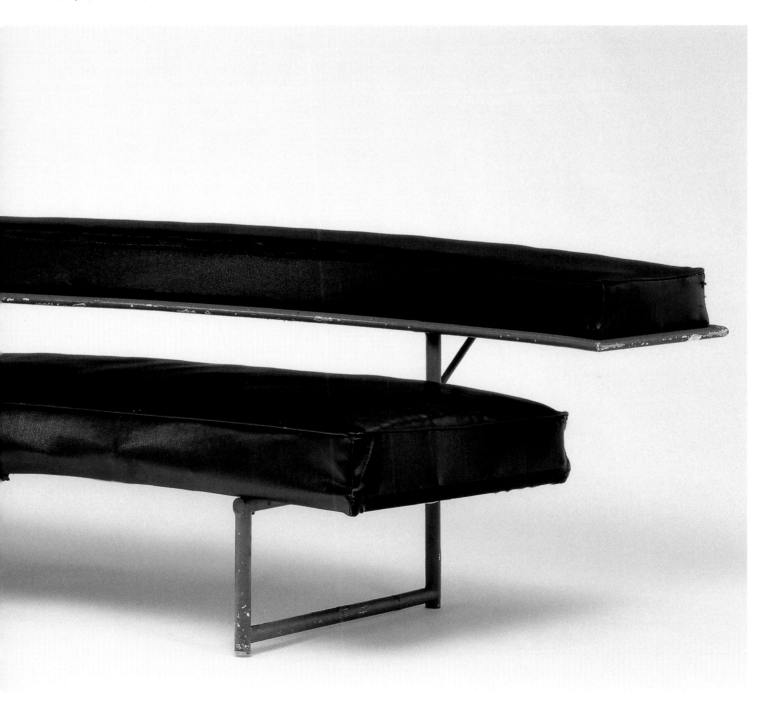

Rahmen, Lampen, Teppiche
Frames, lamps, carpets
Cadres, lampes, tapis

Eileen Grays Witz und Erfindungsgabe zeigen sich vor allem in ihren Entwürfen für Lampen und Beleuchtungskörper. Sie schuf Formen, wie man sie noch nie gesehen hatte, z. B. ihre äußerst extravaganten Stehlampen mit raketenförmigem Fuß oder ihre »Satelliten«-Lampen aus Metallringen und -zapfen. Geschnitztes Elfenbein, Straußeneier, bemaltes Pergament, buntes Glas oder verchromtes Metall – all diese Materialien mußten für Lampen von einer dekorativen bis hin zu einer minimalistischen Ästhetik herhalten.

Grays Teppichentwürfe gibt es als Gouachen oder auch als Collagen, immer sind es überzeugende Stilübungen, die den Arbeiten der holländischen Maler der De-Stijl-Gruppe gelegentlich sehr ähnlich sind, eine Gruppe, die ihre ästhetische Entwicklung entscheidend beeinflußt hat.

Eileen Gray was never more witty or inventive than in her designs for lamps and light fittings, never more painterly than in her designs for rugs. She conceived forms without precedent for lamps, such as her eccentric floor lamps on their rocket-form bases or her disk and cone »satellite« ceiling lamp. Carved ivory, ostrich eggs, painted vellum, coloured glass, painted or chromium-plated metal were pressed into service to create lamps which ranged from the decorative to the most elegantly minimalist.

Gray's designs for rugs were executed in gouache, sometimes with collage. They are forceful formal exercises which in many cases bear direct comparison with the work of painters of the Dutch De Stijl group which played so important a part in the evolution of her aesthetic.

Eileen Gray n'a jamais été plus humoristique ni inventive que dans ses projets de lampes et d'éclairage. De même que ses dons de peintre n'ont jamais été plus manifestes que dans la conception de ses tapis. Pour ses lampes, elle créa des formes sans précédent, comme ses lampadaires excentriques en forme de fusée ou sa lampe «Satellite», suspension de cônes et de disques. Elle eut recours à de l'ivoire sculpté, des œufs d'autruche, du vélin peint, du verre coloré et à du métal peint ou chromé pour créer ses lampes dont l'éventail s'étend de l'objet décoratif à l'ouvrage minimal le plus élégant.

Gray exécutait ses projets de tapis à la gouache, parfois avec des collages. Ce sont des exercices formels pleins de vitalité qui, dans de nombreux cas, sont directement comparables au travail des peintres du groupe hollandais De Stijl, dont le rôle fut si important dans l'évolution de son esthétique.

1 **Großer Spiegelrahmen, Anfang 1920**

1 **Tall mirror frame, early 1920s**

1 **Grand cadre de miroir, début des années vingt**

2 **Spiegelrahmen, Anfang 1920**

2 **Mirror frame, early 1920s**

2 **Cadre de miroir, début des années vingt**

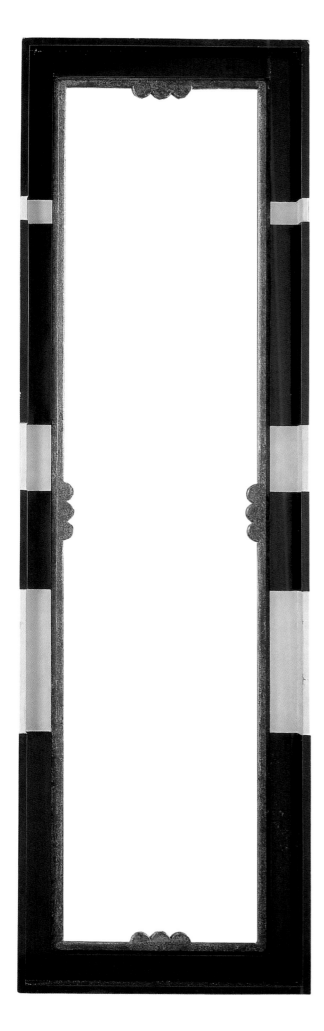
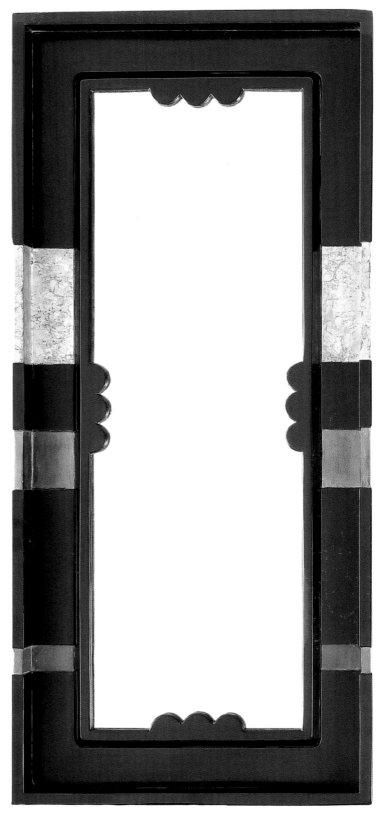

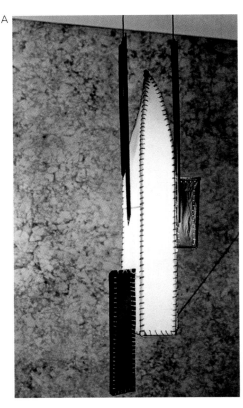

A

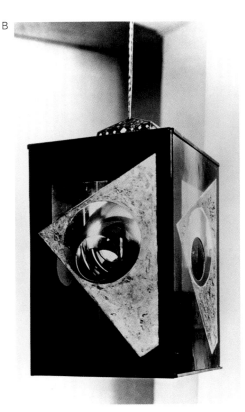

B

A

Skulpturale Hängelampe aus Pergament.

Sculptural hanging light in vellum.

Suspension sculpturale en vélin.

B

»Japanische« Laterne aus getöntem Glas. Eine Version wurde in dem Monte-Carlo-Zimmer ausgestellt.

»Japanese« lantern. Tinted glass. A version of this design was shown in the bedroom-boudoir for Monte Carlo.

Lanterne «japonaise». Verre teinté. Une version de ce modèle fut présentée dans la chambre-boudoir pour Monte-Carlo.

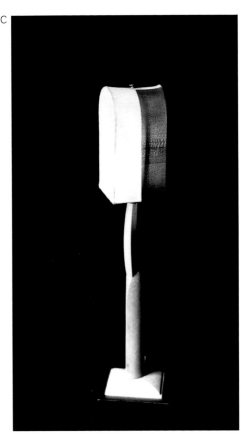

C

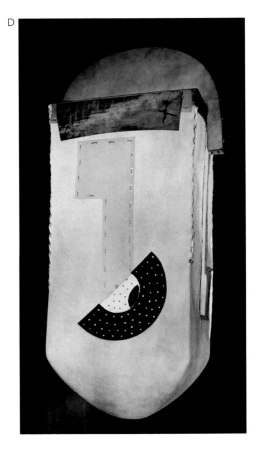

D

C

Geschnitzte Tischlampe aus Elfenbein.

Carved ivory table lamp.

Lampe de table en ivoire sculpté.

D

Deckenleuchte aus verziertem Pergament.

Hanging light in decorated vellum.

Suspension en vélin décoré.

3 Stehlampe, zwanziger Jahre

3 Floor lamp, 1920s

3 Lampadaire, années vingt

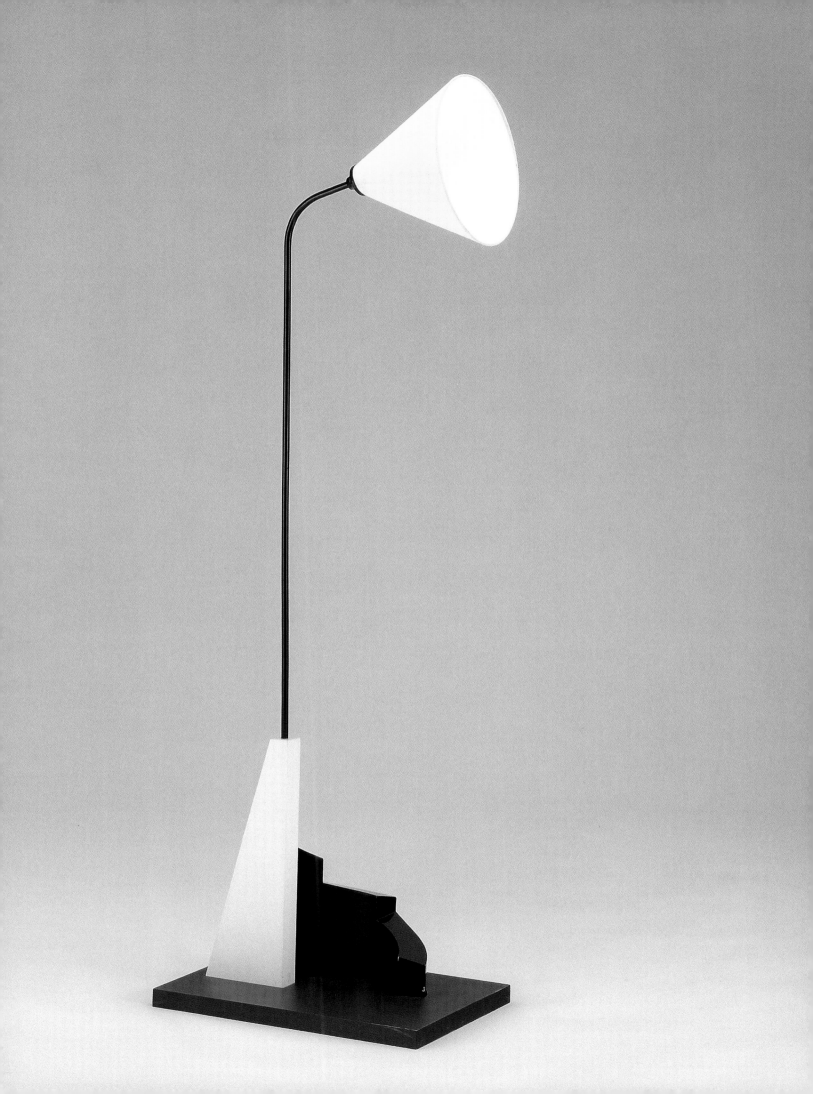

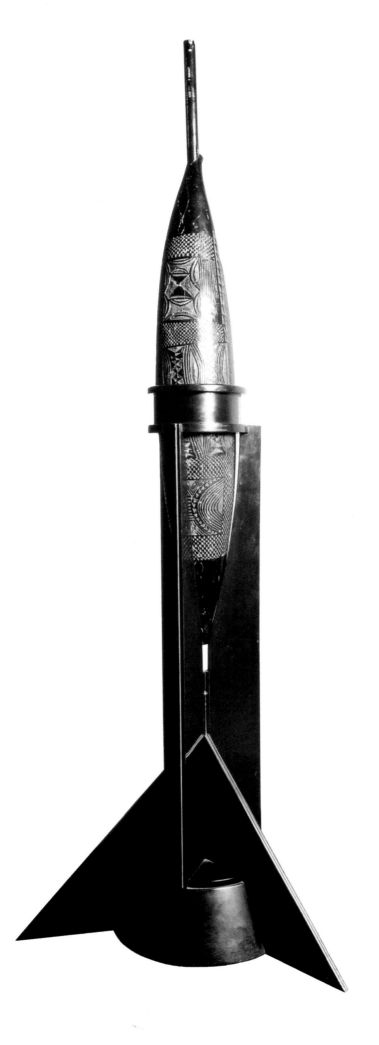

Stehlampe, eine von mehreren Versionen mit Applikationen im afrikanischen Stil.

Floor lamp. One of several variants of this design, this particular example is characterised by its incised decoration incorporating motifs evocative of tribal art.

Lampadaire. Il en existe plusieurs variantes. Ce modèle-ci se caractérise par son ornementation incisée qui présente des motifs évoquant l'art tribal.

4 Stehlampe, Anfang der zwanziger Jahre

4 Floor lamp, early 1920s

4 Lampadaire, début des années vingt

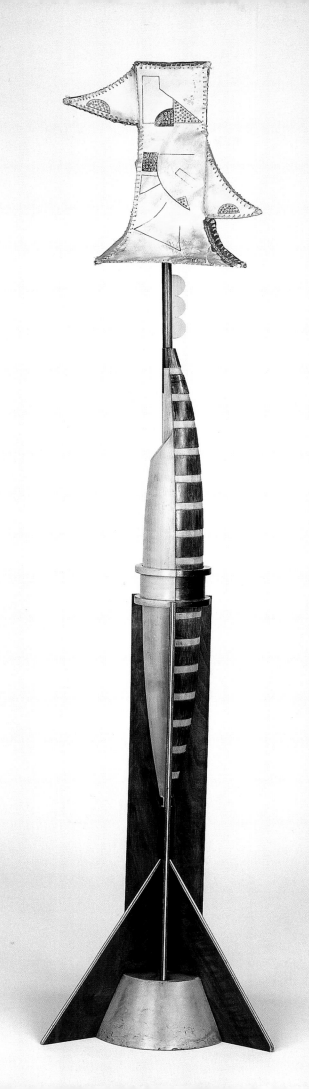

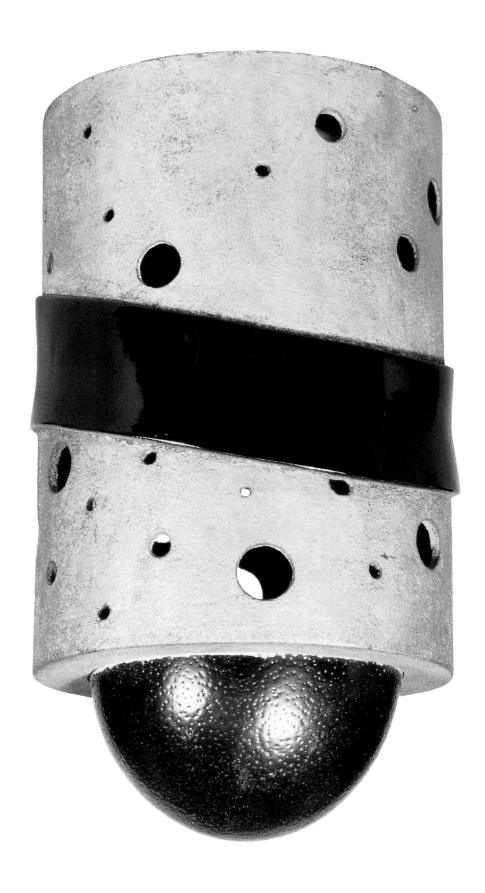

5 Straußenei-Lampe, um 1920–22

5 Ostrich-egg lamp, circa 1920–22

5 Lampe-œuf d'autruche, vers 1920–22

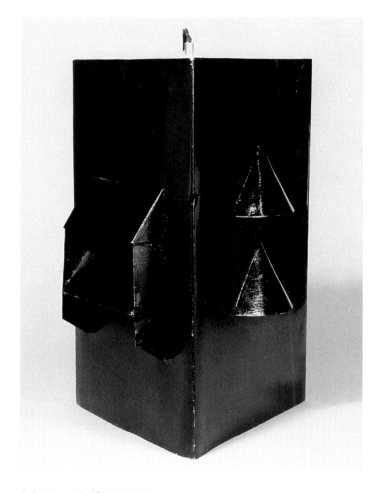

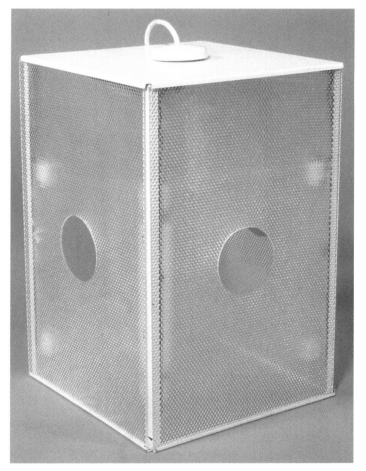

6 Laterne, dreißiger Jahre
6 Lantern, 1930s
6 Lanterne, années trente

7 »Japanische« Laterne, um 1925–30
7 »Japanese« lantern, circa 1925–30
7 Lanterne «japonaise», vers 1925–30

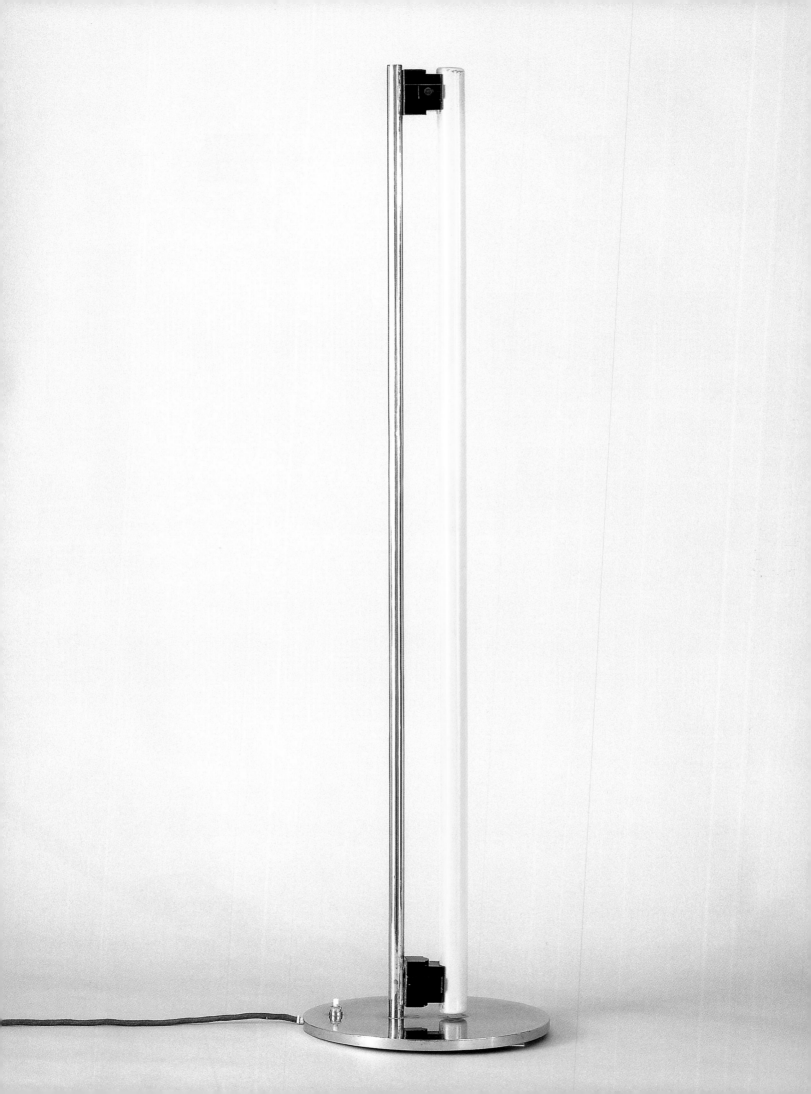

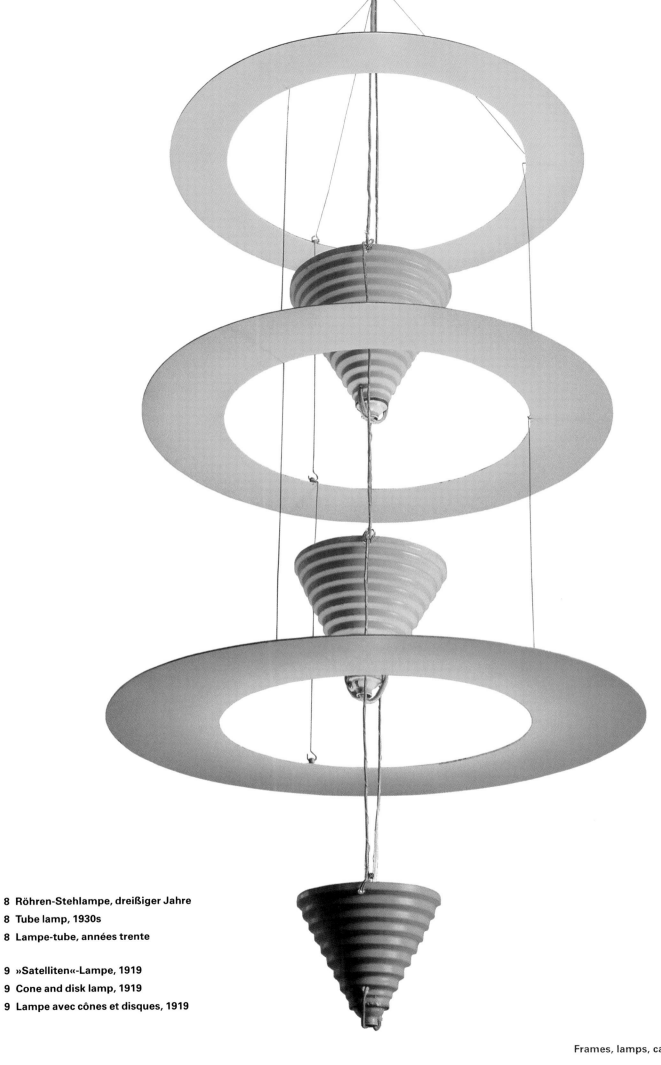

8 Röhren-Stehlampe, dreißiger Jahre
8 Tube lamp, 1930s
8 Lampe-tube, années trente

9 »Satelliten«-Lampe, 1919
9 Cone and disk lamp, 1919
9 Lampe avec cônes et disques, 1919

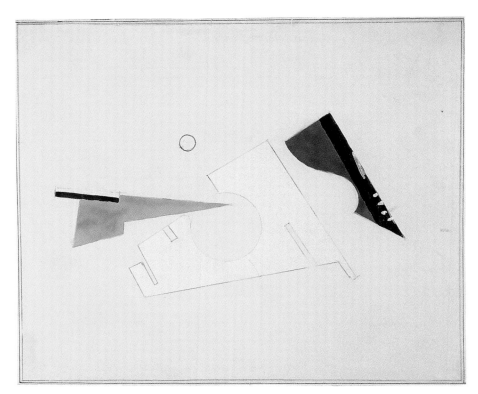

10 Teppichentwurf, zwanziger Jahre
10 Rug design, 1920s
10 Projet de tapis, années vingt

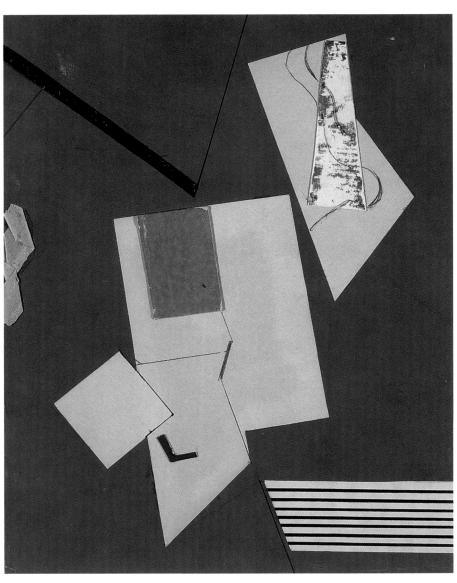

11 »Bobadilla«-Teppichentwurf, um 1925
11 »Bobadilla« rug design, circa 1925
11 Projet du tapis «Bobadilla», vers 1925

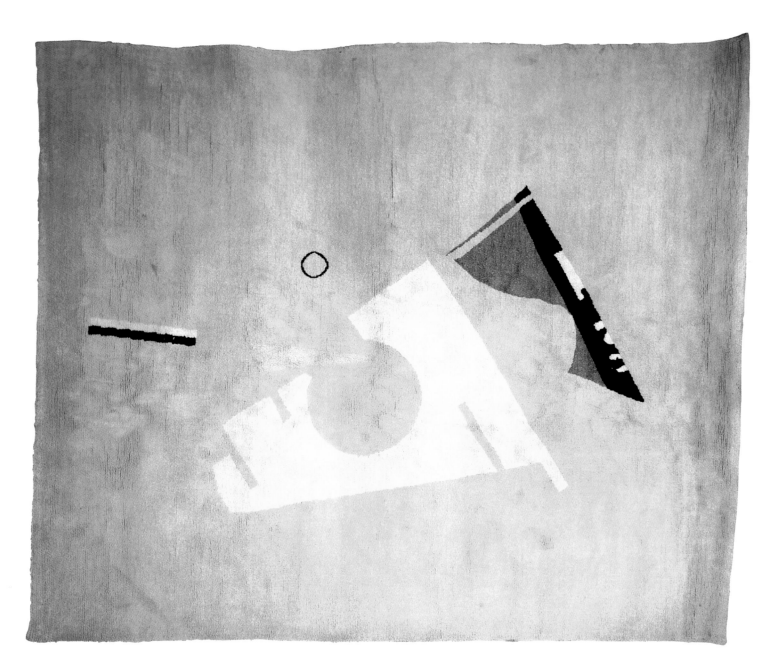

12 Teppich, zwanziger Jahre

12 Rug, 1920s

12 Tapis, années vingt

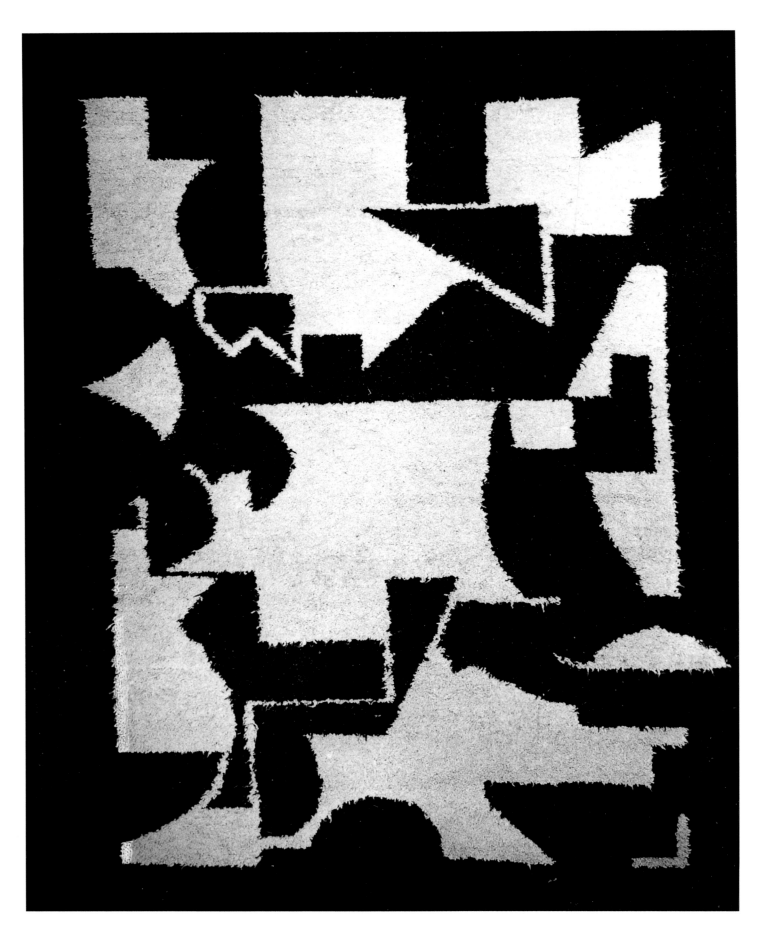

Abstrakter Teppich, Wolle, zwanziger Jahre.

Rug of abstract design, wool, 1920s.

Tapis abstrait, laine, années vingt.

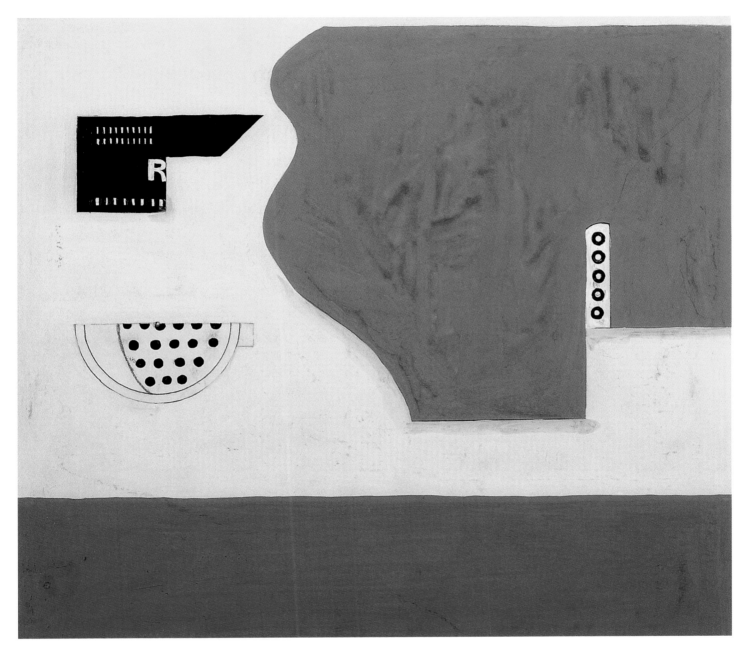

13 Teppichentwurf für »E-1027«,
um 1926–29

13 Rug design for »E-1027«, circa 1926–29

13 Projet de tapis pour »E-1027«,
vers 1926–29

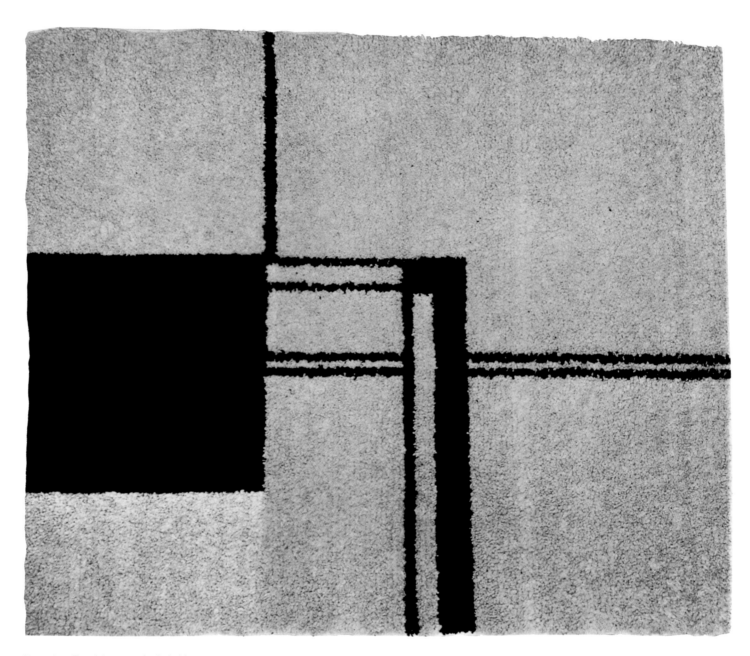

Abstrakter Teppichentwurf mit Anklängen an
die De-Stijl-Bewegung.

Rug of abstract design showing the influence of
the De Stijl group.

Tapis abstrait montrant l'influence du groupe
De Stijl.

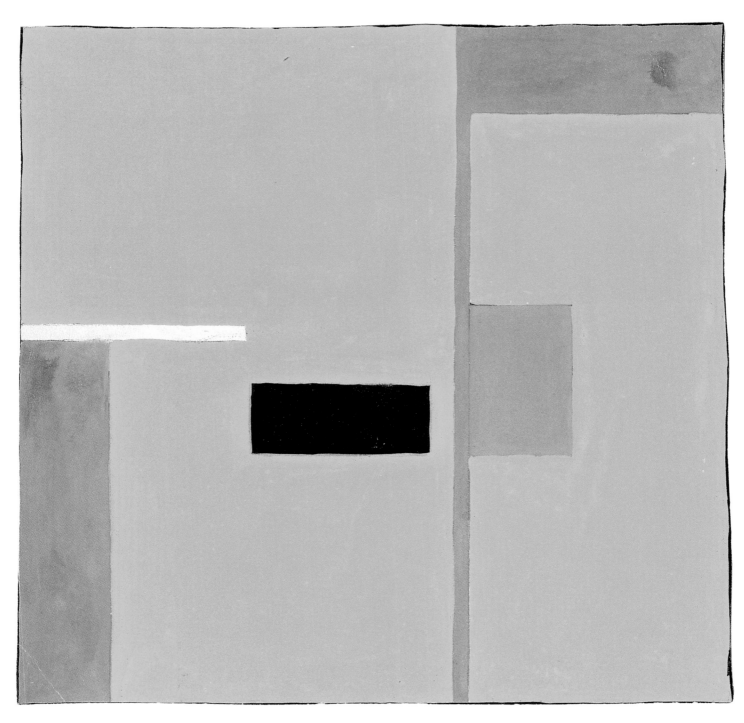

14 Teppichentwurf, um 1925

14 Rug design, circa 1925

14 Projet de tapis, vers 1925

15 »Centimètre«-Teppichentwurf für
»E-1027«, um 1926–29

15 »Centimètre« rug design for »E-1027«,
circa 1926–29

15 Projet du tapis «Centimètre» pour
«E-1027», vers 1926–29

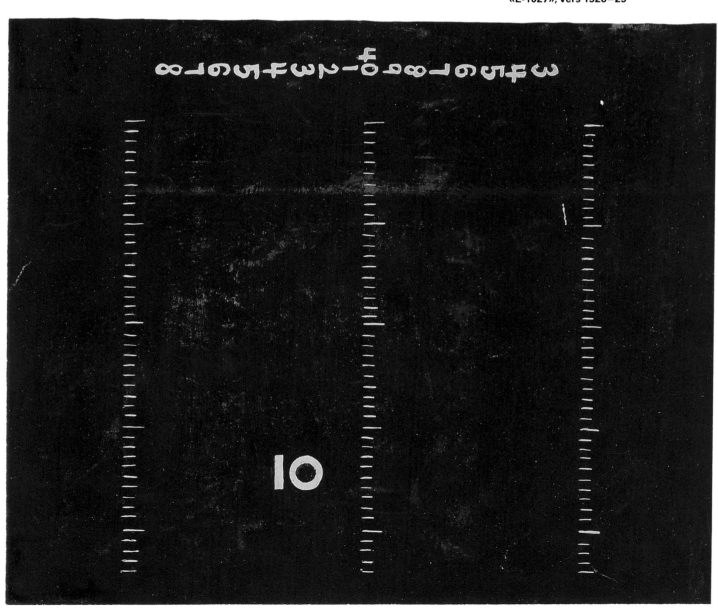

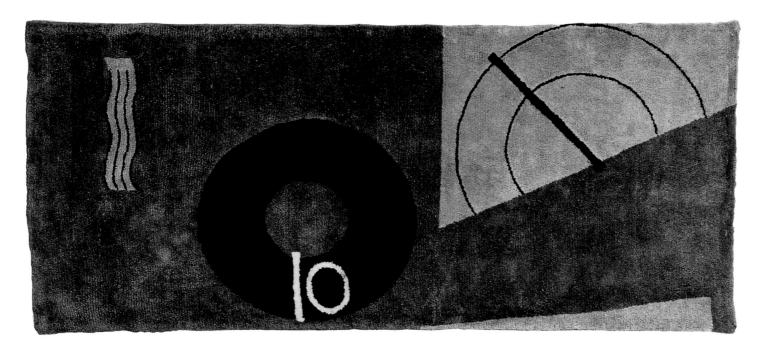

Teppichentwurf für »E-1027«, um 1926–29.
Rug designed for »E-1027«, circa 1926–29.
Tapis conçu pour «E-1027», vers 1926–29.

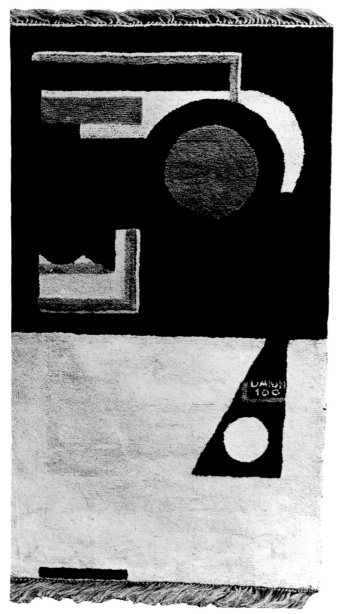

Abstrakter Teppichentwurf mit eingewebtem
Monogramm »UAM 100«, dem Kürzel für die
Union des Artistes Modernes, um 1930.

Rug of abstract design incorporating the mono-
gram »UAM 100«, referring to the Union des
Artistes Modernes, circa 1930.

Tapis abstrait comprenant le monogramme
«UAM 100» qui se réfère à l'Union des Artistes
Modernes, vers 1930.

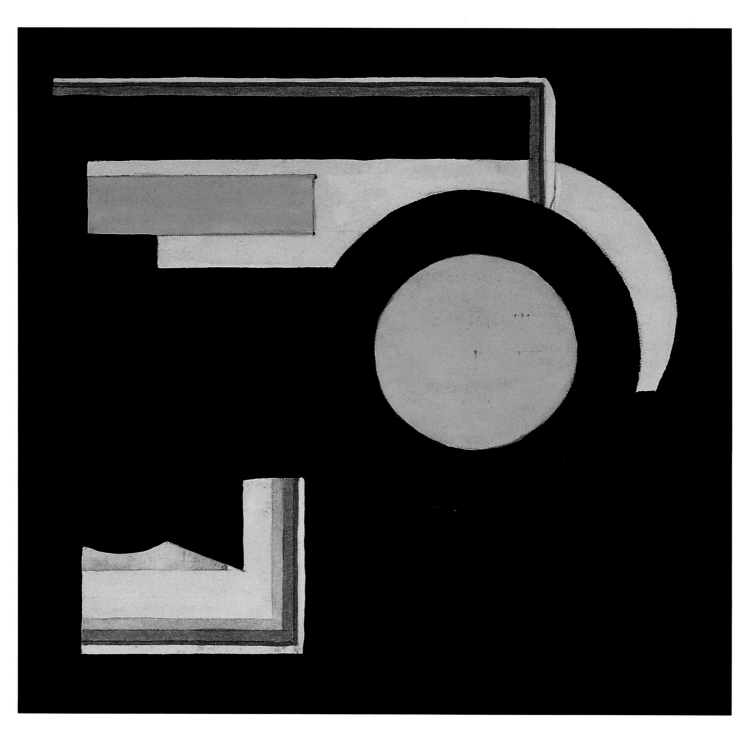

16 Teppichentwurf, um 1930
16 Rug design, circa 1930
16 Projet de tapis, vers 1930

17 Teppichentwurf, um 1925
17 Rug design, circa 1925
17 Projet de tapis, vers 1925

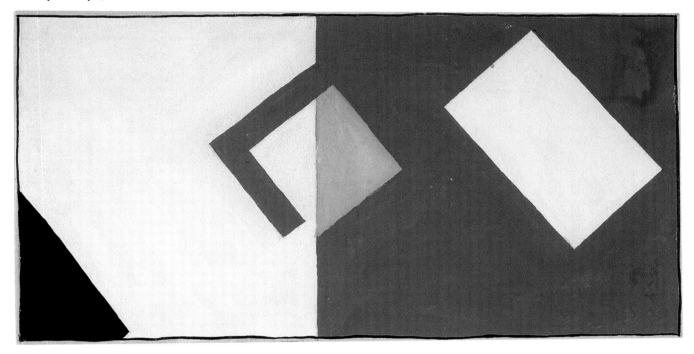

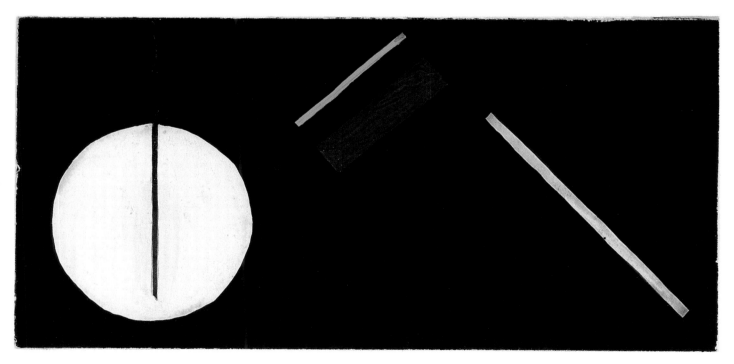

18 Teppichentwurf, um 1925
18 Rug design, circa 1925
18 Projet de tapis, vers 1925

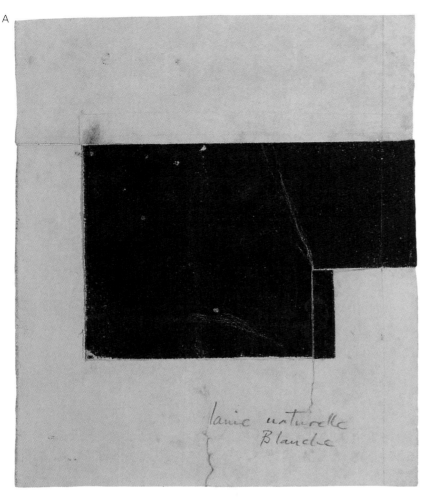

A

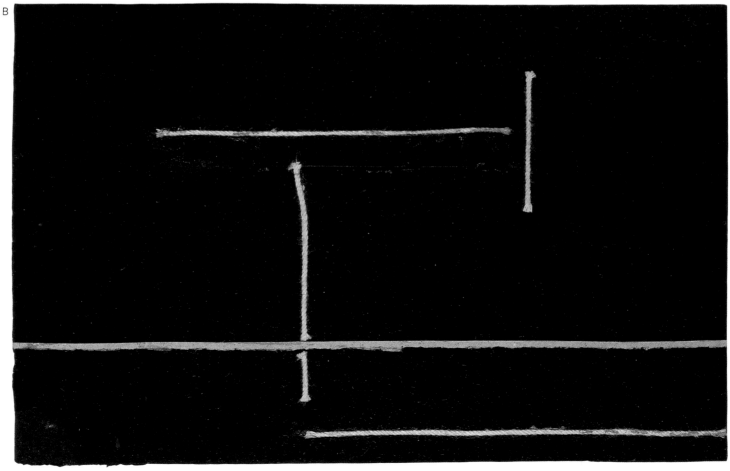

B

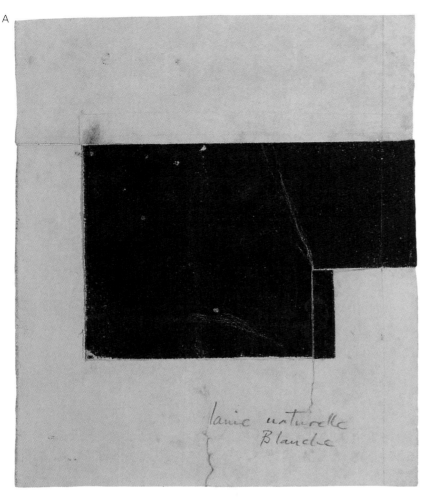

A

19 Teppichentwurf, zwanziger Jahre
19 Rug design, 1920s
19 Projet de tapis, années vingt

B

20 Teppichentwurf, zwanziger Jahre
20 Rug design, 1920s
20 Projet de tapis, années vingt

C

21 Teppichentwurf, zwanziger Jahre
21 Rug design, 1920s.
21 Projet de tapis, années vingt

Abstrakter Teppich, zwanziger Jahre. Wolle.
Rug of abstract design, 1920s. Wool.
Tapis abstrait, années vingt. Laine.

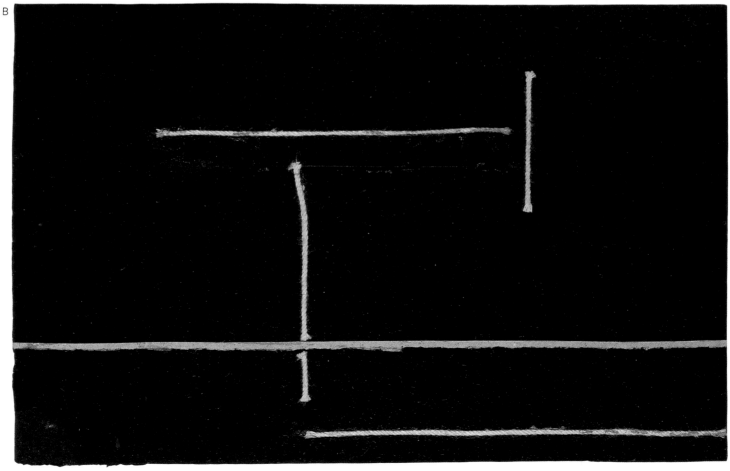

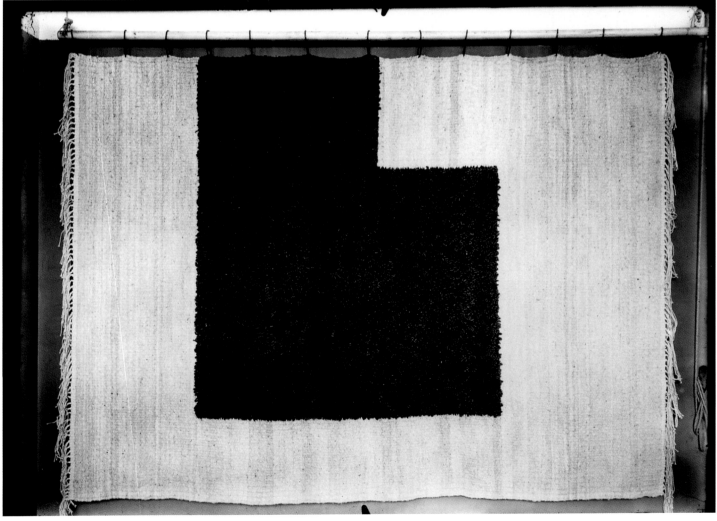

Architektur
Architecture

Vielleicht lag es einfach in der Logik der Dinge, daß Eileen Gray ihre Laufbahn als Architektin beschloß, denn ihr Interesse verlagerte sich immer mehr von Einzelstücken auf die Gestaltung einer Umgebung. Ihre Freundschaft mit Jean Badovici half ihr, die modernistischen Theorien und Experimente nachzuvollziehen. Er vermittelte ihr auch wichtige technische Kenntnisse, denn sie besaß keine Ausbildung als Architektin, auf die sie zurückgreifen konnte. Zu den wenigen Projekten, die sie realisierte, gehören zwei Häuser für ihren Eigenbedarf, »E-1027« und »Tempe a Pailla« sowie die Einrichtung einer Wohnung in der Rue Chateaubriand für Badovici. Sie weisen sie jedoch als Architektin mit einer Vision aus, die mit viel Geschmack und Sensibilität die Prinzipien der beginnenden Moderne anwandte.

Architecture was perhaps the inevitable goal of Eileen Gray's career, as her interests developed from the creation of individual pieces to the exploration of ideas for complete environments. Her friendship with Jean Badovici was crucial in developing her awareness of Modernist theories and experiments. He also provided essential technical support, for she had no formal training as an architect. Her realised projects were few, comprising two houses for her own use, »E-1027« and »Tempe a Pailla«, and the installation of an apartment in the Rue Chateaubriand, Paris, for Badovici. These projects alone, however, confirm her status as an architect of vision, embracing with considerable flair and sensitivity the central principles of the emerging Modern Movement.

L'architecture était peut-être le but inévitable de la carrière d'Eileen Gray: s'intéressant au départ à la création de modèles individuels, elle se dirigea en effet par la suite vers la conception d'environnements complets. Son amitié avec Jean Badovici fut décisive et lui permit de développer sa conscience des théories et des expériences modernistes. Badovici lui procura également le soutien technique nécessaire, par le fait qu'elle ne jouissait pas de formation d'architecte. Les projets qu'elle réalisa furent peu nombreux: ils comprennent deux maisons à son usage, «E-1027» et «Tempe a Pailla», ainsi que l'aménagement d'un appartement pour Badovici, dans la rue Chateaubriand à Paris. A eux seuls, ces projets confirment cependant qu'elle était une architecte d'intuition, capable de saisir les principes centraux du mouvement moderne naissant, grâce à une clairvoyance et une sensibilité remarquables.

Plan von »E-1027«.
The plan of »E-1027«.
Plan de «E-1027».

»E-1027«, Eileen Grays erstes und wichtigstes Bauvorhaben, ein Haus mit Blick aufs Meer, das sie zwischen 1926 und 1929 auf einem felsigen Terrain in Roquebrune bei Menton für sich entworfen und gebaut hatte.

»E-1027«, Eileen Gray's first and most important realised architectural project, a house planned for her own use and built, between 1926 and 1929, on a rocky site overlooking the sea at Roquebrune, near Menton.

«E-1027», le premier projet d'architecture, et en même temps le plus important, réalisé par Gray. Cette maison prévue pour son propre usage a été construite entre 1926 et 1929 sur un terrain rocheux dominant la mer à Roquebrune, près de Menton.

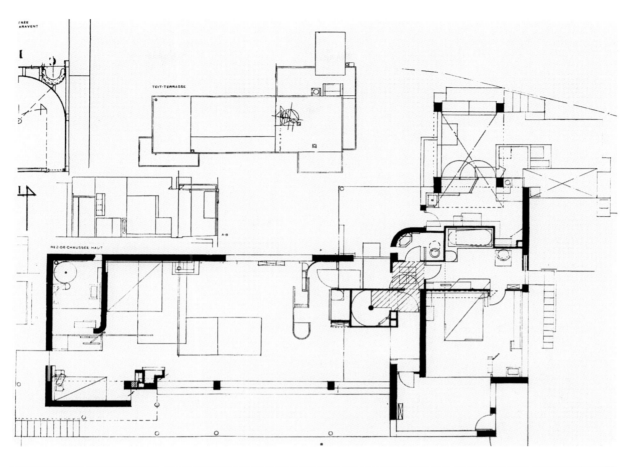

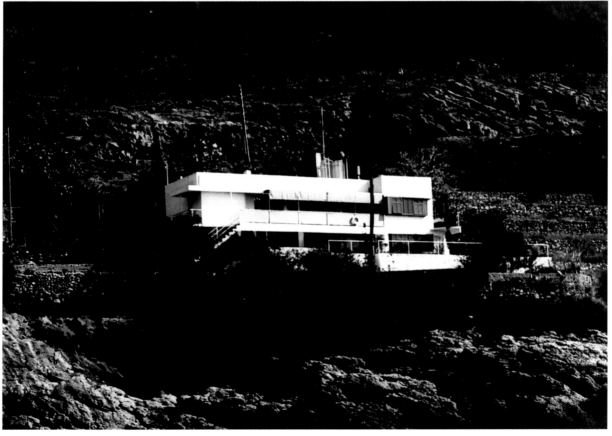

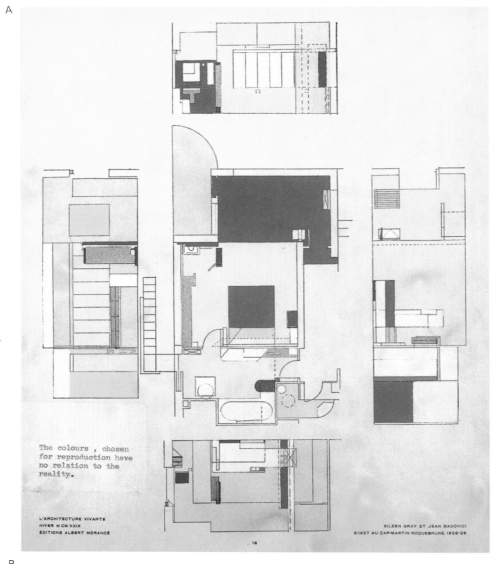

The colours, chosen for reproduction have no relation to the reality.

L'ARCHITECTURE VIVANTE
HIVER M CM XXIX
ÉDITIONS ALBERT MORANCÉ

EILEEN GRAY ET JEAN BADOVICI
E-1027 AU CAP-MARTIN ROQUEBRUNE, 1926-29

- 16 -

» E - 1 0 2 7 «

A

Plan von dem großen Schlafzimmer und dem Studio in »E-1027«.

Plan of the principal bedroom and studio, »E-1027«.

Plan de la chambre principale et du studio, «E-1027».

B

»E-1027«, andere Ansicht.

»E-1027«, another view.

«E-1027», sous une autre perspective.

C

Tisch auf der Terrasse aus verchromtem Stahlrohr mit schalldämpfender Korkplatte und verstellbarer Lampe.

Table on the terrace, in chromium-plated tubular steel with soundproof cork top and adjustable light fitting.

Table sur la terrasse, en tube d'acier chromé, avec un plateau en liège anti-bruits et un appareil d'éclairage réglable.

D

Blick vom Wohnzimmer auf die Terrasse; die geöffnete Fensterwand ist in ihrer ganzen Ausdehnung zu sehen. Die Fenster lassen sich wie eine Ziehharmonika zusammenschließen.

View from the living room through to the terrace, showing the full height concertina windows folded back.

Vue de la terrasse à partir de la salle de séjour, montrant les fenêtres repliées en accordéon.

C

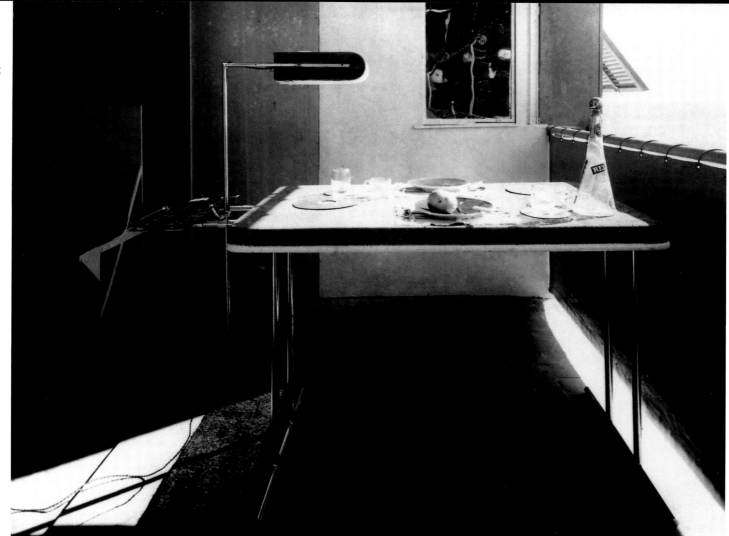

D

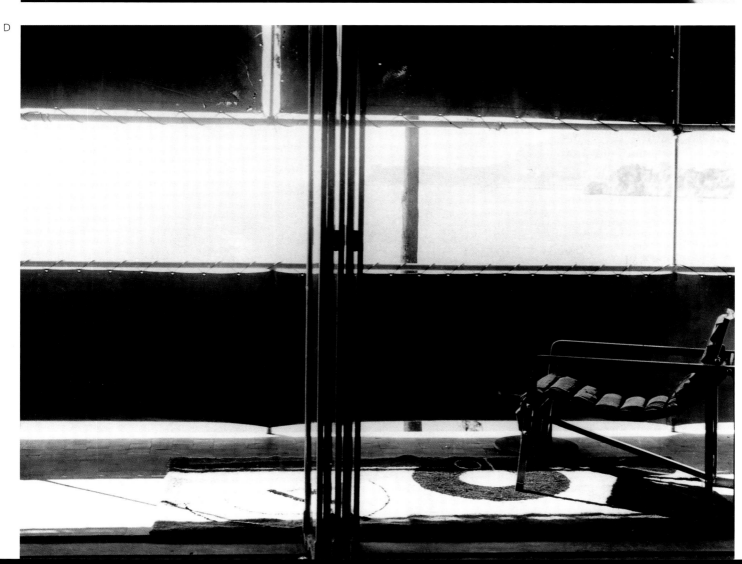

A

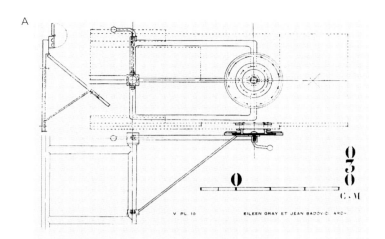

B

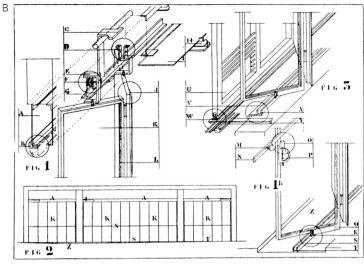

C

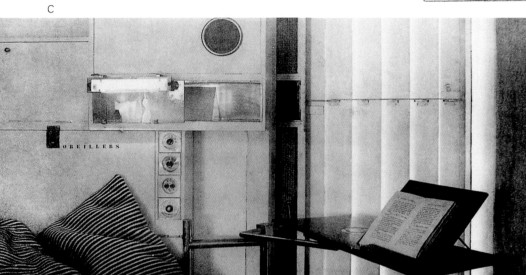

D

A

Technische Zeichnung für ausklappbaren Tisch.

Design for a hinged table.

Projet d'une table escamotable.

B

Technische Zeichnung für die Falt- oder Schiebefenster, aus denen die Hauptfassade bestand.

Designs for the concertina windows which made up the principal façade.

Etudes pour les fenêtres en accordéon qui constituaient la façade principale.

C

Bettisch, Leselampe und Wandschränke.

Bedside reading table, reading light, and cupboards.

Table de chevet, lampe de lecture et armoires.

D

Gästeschlafzimmer mit faltbarem Wandschirm aus perforiertem Feinblech und »E-1027«-Tisch aus verchromtem Stahlrohr.

The guest bedroom, showing perforated sheet metal folding screen and chromium-plated tubular steel »E-1027« table.

La chambre d'ami, montrant un paravent repliable en tôle perforée et la table «E-1027» en tubes d'acier chromé.

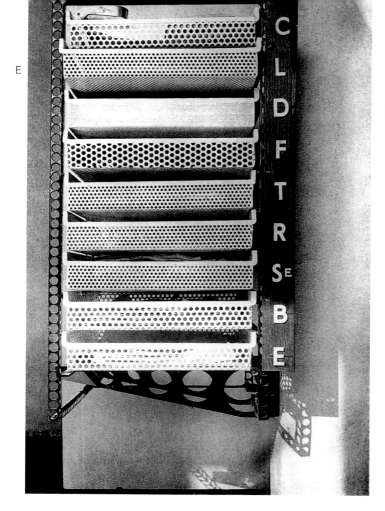

E

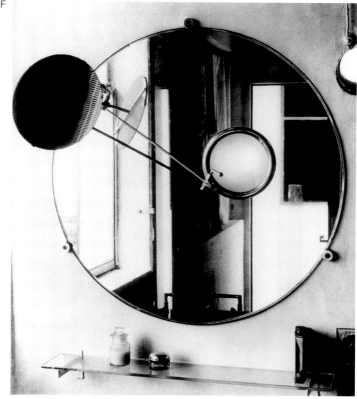

F

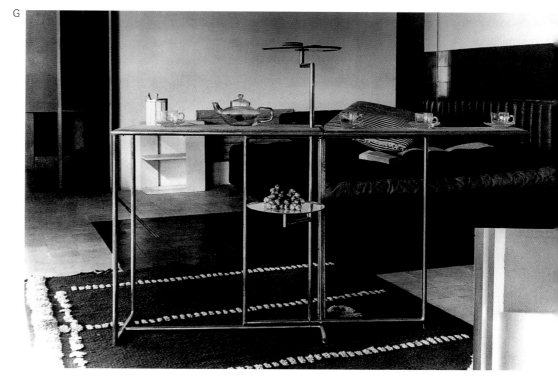

G

E

Schubladen aus industriell hergestelltem, perforiertem Aluminiumblech.

Storage drawers made from industrial perforated sheet metal.

Tiroirs de rangement réalisés en tôle perforée industrielle.

F

»Satelliten«-Spiegel aus verchromtem Stahlrohr mit verstellbarem zweiten Spiegel und indirektem Licht.

»Satellite« mirror in chromium-plated tubular steel, with adjustable secondary mirror and concealed light.

Miroir «Satellite» en tubes d'acier chromé avec second miroir réglable et éclairage indirect.

G

Verstellbarer Teetisch mit ausklappbarer Platte und zwei drehbaren Platten, verchromtes Strahlrohrgestell.

Adjustable tea table with hinged flap and swivel trays on frame of chromium-plated tubular steel.

Table à thé réglable avec partie rabattable et plateaux pivotants sur un cadre en tubes d'acier chromé.

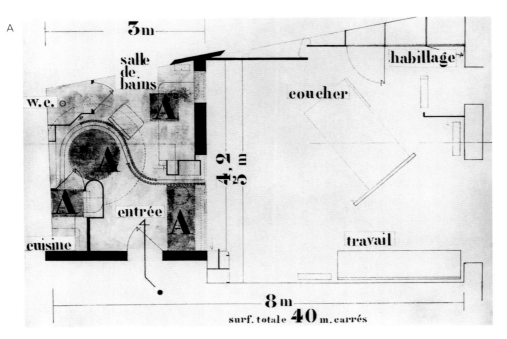

A

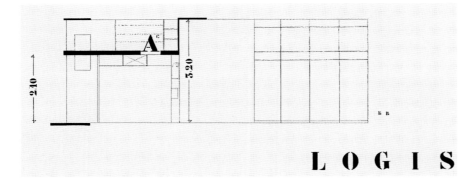

B

LOGIS

»RUE CHATEAUBRIAND«

A

Plan für die Wohnung in der Rue Chateaubriand, die Eileen Gray für Jean Badovici entworfen hatte, 1930/31.

Plan of the Rue Chateaubriand apartment designed by Gray for Jean Badovici, 1930/31.

Plan de l'appartement de la rue Chateaubriand dessiné par Gray pour Jean Badovici, 1930/31.

B

Aufriß einer Schrankwand.

Elevation of cupboard wall.

Plan d'un placard.

C

Abstellraum in einer Deckenluke.

Storage cupboards built into ceiling recess.

Placards de rangement aménagés dans le renfoncement du plafond.

D

Wandschirme, die den Waschraum von dem Wohnraum trennen.

Screens concealing the bathroom.

Paravents masquant la salle de bains.

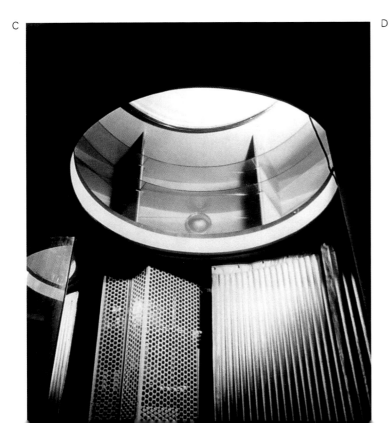

C

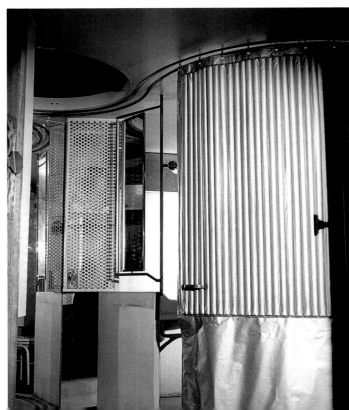

D

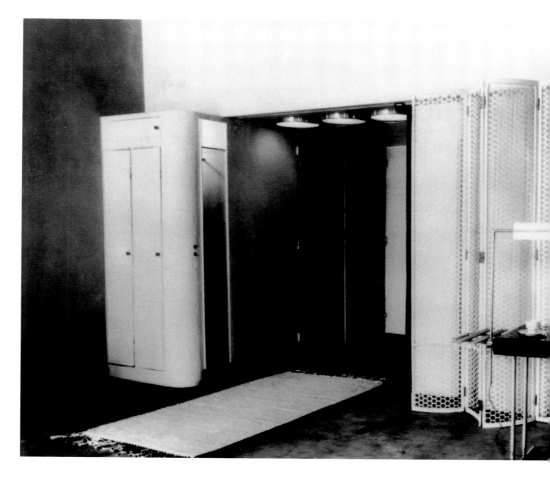

Raum mit perforiertem Metallwandschirm, Detail eines Tisches und Einbauschränke.

Interior, showing perforated metal screen, detail of table and fitted cupboards.

Intérieur, présentant le paravent en métal perforé, le détail d'une table et les placards encastrés.

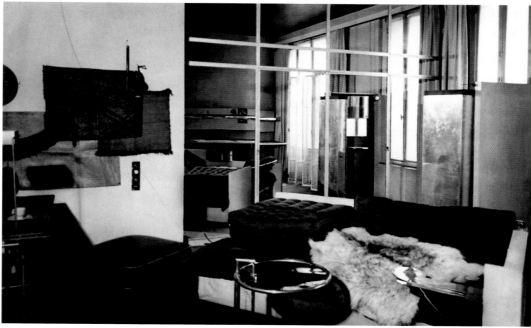

Raum mit Spiegelwandschrank, Bett und Tisch »E-1027«.

Interior, showing mirror-faced cupboard wall, bed and »E-1027« table.

Intérieur, présentant le placards recouverts de glaces, le lit et la table «E-1027».

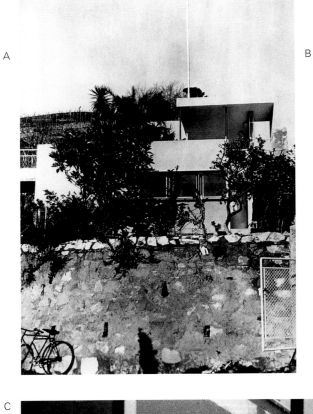

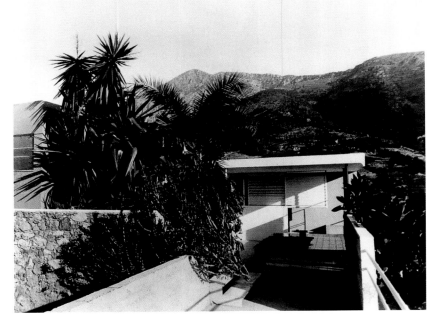

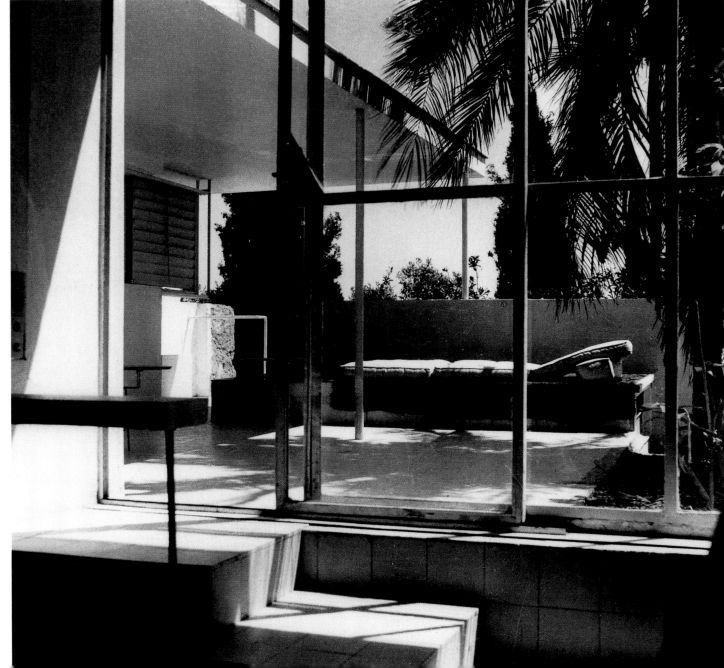

»TEMPE A PAILLA«

A

»Tempe a Pailla«, Haus in Castellar, das Eileen Gray für sich selbst entworfen hat, 1932–34.

»Tempe a Pailla«, the house at Castellar designed by Eileen Gray for her own use, 1932–34.

«Tempe a Pailla», maison à Castellar conçue par Eileen Gray pour son usage personnel, 1932–34.

B

»Tempe a Pailla«.

»Tempe a Pailla«.

«Tempe a Pailla».

C

Blick aus dem Wohnzimmerfenster auf die Terrasse.

View through the living room windows to the terrace.

Vue de la terrasse à travers les fenêtres de la salle de séjour.

D

Terrasse mit faltbarem »S«-Stuhl.

The terrace with folding »S« chair.

La terrasse avec la chaise pliante en «S».

D

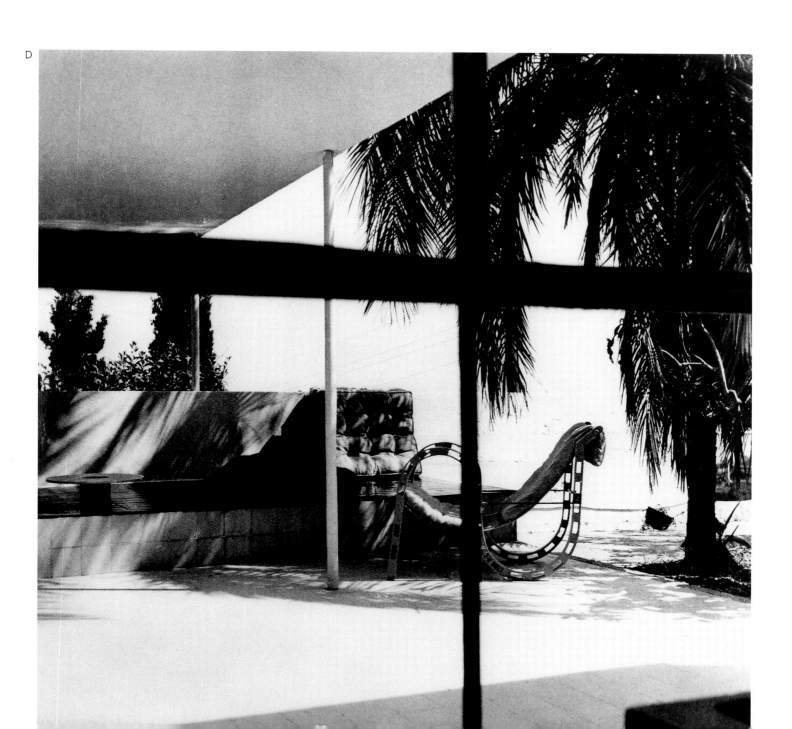

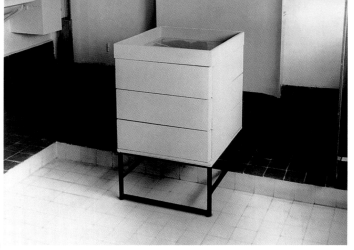

A

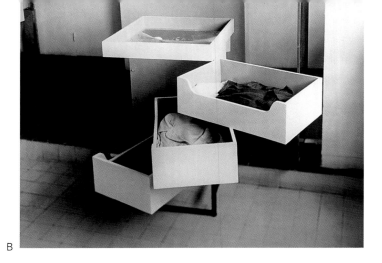

B

C

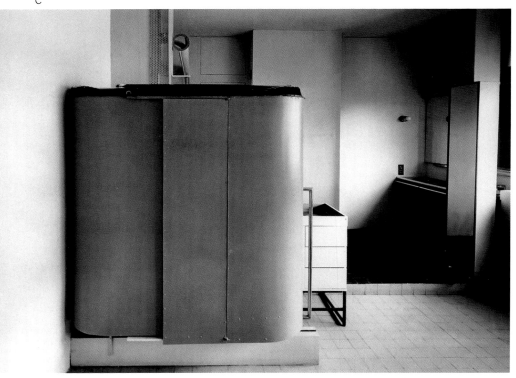

D

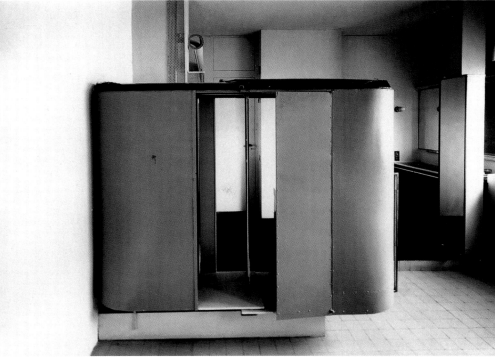

A

Kommode mit ausschwenkbaren Schubladen, geschlossen.

Pivot-drawer clothes chest, closed.

Commode à tiroirs pivotants, fermée.

B

Kommode mit ausschwenkbaren Schubladen, geöffnet.

Pivot-drawer clothes chest, open.

Commode aux tiroirs pivotants, ouverte.

C

Ausziehbarer Garderobenschrank, geschlossen.

Sliding wardrobe unit, closed.

Armoire coulissante, fermée.

D

Ausziehbarer Garderobenschrank, geöffnet.

Sliding wardrobe unit, open.

Armoire coulissante, ouverte.

E

Trittleiter, geöffnet.

Folding steps, open.

Escabeau pliant, en position ouverte.

F

Trittleiter, geschlossen.

Folding steps, closed.

Escabeau pliant, en position fermée.

G

Raum mit Tisch, der in der Höhe verstellbar ist und sich vom Eßtisch in einen Teetisch verwandeln läßt.

Interior, showing adjustable table. This design can be simply adapted from dining to coffee table height.

Intérieur, montrant une table réglable. Ce modèle à hauteur réglable pouvait se transformer en table de salle à manger ou en table de salon.

E

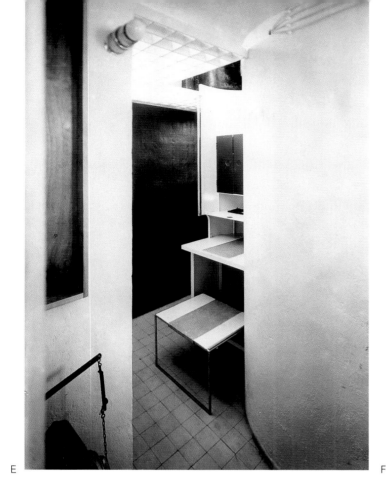

F

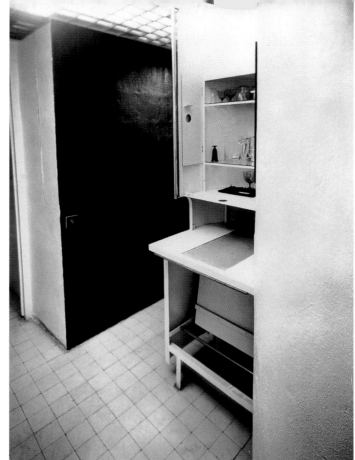

G

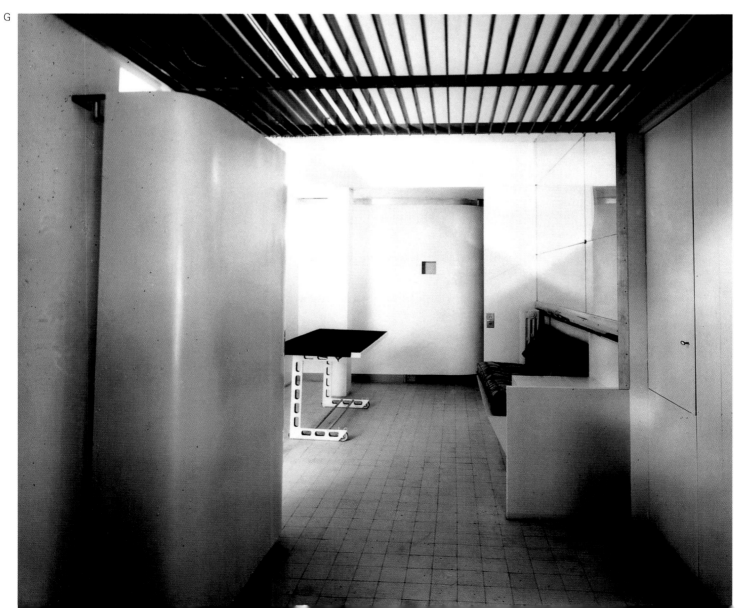

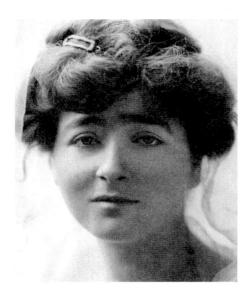

Eileen Gray im Alter von ca. 18 Jahren.
Eileen Gray at about the age of eighteen.
Eileen Gray vers l'age de 18 ans.

1878 Am 9. August wird Eileen Gray auf dem Familiensitz Brownswood bei Enniscorthy in der irischen Grafschaft Wexford geboren.

1900 Sie unternimmt ihre erste Reise nach Paris, begeistert sich für die Stadt und läßt sich 1902 dort nieder. In London besucht sie die Slade School und in Paris die Ecole Colarossi sowie die Académie Julian.

1907 Gray zieht in die Rue Bonaparte Nr. 21, in eine Wohnung, die sie bis zu ihrem Tod beibehält. Sie erlernt bei Charles in der Londoner Dean Street und später bei dem in Paris lebenden japanischen Handwerker Sougawara die Lackkunst.

1913 Gray stellt ihre ersten erfolgreichen Lackarbeiten in dem Salon des Artistes Décorateurs aus und erregt die Aufmerksamkeit des Sammlers Jacques Doucet, der ihr erster wichtiger Mäzen wird.

1914 Gray beendet den Lackparavent »Le Destin« für Doucet.

1915 Sie kehrt mit Sougawara nach London zurück und verbringt dort während des Ersten Weltkriegs zwei Jahre.

1917 In *Vogue* erscheint der erste in Englisch verfaßte Artikel über sie. Sie läßt sich wieder in Paris nieder.

1919 Gray wird damit beauftragt, die Wohnung Mme Mathieu Lévys in der Rue de Lota zu gestalten und zu möblieren. Es ist ihr erstes vollständiges Interieur; in diese Zeit fällt auch die Konzeption ihres berühmten »Block«-Wandschirms.

1922 Im Mai eröffnet Gray die Galerie Jean Désert in der Rue du Faubourg St. Honoré Nr. 217, um ihre Arbeiten zu verkaufen. Sie nimmt an einer Gruppenausstellung in Amsterdam teil, wo sie das Interesse Jan Wils' erregt.

1923 Im Salon des Artistes Décorateurs stellt sie ihr Projekt »Schlafzimmer-Boudoir für Monte Carlo« aus; es wird in Frankreich kritisiert, aber von der holländischen Avantgarde bewundert. Später in diesem Jahr besucht sie eine Ausstellung holländischer Arbeiten und ist beeindruckt. Ihre eigene Ästhetik wird entscheidend davon beeinflußt.

1924 Die holländische Zeitschrift *Wendingen* widmet ihr eine Sondernummer mit Beiträgen von Jean Badovici und Jan Wils. Sie unternimmt mehrere Reisen mit Badovici, um Beispiele moderner Architektur zu studieren; sie beschließen, ihre Ideen in die Praxis umzusetzen und konzipieren ein Haus in Roquebrune im Süden Frankreichs.

1926 Gray und Badovici beginnen mit dem Bau des Hauses, das 1929 fertiggestellt und »E-1027« getauft wird. Die für »E-1027« entworfenen Möbelstücke, wie z. B. der »Transat«-Stuhl und der nach dem Haus benannte verstellbare Bettisch »E-1027«, gehören zu ihren interessantesten Arbeiten.

1930 Gray schließt die Galerie Jean Désert. Sie richtet für Badovici ein kleines Studio in der Rue Chateaubriand in Paris ein, ein Projekt, das sie in dem Jahr darauf beendet. Die Pläne für »E-1027« werden auf der ersten Ausstellung der Union des Artistes Modernes gezeigt.

1932–1934 Das »Tempe a Pailla«, Grays zweites Haus in Südfrankreich, entsteht.

1937 Le Corbusier lädt Gray ein, in seinem Pavillon des Temps Nouveaux auf der Internationalen Ausstellung in Paris ihre Arbeiten zu zeigen. Ihr Beitrag ist der Entwurf eines Ferienzentrums, eines ihrer ehrgeizigsten Projekte, das jedoch nie gebaut wird. Nach dieser Ausstellung zieht sich Gray endgültig zurück, führt jedoch noch kleinere Entwürfe für Teppiche und Einrichtungsgegenstände aus.

1970 Der amerikanische Sammler Robert Walker entdeckt längst vergessene frühe Lackarbeiten von Eileen Gray. Das Interesse an ihrem Werk ist wieder erwacht.

1972 Die Versteigerung von Möbelstücken aus dem Nachlaß Doucets – unter ihnen befindet sich auch der Wandschirm »Le Destin« – macht Eileens Name bekannt. Die erste Retrospektive ihres Werks findet in der Londoner R. I. B. A.'s Heinz Gallery statt.

1976 Am 31. Oktober um 8.30 Uhr stirbt Eileen Gray.

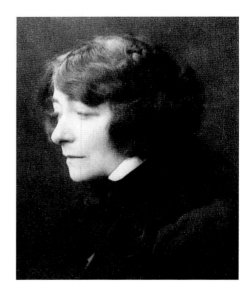

Eileen Gray, um 1910.
Eileen Gray, circa 1910.
Eileen Gray, vers 1910.

1878 Eileen Gray was born on August 9th in the family house, Brownswood, near Enniscorthy, County Wexford, Ireland.

1900 Gray made her first trip to Paris, became enamoured with the city and settled there in 1902. She had enrolled as a student at the Slade School, London, and attended classes in Paris at the Ecole Colarossi and the Académie Julian.

1907 Gray moved into 21 Rue Bonaparte, Paris apartment which she was to occupy until her death. Learned the craft of lacquer from a Mr Charles, Dean Street, London, and from Sougawara, a Japanese craftsman in Paris.

1913 Gray exhibited her first successes in lacquer in the Salon des Artistes Décorateurs, attracting the attention of collector Jacques Doucet, who became her first important patron.

1914 Gray completed the lacquer screen »Le Destin« for Doucet.

1915 Left Paris, with Sougawara, returning to London for two years during the First World War.

1917 The first English-language article published on her work in *Vogue*. She returned to Paris.

1919 Gray was commissioned to furnish and entirely redecorate the Rue de Lota apartment of Mme Mathieu Lévy, her first full interior project. It was in this context that she first developed her now celebrated »block« screens.

1922 In May Gray opened a retail outlet for her

work, the Galerie Jean Désert, 217 Rue du Faubourg Saint Honoré, Paris. She took part in a joint exhibition in Amsterdam and attracted the attention of Jan Wils.

1923   Showed her project for a »Bedroom-boudoir for Monte Carlo« in the Salon des Artistes Décorateurs, attracting criticism from the French but admiration from the avant-garde Dutch. Later in the year she saw and was impressed by an exhibition of Dutch work in Paris. This was to prove a crucial influence in the evolution of her ideas.

1924   A special issue of the Dutch journal *Wendingen* was devoted to Gray's work, with texts by Jean Badovici and Jan Wils. She travelled with Badovici studying examples of Modernist architecture, and they determined to put their ideas into practice in the project of designing and building a house at Roquebrune in the South of France.

1926   Construction was started on the house, completed in 1929 and christened »E-1027«. It was for »E-1027« that she created some of her most exciting Modernist furniture designs, including the »Transat« chair and the telescopic table named after the house.

1930   Gray closed the Galerie Jean Désert. She started work on the refurbishing of a small apartment for Badovici, Rue Chateaubriand, Paris, a project completed the following year. She showed the plans of »E-1027« in the first exhibition of the Union des Artistes Modernes.

1932–1934   Gray designed another house for herself in the South of France, »Tempe a Pailla«, at Castellar.

1937   Gray was invited by Le Corbusier to show within his Pavillon des Temps Nouveaux at the Paris Exposition Internationale. She presented her project for a Centre de Vacances. It was her most ambitious scheme but was never to be realised. After this date she went into effective retirement, though still working on designs, maquettes and small refurbishment projects.

1970   American collector Robert Walker started to track down examples of Gray's lacquer work, now almost completely forgotten, and was instrumental in initiating its wider reappraisal.

1972   The Paris auction of furniture from Doucet's estate, including »Le Destin«, gave new momentum to the revival of interest in Gray's career. The first retrospective exhibition of her work was held in London at the R. I. B. A.'s Heinz Gallery.

1976   Eileen Gray died at 8.30 a.m. on October 31st, 1976.

EILEEN GRAY: 1878–1976 VIE ET ŒUVRE

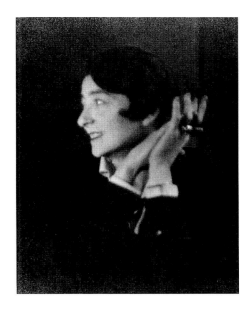

Eileen Gray.
Photo: Berenice Abbott, Paris 1926.

1878   Eileen Gray naît le 9 août 1878 dans le domaine familial de Brownswood, près de Enniscorthy, dans le comté de Wexford en Irlande.

1900   Gray fait son premier voyage à Paris, tombe amoureuse de cette ville et s'y installe en 1902. Elle se fait immatriculer à la Slade School de Londres et suit les cours de l'Ecole Colarossi et de l'Académie Julian à Paris.

1907   Gray emménage au 21 rue Bonaparte à Paris. Elle gardera cet appartement jusqu'à sa mort. M. Charles, Dean Street, Londres et un artisan japonais à Paris, Sougawara, lui enseignent la technique de la laque.

1913   Gray présente ses premiers ouvrages en laque au Salon des Artistes Décorateurs et attire l'attention du collectionneur Jacques Doucet qui devient son premier mécène important.

1914   Gray achève pour Doucet le paravent en laque «Le Destin».

1915   Quitte Paris avec Sougawara et reste deux ans à Londres pendant la Première Guerre mondiale.

1917   Le premier article en langue anglaise sur son travail est publié dans *Vogue*. Retourne à Paris.

1919   Mme Mathieu Lévy demande à Gray de meubler et de redécorer entièrement son appartement de la rue de Lota. C'est sa première réalisation complète d'un intérieur. Dans ce contexte, elle développe ses paravents en «blocs» désormais célèbres.

1922   Gray ouvre en mai un magasin pour la vente de ses ouvrages, la Galerie Jean Désert, 217 rue du Faubourg Saint Honoré à Paris. Elle participe à une exposition collective à Amsterdam et attire l'attention de Jan Wils.

1923   Présente son projet d'une «Chambre-boudoir pour Monte-Carlo» au Salon des Artistes Décorateurs, ce qui lui vaut les critiques des Français mais aussi admiration des Hollandais d'avant-garde. Plus tard la même année, elle visite à Paris l'exposition des ouvrages hollandais qui lui laissent une forte impression. Ceci devait avoir une influence décisive sur l'évolution de ses idées.

1924   Un numéro spécial du journal hollandais *Wendingen* est consacré au travail de Gray, avec des textes de Jean Badovici et de Jan Wils. Elle voyage avec Badovici et étudie les exemples d'architecture moderniste. Ils décident de concrétiser leurs idées dans la construction d'une maison à Roquebrune dans le Sud de la France.

1926   Début de la construction de la maison qui sera achevée en 1929 et reçoit le nom de «E-1027». C'est pour «E-1027» qu'elle crée quelques-uns de ses meubles les plus remarquables, dont le fauteuil «Transat» et la table télescopique du même nom que la maison.

1930   Gray ferme la Galerie Jean Désert. Elle entreprend des travaux de rénovation pour le petit appartement de Badovici, rue Chateaubriand à Paris. Ces travaux sont achevés l'année suivante. Elle présente les plans de «E-1027» à la première exposition de l'Union des Artistes Modernes.

1932–1934   Gray construit une maison à son usage dans le Sud de la France, «Tempe a Pailla», à Castellar.

1937   Gray est invitée par Le Corbusier à partager son Pavillon des Temps Nouveaux à l'Exposition Internationale de Paris. Elle y présente son projet pour un Centre de Vacances qui ne verra jamais le jour, malgré qu'il soit son projet le plus ambitieux. A partir de cette date, elle prend sa retraite, bien qu'elle continue à réaliser des études, des maquettes et des petits projets de rénovation.

1970   Le collectionneur américain Robert Walker commence à découvrir des exemples de laques de Gray, qui avaient pratiquement sombré dans l'oubli. C'est grâce à lui qu'ils commencent de nouveau à être estimés.

1972   A Paris, la vente aux enchères des meubles de la collection Doucet, parmi lesquels figure «Le Destin» accentue encore l'intérêt porté à la carrière de Gray. Sa première rétrospective a lieu à Londres, à la Galerie Heinz du R. I. B. A.

1976   Eileen Gray décède le 31 octobre, à 8 heures 30 du matin.

LEGENDEN

Die Maßangaben beziehen sich auf: Höhe (H), Breite (B), Tiefe (T), Länge (L), Durchmesser (D).

»EINE MEISTERIN DER LACKKUNST«

1 Lackteller, um 1920
Lack auf Holz.
D. 16,25 cm.
Privatbesitz.

2 Lackschachtel mit Deckel, um 1920
Lack auf Holz.
H. 8 cm, D. 9,75 cm.
Privatbesitz.

3 Lackgefäß mit Deckel auf Ständer, um 1920
Lack auf Holz.
H. 15 cm, D. 24 cm.
Privatbesitz.

4 Lackschale, um 1920
Lack auf Holz.
D. 31 cm.
Privatbesitz.

»E-1027«

1 Doppelstecker, um 1925
Aluminium auf Holzsockel.
H. 33 cm, D. 38 cm.
Privatbesitz.

LACKARBEITEN, JACQUES DOUCET UND MME MATHIEU LÉVY

1 »Le Magicien de la Nuit«, Lackpaneel, 1912
Lackpaneel mit Perlmutt-Einlage.
Von M. und Mme Bob Vallois freundlicherweise zur Verfügung gestellt.
Privatbesitz, Paris.

2 »Le Destin«, Lackwandschirm, 1914
Lackarbeit, ausgeführt von Eileen Gray, signiert und datiert: »Eileen Gray 1914«.
H. 119 cm, B. 216 cm.
Privatbesitz.
Ursprünglich erworben von Jacques Doucet.

3 »Block«-Wandschirm, um 1925
Weißlackierte Holzquader, um Verbindungsstäbe aus Stahl drehbar.
H. 214 cm.
Privatbesitz.
Die Versionen in Weiß wurden zum erstenmal 1923 in dem Monte-Carlo-Zimmer ausgestellt.
Der abgebildete Wandschirm wurde von Eileen Gray für ihr Appartement in der Rue Bonaparte entworfen.

4 »Block«-Wandschirm, um 1925
Schwarze Lackquader, um Verbindungsstäbe aus Stahl drehbar.
H. 197 cm.
Privatbesitz.
Dieser Wandschirm wurde von Eileen Gray in ihrem Appartement in der Rue Bonaparte benutzt.

5 »Block«-Wandschirm, um 1925
Schwarze Lackquader, drehbar um Verbindungsstäbe aus Stahl.
H. 214 cm.
Privatbesitz.
Es existieren mehrere Versionen mit einer unterschiedlichen Anzahl von Reihen, Quadern und auch unterschiedlichen Proportionen.
Der abgebildete Wandschirm wurde von Jean Badovici erworben.

6 Lackwandschirm, um 1922–25
Strukturierter Lack, mit Silberblättchen verziert.
The Victoria and Albert Museum, London.

7 Lackwandschirm, um 1922–25
Lack auf Holz mit eingravierter geometrischer Zeichnung.
H. 140 cm, B. 160 cm.
Courtesy Christie's.

CAPTIONS

The measurements refer to: height (H), width (W), depth (D), length (L), diameter (Dia).

»AN ARTIST IN LACQUER«

1 Lacquer plates, circa 1920
Lacquered wood.
Dia. 16.5 cm.
Private collection.

2 Lacquer box and cover, circa 1920
Lacquered wood.
H. 15 cm, Dia. 9.75 cm.
Private collection.

3 Lacquer jar and cover on stand, circa 1920
Lacquered wood.
H. 15 cm, Dia. 24 cm.
Private collection.

4 Lacquer bowl, circa 1920
Lacquered wood.
H. 15 cm, Dia. 24 cm.
Private collection.

»E-1027«

1 Junction box, circa 1925
Electric socket in aluminium mount on wood base.
H 33 cm, Dia. 38 cm.
Private collcetion.

LACQUER WORKS, JACQUES DOUCET AND MME MATHIEU LÉVY

1 »Le Magicien de la Nuit«, Lacquer panel, 1912
Lacquered wood panel, with mother-of-pearl inlay.
Private collection, Paris.
Courtesy M. and Mme Bob Vallois.

2 »Le Destin«, Lacquer screen, 1914
Lacquered wood, executed by Eileen Gray and signed and dated by her »Eileen Gray 1914«.
H. 119 cm, W. 216 cm.
Private collection.
Originally acquired by Jacques Doucet.

3 »Block«-screen, circa 1925
White painted wood blocks, pivoting on steel rods.
H. 214 cm.
Private collection.
White versions of the »block«-screen made their first appearance in 1923 in the bedroom-boudoir for Monte Carlo. This particular example was used by Gray in her Rue Bonaparte apartment.

4 »Block«-screen, circa 1925
Black lacquered wood blocks, pivoting on steel rods.
H. 197 cm.
Private collection.
This particular screen was used by Gray in her Rue Bonaparte apartment.

5 »Block«-screen, circa 1925
Black lacquered wood blocks, pivoting on steel rods.
H. 214 cm.
Private collection.
Several variants exist of this idea, with different sizes for the block unit and with varying numbers of blocks and overall proportions. This particular screen was acquired by Jean Badovici.

6 Lacquer screen, circa 1922–25
Lacquered wood with decoration in textured lacquer and silver leaf.
The Victoria and Albert Museum, London.

7 Lacquer screen, circa 1922–25
Lacquered wood with incised geometric decoration.
H. 140 cm, W. 160 cm.
Courtesy Christie's.
This screen was bought from Jean Désert by Mme Jacques Errera and is illustrated in a photograph of her bedroom, *Art & Industrie*, 10 November 1926, p. 17.

8 Lacquer screen, circa 1922–25
Lacquered wood with incised geometric decoration.
H. 199 cm, W. 260 cm.
Private collection.

LÉGENDES

Les mesures se rapportent à la: hauteur (H), largeur (L), profondeur (P), longueur (Lo), diamètre (D).

«UN ARTISTE DU LAQUE»

1 Plats en laque, vers 1920
Bois laqué.
D. 16,25 cm.
Collection particulière.

2 Boîte et couvercle en laque, vers 1920
Bois laqué.
H. 8 cm, D. 9,75 cm.
Collection particulière.

3 Pot et couvercle sur socle, vers 1920
Bois laqué.
H. 15 cm, D. 24 cm.
Collection particulière.

4 Coupe en laque
Bois laqué.
D. 31 cm.
Collection particulière.

«E-1027»

1 Boîte de distribution, vers 1925
Prises électriques en aluminium sur un support en bois.
H. 33 cm, D. 38 cm.
Collection particulière.

LES LAQUES, JACQUES DOUCET ET MME MATHIEU LÉVY

1 «Le Magicien de la Nuit», Panneau en laque, 1912
Panneau en bois laqué, incrusté de nacre.
Collection particulière, Paris.
Courtesy M. et Mme Bob Vallois.

2 «Le Destin», Paravent en laque, 1914
Bois laqué, exécuté par Eileen Gray, signé et daté avec la mention «Eileen Gray 1914».
H. 119 cm, L. 216 cm.
Collection particulière.
Acquis par Jacques Doucet.

3 Paravent en «blocs», vers 1925
Blocs blancs en bois peint, pivotant sur des tringles en acier.
H. 214 cm.
Collection particulière.
Les versions en blanc du paravent en «blocs» sont apparues pour la première fois en 1923 dans la chambre-boudoir pour Monte-Carlo. Ce modèle-ci a été utilisé par Gray dans son appartement de la rue Bonaparte.

4 Paravent en «blocs», vers 1925
Blocs de bois, laqués noirs, pivotant sur des tringles en acier.
H. 197 cm.
Collection particulière.
Ce modèle particulier a été utilisé par Gray dans son appartement de la Rue Bonaparte.

5 Paravent en «blocs», vers 1925
Blocs de bois, laqués noirs, pivotant sur des tringles en acier.
H. 214 cm.
Collection particulière.
Il existe plusieurs variantes de ce type de paravent, les dimensions des blocs, leur nombre et les proportions de l'ensemble diffèrent d'une variante à l'autre. Ce modèle-ci a été acquis par Jean Badovici.

6 Paravent en laque, vers 1922–25
Bois laqué avec décorations en relief et à la feuille d'argent.
The Victoria and Albert Museum, Londres.

7 Paravent en laque, vers 1922–25
Bois laqué incisé de décorations géométriques.
H. 140 cm, L. 160 cm.
Courtesy Christie's.
Mme Jacques Errera acheta ce paravent chez Jean

Dieser Wandschirm wurde von Mme Jacques Errera bei Jean Désert erworben und ist auf einer Fotografie ihres Schlafzimmers abgebildet in *Art & Industrie*, 10. Nov. 1926, S. 17.

8 Lackwandschirm, um 1922–25
Lack auf Holz mit eingravierter, geometrischer Zeichnung.
H. 199 cm, B. 260 cm.
Privatbesitz.

9 Lackwandschirm, um 1922–25
Lack auf Holz.
H. 286 cm, B. 190 cm.
Privatbesitz.
Einer der beiden Wandschirme wurde in der Galerie Jean Désert aufgestellt, um die Treppe zu verbergen.

10 Metallwandschirm, um 1926–29
Gestrichenes Holz und perforiertes Metallblech.
H. 167 cm, B. 139 cm.
Privatbesitz.
Entworfen für »E-1027«.

11 Zelluloid-Wandschirm, 1931
Zwei geschwungene Paneele in einem Aluminiumrahmen.
H. 265, B. 160 cm.
Privatbesitz.

12 Lackpaneel, um 1913–15
Lack auf Holz, zeigt eine Figur auf einem Balkon, die auf zwei ringende Gestalten blickt.
H. 54 cm, B. 47,5 cm ohne Rahmen.
Privatbesitz.
Ursprünglich erworben von Damia.

13 Lackpaneel, um 1913–15
Lack mit Perlmutt-Einlage, zeigt eine Frau in einem stilisierten Garten.
H. 54 cm, B. 47,5 cm ohne Rahmen.
Privatbesitz, Paris.
Courtesy M. et Mme Bob Vallois.
Ursprünglich erworben von Damia.

14 »Bilboquet«-Tisch, um 1915
Lack auf Holz, Füße mit Silbereinlagen verziert, angefertigt für Jacques Doucet, befand sich in der Mitte seines Salons in dem Neuilly-Studio.

15 »Lotus«-Tisch, um 1915
Lack auf Holz, Kordeln mit Quasten und Bernsteinkugeln.
H. 82 cm, L. 163 cm, T. 64 cm.
Privatbesitz.
Wurde für Jaques Doucet angefertigt und in dem orientalischen Kabinett seines Neuilly-Studios aufgestellt.

16 Kleiner Tisch, um 1915
H. 77,5 cm, B. 91 cm, T. 51 cm.
Collection M. und Mme Bob Vallois, Paris.
Lack auf Holz, wurde für Jacques Doucet angefertigt und stand am Fuß der Treppe seines Studios in Neuilly.

17 »Pirogue«-Sofa, um 1919/20
Lack auf Holz.
Virginia Museum of Fine Arts, Richmond. Gift of Sydney and Frances Lewis.
Eine der drei bekannten Versionen.

18 »Pirogue«-Sofa, um 1920–22
Lack auf Holz, außen Schildplatteffekt, innen silbrig, strukturiert.
Privatbesitz.
Entwurf für die Wohnung Mme Lévys in der Rue de Lota. Originalversion für Mme Lévy.

19 Kabinettschrank aus Lack, um 1920–22
Lack auf Holz, glatt und strukturiert.
Collection Yves Saint-Laurent, Paris.
Dieser Schrank befand sich in dem Speiseraum der Rue de Lota.

20 Liege, um 1920/22.
Lack auf Holz mit eingravierter Dekoration.
H. 70 cm, L. 196 cm, B. 95,5 cm.
Courtesy Christie's.
Die Liege befand sich ursprünglich in dem Boudoir der Wohnung in der Rue de Lota.

21 »Serpent«-Lehnstuhl, um 1920–22
Lack auf Holz, geschnitzt.
Collection Yves Saint-Laurent, Paris.
Dieser Stuhl befand sich in dem Salon der Wohnung in der Rue de Lota.

9 Lacquer screen, circa 1922–25
Lacquered wood.
H. 286 cm, W. 190 cm.
Private collection.
One of a pair of screens used in Jean Désert to conceal the stairs.

10 Metal screen, circa 1926–29
Painted wood and perforated sheet metal.
H. 167.5 cm, W. 139 cm.
Private collection.
Designed for »E-1027«.

11 Celluloid screen, 1931
Consisting of bowed celluloid panels in aluminium frame.
H. 265 cm, W. 160 cm.
Private collection.

12 Lacquer panel, circa 1913–15
Lacquered wood, depicting a figure on a balcony looking down on two figures locked in combat.
H. 54 cm, W. 47.5 cm excluding frame.
Private collection.
Originally acquired by Damia.

13 Lacquer panel, circa 1913–15
Lacquered wood panel with ivory inlay, depicting a woman in a formalised garden.
H. 54, W. 47.5 cm excluding frame.
Private collection, Paris.
Courtesy M. and Mme Bob Vallois.
Originally acquired by Damia.

14 »Bilboquet« table, circa 1915
Lacquered wood with silvered details on the legs. This piece was made for Jacques Doucet and was set in the centre of the salon in his Neuilly Studio.

15 »Lotus« table, circa 1915
Lacquered wood with cords and tassels decorated with amber.
H. 82 cm, L. 163 cm, D. 64 cm.
Private collection.
This table was made for Jacques Doucet and was set in the »Cabinet d'orient« in his Neuilly Studio.

16 Small table, circa 1915.
Lacquered wood.
H. 77.5 cm, W. 91 cm, D. 51 cm.
Collection M. and Mme Bob Vallois, Paris.
This piece was made for Jacques Doucet and set at the foot of the stairs of his Neuilly Studio.

17 »Pirogue« daybed, circa 1919–20
Lacquered wood.
Virginia Museum of Fine Arts, Richmond. Gift of Sydney and Frances Lewis.
This is one of three examples recorded.

18 »Pirogue« daybed, circa 1920–22
Lacquered wood, the outside in tortoiseshell effect, the inside silvered and textured.
Private collection.
This design was conceived for the Rue de Lota apartment of Mme Mathieu Lévy. This is the original version made for Mme Lévy.

19 Lacquer cabinet, circa 1920–22
Smooth and textured lacquer on wood.
Collection Yves Saint-Laurent, Paris.
This cabinet featured in the dining-room of the Rue de Lota apartment.

20 Daybed, circa 1920–22
Lacquered wood with incised decoration.
H. 70 cm, L. 196 cm, W. 95.5 cm.
Courtesy Christie's.
This daybed featured in the boudoir of the Rue de Lota apartment.

21 »Serpent« chair, circa 1920–22
Carved and lacquered wood.
Collection Yves Saint-Laurent, Paris.
This chair featured in the salon of the Rue de Lota apartment.

TABLES, CABINETS, CHAIRS

1 Occasional table, circa 1920–22
Lacquered wood, part smooth, part textured.
H. 44 cm, D. 70.5 cm.
Private collection.
This table was included in the bedroom-boudoir for Monte Carlo and was later acquired by Damia.

Désert. Il figure dans une photographie de sa chambre, *Art & Industrie*, 10 novembre 1926, p. 17.

8 Paravent en laque, vers 1922–25
Bois laqué incisé de décorations géométriques.
H. 199 cm, L. 260 cm.
Collection particulière.

9 Paravent en laque, vers 1922–25
Bois laqué.
H. 286 cm, L. 190 cm.
Collection particulière.
L'un des deux paravents installés à Jean Désert pour masquer les escaliers.

10 Paravent en métal, vers 1926–29
Bois peint et métal perforé.
H. 167 cm, L. 139 cm.
Collection particulière.
Créé pour «E-1027».

11 Paravent en celluloïd, 1931
Panneaux en celluloïd courbés dans un cadre en aluminium.
H. 265, L. 160 cm.
Collection particulière.

12 Panneau en laque, vers 1913–15
Bois laqué, représente un personnage qui, de son balcon, assiste au combat de deux autres.
H. 54 cm, L. 47,5 cm (sans le cadre).
Collection particulière.
Acheté à l'origine par Damia.

13 Panneau en laque, vers 1913–15
Panneau en bois laqué, incrusté d'ivoire, représente une femme dans un jardin.
H. 54 cm, L. 47,5 cm (sans le cadre).
Collection particulière, Paris.
Courtesy M. et Mme Bob Vallois.
Acheté à l'origine par Damia.

14 Table «Bilboquet», vers 1915
Bois laqué et détails argentés sur les pieds.
Cette table a été réalisée pour Jacques Doucet et était placée au milieu du salon du studio de Neuilly.

15 Table «Lotus», vers 1915
Bois laqué avec cordons et glands, décoré à l'ambre.
H. 82 cm, L. 163 cm, P. 64 cm.
Collection particulière.
Cette table a été réalisée pour Jacques Doucet et figurait dans le «Cabinet d'Orient» de son studio de Neuilly.

16 Petite table, vers 1915
Bois laqué.
H. 77,5 cm, L. 91 cm, P. 51 cm.
Collection M. et Mme Bob Vallois, Paris.
Ce meuble a été réalisé pour Jacques Doucet et était placé au pied de l'escalier dans son studio de Neuilly.

17 Divan «Pirogue», 1919/20
Bois laqué.
Virginia Museum of Fine Arts, Richmond. Gift of Sydney and Frances Lewis.
L'un des trois modèles documentés.

18 Divan «Pirogue», vers 1920–24
Bois laqué, l'extérieur à effet d'écaille, l'intérieur argenté et en relief.
Collection particulière.
Ce modèle a été conçu pour l'appartement de la rue de Lota de Mme Mathieu Lévy. Version originale pour Mme Lévy.

19 Cabinet en laque, vers 1920–22
Bois laqué.
Collection Yves Saint-Laurent, Paris.
Ce cabinet figurait dans la salle à manger de l'appartement de la rue de Lota.

20 Divan, vers 1920–22
Bois laqué, à motifs incisés.
H. 70 cm, L. 196 cm, P. 95,5 cm.
Courtesy Christie's.
Ce divan figurait dans le boudoir de l'appartement de la rue de Lota.

21 Fauteuil, vers 1920–22
Bois sculpté et laqué.
Collection Yves Saint Laurent, Paris.
Ce fauteuil figurait dans le salon de l'appartement de la rue de Lota.

TISCHE, SCHRÄNKE, STÜHLE

1 Beistelltisch, um 1920–22
Lack auf Holz, teils glatt, teils strukturiert.
H. 44 cm, T. 70,5 cm.
Privatbesitz.
Der Tisch wurde für das Monte-Carlo-Zimmer angefertigt und später von Damia erworben.

2 Schwarzer Lacktisch, um 1920–25
Lack auf Holz mit geschnitzten Elfenbeingriffen von Inagaki.
H. 75 cm, B. 161 cm, T. 99 cm.
Privatbesitz.
Von diesem Tisch sind zwei Ausführungen dokumentiert: Ein Tisch ist auf Fotografien des Monte-Carlo-Zimmers zu erkennen, ein anderer wurde für Mme Mathieu Lévy angefertigt.

3 Lacktisch, um 1918–20
Lack auf Holz mit silber- und goldfarbenen Motiven, Perlmutt-Einlagen und Goldstaub.
Primavera Gallery, New York.

4 Tisch, um 1923
Gestrichenes Holz. Die Form ist eine Homage an die De-Stijl-Bewegung. H. 61 cm, B. 65 cm.
Virginia Museum of Fine Arts, Richmond.
Gift of Sydney and Frances Lewis.

5 Toilettentisch, um 1925–30
Stahlrohr verchromt und Rosenholz.
Privatbesitz.

6 Großer Tisch, zwanziger Jahre.
Lackierte Holzplatte auf grau gestrichenem Holzsockel.
H. 60 cm, L. 220 cm, B. 82,5 cm.
Privatbesitz.
Der Tisch wurde von Gray für ihr Appartement in der Rue Bonaparte angefertigt.

7 Niedriger Tisch, um 1930–35
Gestrichenes Holz mit Querstreben in Metall und seitlichen Metallschienen.
H. 32,5 cm, B. 52 cm, T. 50 cm.
Privatbesitz.

8 Beistelltisch, um 1930
Gestrichenes Holz.
H. 31 cm, T. 40 cm.
Privatbesitz.

9 Toilettentisch, Anfang der zwanziger Jahre
Eiche, in Ebenholz getrimmt und Ahorn, schwenkbare Schubladen mit Elfenbeingriffen.
H. 71,5 cm, B. 63 cm, T. 41 cm.
Privatbesitz.

10 Tisch mit Laufrollen, um 1926–29
Gestrichenes Holz und Stahlrohr.
H. 77 cm, B. 84 cm, T. 52,25 cm.
Privatbesitz.
Für »E-1027« entworfen, wo er als Plattenspielertisch Verwendung fand.

11 Tisch mit ausklappbarer Platte für »E-1027«, um 1926–29
Stahlrohr und gestrichenes Holz.
Das Gestell schiebt sich wie ein Teleskop auseinander, um die ausgeklappte Tischplatte zu stützen.
Zusammengeklappt und geöffnet.

12 Transportabler Tisch, um 1925–30
Stahlrohr und gestrichenes Holz.
H. 58,5 cm, B. 41 cm.
Privatbesitz.

13 Transportabler Tisch, um 1925–30
Stahlrohr und gestrichenes Holz.
H. 58 cm.
Privatbesitz.

14 »E-1027«-Tisch, um 1926–29
Stahlrohr lackiert mit Plexiglasplatte.
H. 62 cm, B. 51 cm.

15 »E-1027«-Tisch, um 1926–29
Stahlrohr verchromt mit Metallplatte.
H. 61 cm, B. 50 cm.

16 Eßtisch für »E-1027«, um 1926–29
Stahlrohr, in der Höhe verstellbar. Platte aus Kork, zwei Sektionen.
H. 73 cm, L. 115,5 cm, B. 63 cm.
Privatbesitz.

---

2 Black lacquer desk, circa 1920–22
Lacquered wood with carved ivory handles made by Inagaki.
H. 75 cm, W. 161 cm, D. 99 cm.
Private collection.
One of two documented examples of this design. One can be identified in photographs of the Bedroom-Boudoir for Monte Carlo; one was acquired by Mme Mathieu Lévy.

3 Lacquer table, circa 1918–20
Lacquered wood with silver and gold coloured motifs and inlays of mother-of-pearl and gold powder.
Primavera Gallery, New York.

4 Table, circa 1923
Painted wood, the form paying homage to the De Stijl group. H. 61 cm, W. 65 cm.
Virginia Museum of Fine Arts, Richmond.
Gift of Sydney and Frances Lewis.

5 Dressing table, circa 1925–30
Chromium-plated tubular steel and rosewood.
Private collection.

6 Large table, 1920s
Lacquered wood top on painted wood base.
H. 60 cm, L. 220 cm, W. 82.5 cm.
Private collection.
Made by Gray for her Rue Bonaparte apartment.

7 Low table, circa 1930–35
Painted wood with metal cross bars and »ski« runners.
H. 32.5 cm, W. 52 cm, D. 50 cm.
Private collection.

8 Occasional table, circa 1930
Painted wood.
H. 31 cm, D. 40 cm.
Private collection.

9 Dressing table, early 1920s
Ebonised oak and sycamore with pivoting drawers with ivory handles.
H. 71.5 cm, W. 63 cm, D. 41 cm.
Private collection.

10 Trolley table, circa 1926–29
Painted wood and tubular steel.
H. 77, W. 84, D. 52.25 cm.
Private collection.
Designed for »E-1027« where it served as a gramophone table.

11 Flip-top table from »E-1027«, circa 1926–29
Tubular steel and painted wood. The base extends telescopically to support the oppened top.
H. 73.5 cm, L. 50 cm, W. 61 cm.
Private collection.
Closed and opened.

12 Portable table, circa 1925–30
Tubular steel and painted wood.
H. 58.5 cm, W. 41 cm.
Private collection.

13 Portable table, circa 1925–30
Tubular steel and painted wood.
H. 58 cm.
Private collection

14 »E-1027« table, circa 1926–29
Painted tubular steel with plexiglass top.
H. 62 cm, W. 51 cm.

15 »E-1027« table, circa 1926–29
Chromium-plated tubular steel with metal tray.
H. 61 cm, W. 50 cm.

16 Dining table for »E-1027«, circa 1926–29
Tubular steel with trombone extension and two section cork top.
H. 73 cm, L. 115.5 cm, W. 63 cm.
Private collection.

17 Table, circa 1930–35
Chromium-plated tubular steel, painted metal, pine and glass.
H. 67.5 cm, W. 71.5 cm, D. 63.5 cm.
Private collection.
Originally designed for »E-1027« and completed for »Tempe a Pailla«.

18 Free-form table, circa 1935
Pine top on base of slender chromium-plated steel rods.
H. 44,5 cm, L. 98 cm, W. 51 cm.
Private collection.

TABLES, CABINETS, CHAISES

1 Table, vers 1920–22
Bois laqué, en partie lisse, en partie à relief.
H. 44 cm, P. 70,5 cm.
Collection particulière.
Cette table faisait partie de la chambre boudoir pour Monte-Carlo et fut achetée par Damia.

2 Bureau laqué noir, vers 1920–25
Bois laqué avec poignées en ivoire sculpté, réalisées par Inagaki.
H. 75 cm, L. 161 cm, P. 99 cm.
Collection particulière.
L'un des deux exemplaires documentés. Le premier figure sur des photographies de la chambre-boudoir pour Monte-Carlo; le second a été acquis par Mme Mathieu Lévy.

3 Table en laque, vers 1918–20
Bois laqué avec motifs argentés et dorés, incrustations de nacre et poudre d'or.
Primavera Gallery, New York.

4 Table, vers 1923
Bois peint. La forme rend hommage au groupe De Stijl. H. 61 cm, L. 65 cm.
Virginie Museum of Fine Arts, Richmond.
Gift of Sydney and Frances Lewis.

5 Table de toilette, vers 1925–30
Tubes en acier chromé et bois de rose.
Collection particulière.

6 Grande table, années vingt
Plateau en bois laqué, socle en bois peint gris.
H. 60 cm, L. 220 cm, P. 82,5 cm.
Collection particulière.
Réalisée par Gray pour son appartement de la rue Bonaparte.

7 Table basse, vers 1930–35
Bois peint avec barreaux transversaux en métal et glissières en «ski».
H. 32,5 cm, L. 52 cm, P. 50 cm.
Collection particulière.

8 Table, vers 1930
Bois peint.
H. 31 cm, P. 40 cm.
Collection particulière.

9 Table de toilette, début des années vingt
Chêne teint en noir et sycomore avec tiroirs pivotants et poignées en ivoire.
H. 71,5 cm, L. 63 cm, P. 41 cm.
Collection particulière.

10 Table roulante, vers 1926–29
Bois peint et tubes d'acier.
H. 77 cm, L. 84 cm, P. 52,25 cm.
Collection particulière.
Créée pour «E-1027» où elle servit de table de gramophone.

11 Table à plateau dépliant pour la maison «E-1027», vers 1926–29
Tubes d'acier et bois peint. Piètement télescopique supportant plateau déplié.
H. 73,5 cm, L. 50 cm, P. 61 cm.
Collection particulière.
Position fermée et ouverte.

12 Table portable, vers 1925–30
Tubes d'acier et bois peint.
H. 58,5 cm, L. 41 cm.
Collection particulière.

13 Table portable, vers 1925–30
Tubes d'acier et bois peint.
H. 58 cm.
Collection particulière.

14 Table «E-1027», vers 1926–29
Tubes en acier peint avec plateau en plexiglas.
H. 62 cm, L. 51 cm.

15 Table «E-1027», vers 1926–29
Tubes en acier chromé et plateau en métal.
H. 61 cm, L. 50 cm.

16 Table de salle à manger pour «E-1027», vers 1926–29
Tubes d'acier avec piètement en forme de trombone et plateau de liège en deux sections.
H. 73 cm, L. 115,5 cm, P. 63 cm.
Collection particulière.

17 Tisch, um 1930–35
Stahlrohr verchromt, Metall lackiert, Kiefernholz und Glas.
H. 67,5 cm, B. 71,5 cm, T. 63,5 cm.
Privatbesitz, ursprünglich für »E-1027« entworfen und für »Tempe a Pailla« fertiggestellt.

18 Frei geformter Tisch, um 1935
Platte aus Kiefernholz, Gestell aus leichtem verchromten Metallrohr.
H. 44,5 cm, L. 98 cm, B. 51 cm
Privatbesitz.

19 Frei geformter Tisch, um 1935
Holzplatte auf leichtem Metallrohr, verchromt.
H. 40 cm, L. 78,5 cm.
Privatbesitz.

20 Kommode, Anfang der zwanziger Jahre
Kiefernholz, Lack und Elfenbein.
Collection Jean-Jacques Dutko, Paris.

21 Architektenschrank, um 1925
Sykomorenholz und verchromtes Metall.
H. 121 cm, B. 205 cm, T. 49 cm.
Privatbesitz, Brüssel.
Der abgebildete Schrank befand sich in Eileen Grays Wohnung in der Rue Bonaparte, außer ihm existierte noch eine weitere Version.

22 Niedriger Schrank für »E-1027«, um 1926–29
Gestrichenes Holz.
H. 63 cm, L. 73,25 cm, T. 27 cm.
Privatbesitz.
Diese Schrankkommode diente zur Unterteilung des Wohnraums von »E-1027«.

23 Kommode mit ausschwenkbaren Schubladen, um 1932–34
Gestrichenes Holz und Metall.
H. 65 cm, B. 52,5 cm, T. 46,5 cm.
Entwurf für »Tempe a Pailla«.

24 Kleiderschrank, um 1930–35
Silberfarben gestrichenes Holz, Metall und Zelluloid
H. 75 cm, B. 48 cm, T. 33 cm.
Privatbesitz.

25 Frisierkommode für »E-1027«, um 1926–29
Gestrichenes Holz, Aluminium, Kork und Glas.
H. 163 cm, B. 55 cm, T. 17 cm.
Collection Musée d'Art Moderne, Paris, Centre Georges Pompidou.

26 »Sirène«-Armlehnstuhl, um 1912
Lack auf Holz, geschnitzt.
H. 87,5 cm, B. 62 cm, T. 51 cm.
Privatbesitz.
1923 von Damia erworben.

27 Lackbank, frühe zwanziger Jahre
Lackiertes Holz. Privatbesitz.

28 »Transat«-Stuhl, um 1925–30
Holz, vernickeltes Metall, schwarzgepolsterter Sitz.
H. 76 cm, B. 54 cm, T. 98 cm.
Collection Musée d'Art Moderne, Paris.
Centre Georges Pompidou.
Der abgebildete Stuhl war ursprünglich für »E-1027« konzipiert.

29 »Transat«-Stuhl, um 1925–30
Holz, vernickeltes Metall und Leinwand.
H. 74 cm, B. 51 cm, T. 89 cm.
Privatbesitz.

30 »Transat«-Stuhl, um 1925–30
Lack auf Holz, verchromtes Metall und Leder.
H. 75 cm, T. 89 cm.
Privatbesitz.
Dieser Stuhl wurde von Jean Badovici erworben.

31 »Transat«-Stuhl, um 1925–30
Lack auf Holz, verchromtes Metall und Leder.
H. 74 cm, B. 51 cm, T. 89 cm.
Privatbesitz.
Dieser Stuhl wurde von dem Maharadscha von Indore erworben.

32 Stuhl, um 1930
Stahlrohr, verchromt; Sitz und Rückenlehne Leder.
H. 73,5 cm.
Privatbesitz.

33 Stuhl, um 1930
Lackiertes Metallrohr, Rückenlehne und Sitz aus Segeltuch.
H. 74 cm.
Privatbesitz.

---

19 Free-form table, circa 1935
Wood top on base of slender chromium-plated steel rods.
H. 40 cm, L. 78.5 cm.
Private collection.

20 Chest of drawers, early 1920s
Pine, lacquer and ivory.
Collection Jean-Jacques Dutko, Paris.

21 Architect's cabinet, circa 1925
Sycamore and chromium-plated metal.
H. 121 cm, W. 205 cm, D. 49 cm.
Private collection, Brussels.
One of two documented versions of this design, this example was used by Gray in her Rue Bonaparte apartment.

22 Low cabinet for »E-1027«, circa 1926–29
Painted wood.
H. 63 cm, L. 73.25 cm, D. 27 cm.
Private collection.
This cabinet-chest of drawers was designed to serve as a room-divider in the living area of »E-1027«.

23 Pivot-drawer chest, circa 1932–34
Painted wood and metal.
H. 65 cm, W. 52.5 cm, D. 46.5 cm.
This design was devised for »Tempe a Pailla«.

24 Clothes cabinet, circa 1930–35
Silver painted wood, metal and celluloid.
H. 75 cm, W. 48 cm, D. 33 cm.
Private collection.

25 Dressing cabinet for »E-1027«, circa 1926–29
Painted wood, aluminium, cork and glass.
H. 163 cm, W. 55 cm, D. 17 cm.
Collection Musée d'Art Moderne, Paris, Centre Georges Pompidou.

26 »Sirène« armchair, circa 1912
Carved and lacquered wood.
H. 87.5 cm, W. 62 cm, D. 51 cm.
Private collection.
Acquired by Damia in 1923.

27 Lacquer bench, early 1920s
Lacquered wood. Private collection.

28 »Transat« chair, circa 1925–30
Wood, nickel-plated metal and black upholstered seat.
H. 76 cm, W. 54 cm, D. 98 cm.
Collection Musée d'Art Moderne, Paris.
Centre Georges Pompidou.
This example was used in »E-1027«.

29 »Transat« chair, circa 1925–30
Wood, nickel-plated metal and canvas.
H. 74 cm, W. 51 cm, D. 89 cm.
Private collection.

30 »Transat« chair, circa 1925–30
Lacquered wood, chromium-plated metal and leather.
H. 75 cm, D. 89 cm.
Private collection.
This example was acquired by Jean Badovici.

31 »Transat« chair, circa 1925–30
Lacquered wood, chromium-plated metal and leather.
H. 74 cm, W. 51 cm, D. 89 cm.
Private collection.
This example was acquired by the Maharaja of Indore.

32 Chair, circa 1930
Chromium-plated tubular steel with leather seat and back.
H. 73.5 cm.
Private collection.

33 Chair, circa 1930
Painted tubular steel with canvas seat and back.
H. 74 cm.
Private collection.

34 Dining chair, circa 1926
Tubular steel.
H. 83 cm.
Private collection.
Designed for »E-1027«.

35 Asymmetric armchair, circa 1926–29
Painted tubular steel, painted wood seat.
H. 68.5 cm.
Private collection.
Used by Gray in »E-1027«.

---

17 Table, vers 1930–35
Tubes en acier chromé, métal peint, pin et verre.
H. 67,5 cm, L. 71,5 cm, P. 63,5 cm.
Collection particulière.
Conçue pour «E-1027» et terminée pour «Tempe à Pailla».

18 Table de forme libre, vers 1935
Plateau en pin, support constitué de minces tringles en acier chromé.
H. 44,5 cm, L. 98 cm, P. 51 cm.
Collection particulière.

19 Table de forme libre, vers 1935
Plateau en bois, support constitué de minces tringles en acier chromé.
H. 40 cm, L. 78,5 cm.
Collection particulière.

20 Commode, début des années vingt
Pin, laque et ivoire.
Collection Jean-Jacques Dutko, Paris.

21 Cabinet d'architecte, vers 1925
Sycomore et métal chromé.
H. 121 cm, L. 205 cm, P. 49 cm.
Collection particulière, Bruxelles.
L'une des deux versions documentées de ce modèle.
Cet exemplaire fut utilisé par Gray dans son appartement de la rue Bonaparte.

22 Meuble bas pour «E-1027», vers 1926–29
Bois peint.
H. 63 cm, L. 73,25 cm, P. 27 cm.
Collection particulière.
Cette commode servait de séparation dans la salle de séjour de «E-1027».

23 Commode à tiroirs pivotants, vers 1932–34
Bois peint et métal.
H. 65 cm, L. 52,5 cm, P. 46,5 cm.
Ce modèle a été conçu pour «Tempe a Pailla».

24 Meuble pour vêtements, vers 1930–35
Bois peint en argent, métal et celluloïd.
H. 75 cm, L. 48 cm, P. 33 cm.
Collection particulière.

25 Coiffeuse pour «E-1027», vers 1926–29
Bois peint, aluminium, liège et verre.
H. 163 cm, L. 55 cm, P. 17 cm.
Collection Musée d'Art Moderne, Paris, Centre Georges Pompidou.

26 Fauteuil «Sirène», vers 1912
Bois sculpté et laqué.
H. 87,5 cm, L. 62 cm, P. 51 cm.
Collection particulière.
Acheté par Damia en 1923.

27 Banc en laque, début des années vingt
Bois laqué. Collection particulière.

28 Fauteuil «Transat», vers 1925–30
Bois, métal nickelé et siège noir rembourré.
H. 76 cm, L. 54 cm, et P. 98 cm.
Collection Musée d'Art Moderne, Paris.
Centre Georges Pompidou.
Cet exemplaire fut utilisé dans «E-1027».

29 Fauteuil «Transat», vers 1925–30
Bois, métal nickelé et toile.
H. 74 cm, L. 51 cm, P. 89 cm.
Collection particulière.

30 Fauteuil «Transat», vers 1925–30
Bois laqué, métal chromé et cuir.
H. 75 cm, P. 89 cm.
Collection particulière.
Cet exemplaire a été acquis par Jean Badovici.

31 Fauteuil «Transat», vers 1925–30
Bois laqué, métal chromé et cuir.
H. 74 cm, L. 51 cm, P. 89 cm.
Collection particulière.
Cet exemplaire a été acheté par le Maharadjah d'Indore.

32 Chaise, vers 1930
Tubes en acier chromé avec siège et dossier en cuir.
H. 73,5 cm.
Collection particulière.

33 Chaise, vers 1930
Tubes en acier peint avec siège et dossier en toile.
H. 74 cm.
Collection particulière.

34 Eßzimmerstuhl, um 1926
Stahlrohr.
H. 83 cm.
Privatbesitz.
Ursprünglich entworfen für »E-1027«.

35 Asymmetrischer Armlehnstuhl, um 1926–29
Lackiertes Stahlrohr, gestrichener Holzsitz.
H. 68,5 cm.
Privatbesitz.
Entworfen für »E-1027«.

36 »Nonconformist«-Stuhl, um 1926–29
Verchromtes Stahlrohr, mit Stoff bezogenes Sitzpolster und Rückenteil.
Privatbesitz.
Entworfen für »E-1027«.

37 »S«-Stuhl, um 1932–34
Gestrichenes Holz, Metall und Segeltuch.
H. 80 cm, L. 99 cm.
Privatbesitz, Brüssel.
Entworfen für »Tempe a Pailla«

38 Stuhlrahmen, dreißiger Jahre
Geschwungenes, verchromtes Metallrohr.
H. 71 cm.
Privatbesitz.

39 Hocker, nach 1945
Holzsitz mit Raffiabast bezogen.
H. 37 cm, B. 54 cm, T. 49 cm.
Privatbesitz.
Wurde von Gray in ihrer Wohnung in der Rue Bonaparte benutzt.

40 Hocker, um 1930
Rotes Leder und Metall, mit verborgenem Griff in der Mitte.
H. 42 cm, T. 34 cm.

41 Hocker, um 1930–34
Lackiertes Metall mit gepolstertem Sitz.
H. 62,5 cm.
Privatbesitz.
Dieser Hocker befand sich zuerst in »Tempe a Pailla« und später in Grays Appartement in der Rue Bonaparte.

42 Sofa, um 1926–29
Gepolsterter Sitz und Rückenlehne, Stahlrohrgestell.
H. 59 cm, L. 240 cm
Privatbesitz.
Gehörte zu der Einrichtung von »E-1027«.

RAHMEN, LAMPEN, TEPPICHE

1 Großer Spiegelrahmen, Anfang 1920
Lack mit Silbereinlage, strukturiert.
Privatbesitz.

2 Spiegelrahmen, Anfang 1920
Lack mit Silbereinlagen, strukturiert.
H. 106 cm, B. 46,75 cm.
Privatbesitz.
Ursprünglich erworben von Damia.

3 Stehlampe, zwanziger Jahre
Holzfuß gestrichen, Lampenstiel Metall, Papierschirm.
H. 163 cm.
Privatbesitz.

4 Stehlampe, Anfang der zwanziger Jahre
Lackiertes Holz, Pergamentschirm mit Ornament.
Eine Version dieser Lampe war 1923 in dem Monte-Carlo-Zimmer ausgestellt.
H. 184 cm.
Privatbesitz.

5 Straußenei-Lampe, um 1920–22
Lackiertes Holz und Straußenei.
L. 31,5 cm.
Privatbesitz.

6 Laterne, dreißiger Jahre
Lackiertes Metall.
H. 46 cm, B. 23 cm.
Privatbesitz.

7 »Japanische« Laterne, um 1925–30
In der Mitte befinden sich perforierte Glasscheiben und ein kugelförmiger Metallreflektor.

8 Röhren-Stehlampe, dreißiger Jahre
Verchromter Metallfuß mit fluoreszierender Röhre.
H. 91,5 cm, D 25 cm.

36 »Non-conformist« armchair, circa 1926–29
Chromium-plated tubular steel, fabric upholstered seat and back.
Private collection.
Designed for »E-1027«.

37 »S« chair, circa 1932–34
Painted wood, metal and canvas.
H. 80 cm, L. 99 cm.
Private collection, Brussels.
Designed for »Tempe a Pailla«.

38 Chair frame, 1930s
Chromium-plated scrolling steel.
H. 71 cm.
Private collection.

39 Stool, after 1945
Raffia covered seat on wood base.
H. 37 cm, W. 54 cm, D. 49 cm.
Private collection.
Used by Gray in her Rue Bonaparte apartment.

40 Stool, circa 1930
Red leather and metal, with concealed handle in centre.
H. 42 cm, D. 34 cm.

41 Stool, circa 1930–34
Painted metal with upholstered seat.
H. 62.5 cm.
Private collection.
This stool was used by Gray in »Tempe a Pailla« and later in her Rue Bonaparte apartment.

42 Sofa, circa 1926–29
Upholstered seat and back rest on base of tubular steel.
H. 59 cm, L. 240 cm.
Private collection.
This bench was used in the furnishing of »E-1027«.

FRAMES, LAMPS, CARPETS

1 Tall mirror frame, early 1920s
Lacquered wood with silvered and textured details.
Private collection.

2 Mirror frame, early 1920s
Lacquered wood with silvered and textured details.
H. 106 cm, W. 46.75 cm.
Private collection.
Originally acquired by Damia.

3 Floor lamp, 1920s
Painted wood base, metal stem, paper shade.
H. 163 cm.
Private collection.

4 Floor lamp, early 1920s
Lacquered wood with decorated vellum shade.
H. 184 cm.
Private collection.
A version of this lamp was included in the »bedroom-boudoir« for Monte Carlo in 1923.

5 Ostrich-egg lamp, circa 1920–22
Lacquered wood and ostrich egg.
L. 31.5 cm.
Private collection.

6 Lantern, 1930s
Painted metal.
H. 46 cm, W. 23 cm.
Private collection.

7 »Japanese« lantern, circa 1925–30
With pierced glass panels and central reflector sphere.

8 Tube lamp, 1930s
Chromium-plated steel and tube light.
H. 91.5 cm, Dia. 25 cm.
Collection, The Museum of Modern Art, New York.
Esteé and Joseph Lauder Design Fund.

9 Cone and disk lamp, 1919
Painted metal.
Dia. 48 cm.
Collection Galerie L'Arc en Seine, Paris.
Used by Gray in her Rue Bonaparte apartment.

10 Rug design, 1920s
Gouache on paper.
Private collection.

11 »Bobadilla« rug design, circa 1925
Gouache on paper.
The Victoria and Albert Museum, London.

34 Chaise de salle à manger, vers 1926
Tubes d'acier.
H. 83 cm.
Collection particulière.
Créée pour «E-1027».

35 Fauteuil asymétrique, vers 1926–29
Tubes en acier peint, siège en bois peint.
H. 68,5 cm.
Collection particulière.
Utilisé par Gray dans «E-1027».

36 Fauteuil «non-conformiste», vers 1926–29
Tubes en acier chromé, siège et dossier rembourrés.
Collection particulière.
Créé pour «E-1027».

37 Chaise en «S», vers 1932–34
Bois peint, métal et toile.
H. 80 cm, L. 99 cm.
Collection particulière, Bruxelles.
Créée pour «Tempe a Pailla».

38 Chaise, années trente
Acier chromé en volutes.
H. 71 cm.
Collection particulière.

39 Tabouret, après 1945
Siège en bois recouvert de raphia.
H. 37 cm, L. 54 cm, P. 49 cm.
Collection particulière.
Utilisé par Gray dans son appartement de la rue Bonaparte.

40 Tabouret, vers 1930
Cuir rouge et métal, avec poignée dissimulée au centre.
H. 42 cm, P. 34 cm.

41 Tabouret, vers 1930–34
Métal peint avec siège rembourré.
H. 62,5 cm.
Collection particulière.
Ce tabouret fut utilisé par Gray dans sa maison «Tempe a Pailla» et plus tard dans son appartement de la rue Bonaparte.

42 Sofa, vers 1926–29
Siège et dossier rembourrés, support en tubes d'acier.
H. 59 cm, L. 240 cm.
Collection privée.
Faisait partie de l'ameublement de «E-1027».

CADRES, LAMPES, TAPIS

1 Grand cadre de miroir, début des années vingt
Bois laqué avec détails argentés et en relief.
Collection particulière.

2 Cadre de miroir, début des années vingt
Bois laqué avec détails argentés et en relief.
H. 106 cm, L. 46,75 cm.
Collection particulière.
Acheté à l'origine par Damia.

3 Lampadaire, années vingt
Socle en bois, tige en métal, abat-jour en papier.
H. 163 cm.
Collection particulière.

4 Lampadaire, début des années vingt
Bois laqué avec abat-jour en vélin décoré.
H. 184 cm.
Collection particulière.
Une version de cette lampe figurait dans la chambre-boudoir pour Monte-Carlo en 1923.

5 Lampe-œuf d'autruche, vers 1920–22
Bois laqué et œuf d'autruche.
L. 31,5 cm.
Collection particulière.

6 Lanterne, années trente
Métal peint.
H. 46 cm, L. 23 cm.
Collection particulière.

7 Lanterne «japonaise», vers 1925–30
Plaques de verre percées et réflecteur shérique.

8 Lampe-tube, années trente
Acier chromé et tube fluorescent.
H. 91,5 cm, D. 25 cm.
Collection, The Museum of Modern Art, New York.
Esteé and Joseph Lauder Design Fund.

Collection, The Museum of Modern Art, New York.
Esteé and Joseph Lauder Design Fund.

9 »Satelliten-Lampe«, 1919
Lackierte Metallringe und -zapfen.
D. 48 cm.
Collection Galerie L'Arc en Seine, Paris.
Wurde von Gray in ihrem Appartement in der Rue
Bonaparte benutzt.

10 Teppichentwurf, zwanziger Jahre
Gouache auf Papier.
Privatbesitz.

11 »Bobadilla«-Teppichentwurf, um 1925
Gouache auf Papier.
The Victoria and Albert Museum, London.

12 Teppich, zwanziger Jahre
Wolle.
283 x 246 cm.
The Victoria and Albert Museum, London.

13 Teppichentwurf für »E-1027«, um 1926–29
Gouache auf Papier.
23,8 x 21,3 cm.
Privatbesitz, London.

14 Teppichentwurf, um 1925
Gouache auf Papier.
16,7 x 14,5 cm.
Privatbesitz.
Das Design ist eine Hommage an die De-Stijl-Bewe-
gung.

15 »Centimètre«-Teppichentwurf, um 1926–29
Entwurf für »E-1027«.
Gouache auf Papier.
16,7 x 14,5 cm.
Privatbesitz.

16 Teppichentwurf, um 1930
Gouache auf Papier.
27,9 x 27,9 cm.
Privatbesitz, London.

17 Teppichentwurf, um 1925
Gouache auf Papier.
26,3 x 18,5 cm.
Privatbesitz, London.

18 Teppichentwurf, um 1925
Gouache auf Papier.
20,8 x 10,2 cm.
Privatbesitz, London.

19 Teppichentwurf, zwanziger Jahre
Collage und Gouache auf Papier.
17,8 x 15 cm.
Privatbesitz.

20 Teppichentwurf, zwanziger Jahre
Gouache und Collage aus Fäden auf Papier.
25,4 x 17 cm.
Privatbesitz.

21 Teppichentwurf, zwanziger Jahre
Gouache auf Papier.
16,25 x 9,75 cm.
Privatbesitz.

12 Rug, 1920s
Wool.
283 x 246 cm.
The Victoria and Albert Museum, London.

13 Rug design for »E-1027«, circa 1926–29
Gouache on paper.
23.8 x 21.3 cm.
Private collection, London.

14 Rug design, circa 1925
Gouache on paper.
16,7 x 14,5 cm.
Private collection.
This design pays homage to the style of the De Stijl
group.

**15 »Centimètre« rug design for »E-1027«, circa
1926–29**
Gouache on Paper.
16.7 x 14.5 cm.
Private collection.

16 Rug design, circa 1930
Gouache on paper.
27.9 x 27.9 cm.
Private collection, London.

17 Rug design, circa 1925
Gouache on paper.
26.3 x 18.5 cm.
Private collection, London.

18 Rug design, circa 1925
Gouache on paper.
20.8 x 10.2 cm.
Private collection, London.

19 Rug design, 1920s
Collage and gouache on paper.
17.8 x 15 cm.
Private collection.

20 Rug design, 1920s
Gouache and string collage on paper.
25.4 x 17 cm.
Private collection.

21 Rug design, 1920s
Gouache on paper.
16.25 x 9.75 cm.
Private collection.

9 Lampe avec cônes et disques, 1919
Métal peint.
D. 48 cm.
Collection Galerie L'Arc en Seine, Paris.
Utilisée par Gray dans son appartement de la rue
Bonaparte.

10 Projet de tapis, années vingt
Gouache sur papier.
Collection particulière.

11 Projet du tapis «Bobadilla», vers 1925
Gouache sur papier.
The Victoria and Albert Museum, Londres.

12 Tapis, années vingt
Laine.
283 x 246 cm.
The Victoria and Albert Museum, Londres.

13 Projet de tapis pour «E-1027», vers 1926–29.
Gouache sur papier.
23,8 x 21,3 cm.
Collection particulière.

14 Projet de tapis, vers 1925
Gouache sur papier.
16,7 x 14,5 cm.
Collection particulière.
Ce projet rend hommage au style du groupe De Stijl.

**15 Projet du tapis «Centimètre» pour «E-1027»,
vers 1926–29**
Gouache sur papier.
16,7 x 14,5 cm.
Collection particulière.

16 Projet de tapis, vers 1930
Gouache sur papier.
27,9 x 27,9 cm.
Collection particulière, Londres.

17 Projet de tapis, vers 1925
Gouache sur papier.
26,3 x 18,5 cm.
Collection particulière, Londres.

18 Projet de tapis, vers 1925
Gouache sur papier.
20,8 x 10,2 cm.
Collection particulière, Londres.

19 Projet de tapis, années vingt
Collage et gouache sur papier.
17,8 x 15 cm.
Collection particulière.

20 Projet de tapis, années vingt
Gouache et collage de ficelles sur papier.
25,4 x 17 cm.
Collection particulière.

21 Projet de tapis, années vingt
Gouache sur papier.
16,25 x 9,75 cm.
Collection particulière.

BIBLIOGRAPHIE
BIBLIOGRAPHY
BIBLIOGRAPHIE

A. S.: »An Artist in Lacquer«. *Vogue*. London, early August 1917.

»Lacquer walls and furniture displace old Gods in Paris and London«. *Harper's Bazar*. London, September 1920.

Elisabeth de Gramont, Duchess of Clermont-Tonnerre: »Les Laques d'Eileen Gray«. *Les Feuillets d'Art*. Paris, February March 1922 no. 3. Published in English as »The Lacquer Work of Miss Eileen Gray«. *The Living Arts*. New York and London, 1922 no. 3.

»Odd Designs at Art Studio of ›Jean Désert‹«. *Chicago Tribune*. 7. 6. 1922.

»Beautiful Lacquered Furniture«. *Daily Mail*. London, 29. 3. 1923.

Sybold Van Ravesteyn. Review of 1923 Salon des Artistes Décorateurs. *Bouwkundig Weekblad*. Amsterdam, 14. 7. 1923.

Jean Badovici and Jan Wils. »Eileen Gray«. Monographic issue *Wendingen*. Amsterdam, 1924 no. 6.

Eileen Gray and Jean Badovici. »E-1027 Maison en Bord de Mer«. In series/in Fortsetzungen/dans la série *L'Architecture vivante*. Paris, 1929.

Eileen Gray and Jean Badovici. »La Maison Minimum«. *L'Architecture d'Aujourd'hui*. Paris, 1930 no. 1.

André Joubin. «Le Studio de Jacques Doucet». *L'Illustration*. Paris, 3. 5. 1930.

«Le Salon de Verre de Mme J.-Suzanne Talbot, à Paris». *L'Illustration*. Paris, 27. 5. 1933.

René Herbst. »25 Années de U. A. M.«. Paris 1956.

Joseph Rykwert. »Un Ommagio a Eileen Gray – Pioniera del Design«. *Domus*. Milan, December 1966.

Marina Vaizey. »The Robert Walker Collection. Part I«. *The Connoisseur*. London, September 1971.

«Ancienne Collection J. Doucet. Mobilier Art Déco provenant du Studio Saint James à Neuilly». Auction catalogue/Auktionskatalog/Catalogue de vente Audap, Godeau, Solanet, Paris, 8. 11. 1972.

»Eileen Gray: Pioneer of Design«. Exhibition catalogue/Ausstellungskatalog/Catalogue d'exposition Heinz Gallery, London 1972.

Joseph Rykwert. »Eileen Gray: Pioneer of Design«. *The Architectural Review*. London, December 1972.

Philippe Garner. »The Lacquer Work of Eileen Gray and Jean Dunand«. *The Connoisseur*. London, May 1973.

Marina Vaizey. »The Collection of Mr and Mrs Robert Walker – Part II«. *The Connoisseur*. London, Apr. 1973.

Mo Teitelbaum. »Lady of the Rue Bonaparte«. *The Sunday Times Magazine*. London, 22. 6. 1975.

J. Stewart Johnson. »Eileen Gray Designer 1879–1976«. London 1979. New York 1980.

»Collection Eileen Gray«. Auction catalogue/Auktionskatalog/Catalogue de vente, Sotheby's Monaco, 25. 5. 1980.

Brigitte Loye. »Eileen Gray 1879–1976: Architecture Design«. Paris 1983.

Philippe Garner. »Lacquer Imagination«. *Harpers & Queen*. London, February 1986.

Peter Adam. »Eileen Gray Architect Designer«. London 1987.

Stefan Hecker/Christian Müller. »Verzeichnis der architektonischen Werke von Eileen Gray«. *Archithese*. Heiden, July–August 1991.

DANKSAGUNG

Für ihre Unterstützung und ihr Engagement gebührt der Dank des Autors:
Peter Adam, Jean-Jacques Dutko, Audrey Friedman, Alan Irvine, Christo Michailidis, Winston Spriet, Robin Symes, M. und Mme. Bob Vallois. Der Zugang, den sie zu ihren Sammlungen und Archiven gewährten, ermöglichte mir eine umfassende Dokumentation der Artefakte und des Bildmaterials. Clarissa Bruce möchte ich für ihre ausgezeichneten Fotografien danken; meinen Kollegen bei Sotheby's, insbesondere Barbara Deisroth, für ihre Bereitstellung von Fotografien der Gegenstände, die in New York verkauft worden waren; Lydia Cresswell-Jones für ihre Einsatzbereitschaft; Nicola Gordon für die satzreife Erfassung meines Manuskripts; Sotheby's für die Erlaubnis, Fotografien der Werke, die auf Auktionen in New York und Monte Carlo verkauft wurden, zu nutzen; Olivier Brommet und Dan Klein von Christie's, Me Stephane und Deurbergue für die Fotografien von Objekten, die bei ihren Auktionen verkauft worden waren; Jacques de Windt für die Beschaffung von Fotografien; Prunella Clough für ihr freundliches Entgegenkommen und ihre praktischen Ratschläge und zum Abschluß Bob Walker, der eigentlich an erster Stelle rangieren müßte, weil er mich 1970 auf das Werk Eileen Grays aufmerksam gemacht hat.

ACKNOWLEDGEMENTS

The author would like to express his thanks to the following who have provided encouragement and help in numerous ways:
Peter Adam, Jean-Jacques Dutko, Audrey Friedman, Alan Irvine, Christo Michailidis, Winston Spriet, Robin Symes, M and Mme Bob Vallois for allowing me access to their collections of furniture and archive material and for enabling me to illustrate such a comprehensive range of artefacts and documentary images; Clarissa Bruce for her splendid photographs; my colleagues at Sotheby's, notably Barbara Deisroth for her help in supplying photographs of pieces sold in New York, Lydia Cresswell-Jones for her constant support and readiness to help, and Nicola Gordon Duff for transcribing my manuscript into a clean »word-processed« copy; Sotheby's for allowing the use of photographs of works sold through auctions in New York and Monte Carlo; Olivier Brommet and Dan Klein of Christie's and Me Stephane Deurbergue for providing photographs of pieces sold through their auctions; Jacques de Windt for his help in organising photography; Prunella Clough for her unfailing kindness, generous assistance and encouragement; and last but by no means least, Bob Walker, who first drew my attention, in 1970, to the work of Eileen Gray.

REMERCIEMENTS

L'auteur tient à remercier les personnes suivantes de lui avoir accordé leurs encouragements et leur soutien:
Peter Adam, Jean-Jacques Dutko, Audrey Friedman, Alan Irvine, Christo Michailidis, Winston Spriet, Robin Symes, M. et Mme Bob Vallois qui m'ont donné accès à leurs collections de meubles et à leurs archives et m'ont permis d'illustrer autant d'objets et de documents; Clarissa Bruce pour ses splendides photographies; mes collègues de Sotheby's, en particulier Barbara Deisroth qui m'a aidé à rechercher des photos des articles vendus à New York, Lydia Cresswell-Jones pour son soutien infatigable et sa disponibilité, et Nicola Gordon Duff qui a retranscrit mon manuscrit sur ordinateur; Sotheby's qui nous a autorisé à utiliser les photographies d'œuvres vendues aux enchères à New York et Monte-Carlo; Olivier Brommet et Dan Klein de Christie's ainsi que Me Stephane Deurbergue qui m'ont fourni des photos d'articles vendus à leurs enchères; Jacques de Windt qui m'a aidé dans l'organisation des photos; Prunella Clough pour sa gentillesse, son généreux soutien et ses encouragements; enfin et surtout Bob Walker qui, le premier, a attiré mon attention en 1970 sur le travail d'Eileen Gray.